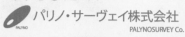
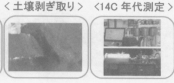

雄山閣出版案内

ARCHAEOLOGY QUARTERLY

季刊 考古学 165

特集 古墳時代の甲冑

カット／ダン・ヨシコ

帯金式甲冑 1
衝角付冑と眉庇付冑

川畑　純

衝角付冑・眉庇付冑は日本列島独自の冑で，古墳時代中期には合わせて300例近くが出土している。衝角付冑は連接技法・地板の形態・衝角底板の連接手法などから，眉庇付冑は庇部文様の変遷などから詳細な編年が試みられており，編年観と系統性に関する議論は着実に進展している。一方でなぜ二種類の冑が用いられるのか，なぜ眉庇付冑に金銅装のものが多いのかなど，根本的な謎もまだまだ多く残されている（本誌第2章川畑報文参照）。

眉庇付冑・革製衝角付冑
大阪府野中古墳
（大阪大学考古学研究室提供）

小札鋲留衝角付冑（左）とその衝角底板の拡大（右）
熊本県マロ塚古墳
（国立歴史民俗博物館所蔵）

左：蒙古鉢形眉庇付冑
奈良県五條猫塚古墳
（奈良国立博物館所蔵）

右：横矧板鋲留眉庇付冑
伝 山梨県豊富王塚古墳
（東京国立博物館所蔵）

ColBase（https://colbase.nich.go.jp/）

帯金式甲冑2
短甲

滝沢　誠

古墳時代中期には，フレーム構造を備えた鉄製帯金式甲冑が登場する。その代表格である帯金式短甲の連接技法は，革綴から鋲留へと変遷し，地板の形状や覆輪の手法などに多くのバリエーションが生み出された（本誌第2章滝沢報文参照）。

長方板革綴短甲（前胴）
兵庫県茶すり山古墳
（兵庫県立考古博物館提供）

三角板革綴短甲（前胴）
群馬県長瀞西古墳
（東京国立博物館所蔵／ Image: TNM Image Archives）

三角板鋲留短甲（後胴）
大阪府野中古墳1号短甲
（大阪大学考古学研究室提供）

横矧板鋲留短甲（後胴）
大分県扇森山横穴
（大分県竹田市歴史文化館蔵・滝沢撮影）

◉鋲留短甲の蝶番金具

鋲留短甲に伴う各種の蝶番金具は，同工品の分析から生産・流通体制を探る手がかりを与えてくれる。

長方形2鋲
宮崎県島内21号地下式横穴
（宮崎県えびの市歴史民俗資料館蔵・滝沢撮影）

方形4鋲（金銅装）
福岡県真浄寺2号墳1号短甲
（福岡県八女市岩戸山歴史文化交流館蔵・滝沢撮影）

方形4鋲
石川県イヨダノヤマ3号墳
（石川県氷見市立博物館蔵・滝沢撮影）

方形3鋲
宮崎県島内81号地下式横穴
（宮崎県えびの市歴史民俗資料館蔵・滝沢撮影）

釣壺
福岡県真浄寺2号墳2号短甲
（九州歴史資料館所蔵・滝沢撮影）

帯金式甲冑以前
弥生時代～古墳時代前期

古谷　毅

◉木製の甲

弥生時代～古墳時代前期の木製甲には方形板革綴式と刳抜式があり，古墳時代の鉄製方形板革綴短甲・帯金式革綴短甲との系譜が課題である。

方形木甲片　愛媛県阿方遺跡（弥生時代中期）
（愛媛県埋蔵文化財センター提供）

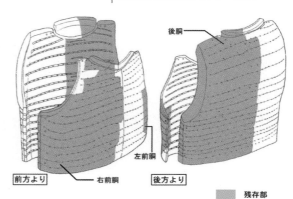

刳抜式木甲・右前胴部（左）と刳抜式木甲復原図（右）
奈良県大福遺跡（古墳時代前期）（桜井市所蔵）

◉鉄製の冑と甲

古墳時代前期には鉄製甲冑が出現する。冑は小札革綴式で，甲は竪矧板革綴式と方形板革綴式がある。前者は一例を除き日本列島で出土し，近年帯金式甲冑の祖型として注目される（本誌2章古谷・滝沢報文参照）。後者は朝鮮半島の縦長板釘結板甲との共通性が指摘されている（本誌3章金報文参照）。

小札革綴冑復原品
奈良県黒塚古墳（古墳時代前期）
（奈良県立橿原考古学研究所提供）

竪矧板革綴短甲
山梨県大丸山古墳（古墳時代前期）（東京国立博物館所蔵）ColBase（https://colbase.nich.go.jp/）

小札革綴冑・方形板革綴短甲
京都府瓦谷古墳（古墳時代前期）
（公益財団法人 京都府埋蔵文化財調査研究センター提供）

古谷　毅

◉ 金銅装甲冑

鉄製の帯金式甲冑や小札甲には，しばしば金銅板で飾られた製品がある。部位はさまざまで，地板・帯金のような本体部の一部を装飾した例と，短甲の蝶番・冑の伏鉢・受鉢や三尾鉄のように本体部に付加される部品を装飾した例がある（本誌第3章古谷報文参照）。

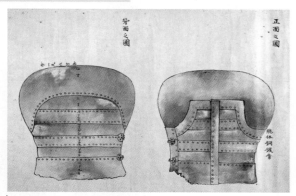

金銅装小札鋲留眉庇付冑
福岡県月岡古墳
（うきは市教育委員会所蔵）

金銅装三尾鉄
大阪府野中古墳
（大阪大学考古学研究室提供）

金銅装横矧板鋲留短甲
伝　大阪府仁徳陵古墳
（個人蔵・堺市博物館提供）

◉ 非定型甲冑

帯金式甲冑には，ときおり地板を中心に菱形や柊形などの非定型の部品を使用したり，地板・帯金を通例よりも多く加えた製品が存在する。しかし，製作技術面ではいずれも帯金式甲冑の設計原理を大きく逸脱した例がないことが特徴である。

三角板革綴襟付短甲
大阪府野中古墳
（大阪大学考古学研究室提供）

横矧板革綴短甲（蝶番は金銅装）
宮崎県西都原4号地下式横穴墓
（宮崎県立西都原考古博物館提供）

◉ 帯金式甲冑の製作技術

板状の部品から構成され，切断面の調整や部品同士の連接技術（革綴・鋲留），穴加工や周縁部の調整技術（覆輪・折返し），金銅の彫金技術などに一定の技術的共通性をもち，朝鮮半島の甲冑・馬冑などとの共通性も注目される。

横矧板鋲留短甲（右：内面　左：外面）
伝　熊本県マロ塚古墳（国立歴史民俗博物館所蔵）

金銅製小札鋲留
眉庇付冑・
胴巻板（彫金）
千葉県祇園大塚山古墳
（東京国立博物館所蔵／
Image: TNM Image
Archives）

金銅装蒙古鉢形
眉庇付冑・
眉庇部上面（彫金）
奈良県五條猫塚古墳
（奈良国立博物館所蔵）

横矧板革綴短甲・
右前胴部上段
蝶番（彫金）
宮崎県西都原4号
地下式横穴墓
（宮崎県立西都原考古
博物館提供）

伏鉢付彎曲縦長板革綴冑
韓国釜山市
福泉洞21号墳
（国立金海博物館提供）

古墳時代中期～後期の
外来系冑

内山敏行

朝鮮半島から搬入された縦長
板冑が日本列島の古墳から出
土する。古墳中期の事例は，
伏鉢をもつ縦長板冑で革綴製
が多い（本誌第2章藤井コラム・
第3章内山・初村報文参照）。

伏鉢付彎曲縦長板革綴冑
山梨県茶塚
（かんかん塚）古墳
（山梨県立考古博物館提供）

古墳後期の事例は，伏鉢や彎曲をもた
ない縦長板冑で，後半期に方形板革綴
冑も現れる。頂上に有機質の冠や鉄製
の突起をもつものもある。

人物埴輪の外来系冑
群馬県綿貫観音山古墳
（国（文化庁保管）／群馬県立歴史博物館提供）
方形板革綴冑に似た地板や，冑前面の庇を表現する。

伏鉢付彎曲縦長板革綴冑
韓国全羅南道咸平郡新徳1号墳
（国立光州博物館提供）
U字形鉄製品は冑の庇の可能性も考えられてい
る。伏鉢は高さ10.2cmで深い。

縦長板革綴冑 復原品
福岡県船原古墳1号埋納坑
（古賀市教育委員会提供）
環状の庇を伴い，革製冠帽の痕跡がある。

古墳時代中期～後期の
小札甲と竪矧広板衝角付冑

横須賀倫達

中期中頃に出現した小札甲は，細部を変化させつつも基本構造は維持したまま飛鳥時代以降に継承される。全形をうかがうことのできる資料は極めて限られるが，小札を丹念に観察することによって，全体の構成や各種小札の使用部位，縅・綴紐や覆輪，革小札などの有機質情報を得ることができる。綿貫観音山古墳の小札は有機質痕跡が明瞭で，一部には当時の金属光沢までが残る。

外来系冑との親縁性の強い竪矧広板衝角付冑は，その影響を受けて後期中頃に出現する。高さがあり，全形が円形を指向するなど，同時期に存在した横矧板衝角付冑とは構造だけでない差異が認められる（本誌第2章横須賀・津野報文，第3章初村報文・松﨑コラム参照）。

小札甲と付属具・衝角付冑
大阪府長持山古墳
（京都大学総合博物館提供）

竪矧広板衝角付冑
千葉県金鈴塚古墳
（木更津市郷土博物館金のすず提供）

小札甲を構成する各種小札（左）と
小札裏面に残る組紐の痕跡（上）
群馬県綿貫観音山古墳
（国（文化庁保管）／群馬県立歴史博物館提供）

甲冑形製品
形象埴輪・石人と模造品

古谷　毅

前期後半から古墳の墳丘表飾として樹立された形象埴輪といわゆる石人に，甲冑形の造形がある。中期後半以降には着用した人物が表現された例・蒙古鉢形冑の表現や人物埴輪も出現し，甲冑のバラエティや着装方法などの重要な資料である。また，金属製甲冑の変遷とは異なり，中期後半にも三角板を表現した造形が多いことが特徴である（本誌2章藤井コラム，3章内山報文・4章高橋報文・5藤原報文参照）。

●甲冑形の埴輪・石人

衝角付冑形埴輪
大阪府
いたすけ古墳
（古墳時代中期）
（堺市文化財課提供）

武装石人・
頭部
伝 福岡県
岩戸山古墳
（八女市教育
委員会提供）

短甲形埴輪
群馬県白石稲荷山古墳（古墳時代中期）
（東京国立博物館所蔵）ColBase（https://colbase.nich.go.jp/）

武装石人
福岡県鶴見山古墳
（八女市教育委員会提供，左：牛島茂撮影）

●甲冑形の 模造品

祭祀遺跡で使用される模造品にも甲冑形の造形がある。いずれも少数で簡略な表現であるが，土製品には衝角付冑の鋲や短甲の三角板表現をもつ例もある。また，稀な短甲形の滑石製模造品は，朝鮮半島の韓国・竹幕洞遺跡でも出土し注目される（本誌4章佐久間報文参照）。

短甲形石製模造品（正面）
伝 栃木県雷電山古墳
（京都国立博物館所蔵）

短甲形土製模造品（背面）
静岡県明ヶ島古墳群
（磐田市教育委員会提供）

甲冑
（衝角付冑・短甲）
形土製模造品
愛媛県船ヶ谷遺跡
（松山市考古館提供）

ARCHAEOLOGY   QUARTERLY

季刊 **考古学** *165*

古墳時代の甲冑

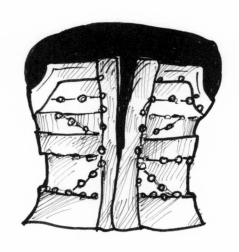

古墳時代甲冑研究の現状と課題

∶古谷　毅　FURUYA Takeshi
京都国立博物館

> 古墳時代甲冑は，古墳時代研究の中心的役割を担う重要な考古資料である。研究の現状を概観する

1　古墳時代甲冑の性格

　甲冑は身体を保護するための道具で，人体の頭部を護る冑と主に胴体を護る甲がその中心である。残念ながら人類における戦闘の開始と共に発生してから，不断に発達を遂げている道具であり，製作・戦闘などに関する当該期の最先端技術を投下した製品も多く，当時の社会的基盤や時代の変化をもっとも鋭敏に反映した考古資料の一つでもある。これは考古学の相対年代研究の発達史における利器の果たした役割にあたる資料性をもつともいえ，そのため古墳時代研究の基盤を形成してきた古墳出土一括資料の分析による古墳編年研究[1]の基軸として位置づけられてきた。

　一方，武器や武具の中には，しばしば戦闘には不利な形態や過度な装飾をもつ例が多いことにも早くから注意が向けられていた[2]。もっとも典型的な例は，中世末から近世初めにかけて流行した当世具足におけるいわゆる変わり兜であろう（図1）。これらは兜鉢自体に烏帽子などの器物をはじめ，動植物・神仏・地形などを表現しており，実用とはかけ離れた直接戦闘に関わらない形態と意匠をもつ武具で，身に着けた武将の気質・気性や思想を表現し，自身を誇示する目的で製作されたものである。武装具がもつ社会的・政治的な象徴性が付与された一側面を如実に表している。このように甲冑は使用された社会の構造そのものを鋭敏に映し出す器物としても位置づけることができる。武装具の一種で

あるという基本的な性格から，鉄製甲冑の生産と消長は，背景に存在する戦闘形態や軍事的組織の変化に対応していたとみられ，それを生み出した社会組織の変化を鋭く反映していたと捉えることが可能であろう。

　このような二面的な性格を内包するとみられる古墳時代甲冑は，本誌各章でも示されているが，製作技術や設計・構造研究を基礎にした型式学的な型式論・編年論や系譜論に加え，社会的・政治的側面の分析による歴史的意義の研究も盛んに進められてきた。これらの研究が生み出した成果は各論考に述べられている通りであるが，

図1　烏帽子形桐紋兜
（桃山時代・伝 豊臣秀吉所用）
（東京国立博物館所蔵）ColBase（https://colbase.nich.go.jp/）

古墳副葬品の構成とその変遷でも明らかにされているように，金属製を中心とした甲冑の消長が前方後円墳の出現と終焉にほぼ一致していることは重要である（図2）。これは古墳時代において，甲冑が古墳文化の中枢的位置にあることを示唆するもので，まさに古墳文化を象徴する代表的文物の一つであることを明確に示している。

2　古墳時代甲冑研究史抄

　日本列島の古墳から鉄製甲冑が出土することは明治時代から知られており，大正～昭和初期の研究で鉄製甲を例にとれば，「(一)小札製の鎧／(二)展金製の鎧」[3]，「大体板金を以って形をなしたものと，長方形の小札を縦にして革又は糸で後世の鎧の如く威したもの」[4]といった記述がみられ，いずれも部品形態が異なる2種に大別するほかは，綴・縅技法などの製作技術や付属具の紹介に留まっていた。

　しかし，1930年前後には，末永雅雄による本格的な古墳時代甲冑の研究が進められ，詳細な資料報告に基づく古墳時代甲冑および付属具の形式および各部名称が設定され，1934年に体系的な分類案が示された[5]。現在では部分的な修正を要するが，日本考古学における古墳時代の武具研究の出発点となった。これ以降，各形式ごとにおける甲冑の個別型式学的研究が本格化し，現在の研究の基礎が築かれた[6]。さらに，第2次世界大戦後には，次々と明らかにされた多量の鉄製甲冑や金銅装をはじめとした非実用的な金属製甲冑の出土（図3）は，古墳出土の甲冑が単に個人所用の武具ではないことを強く示唆し，副葬品にお

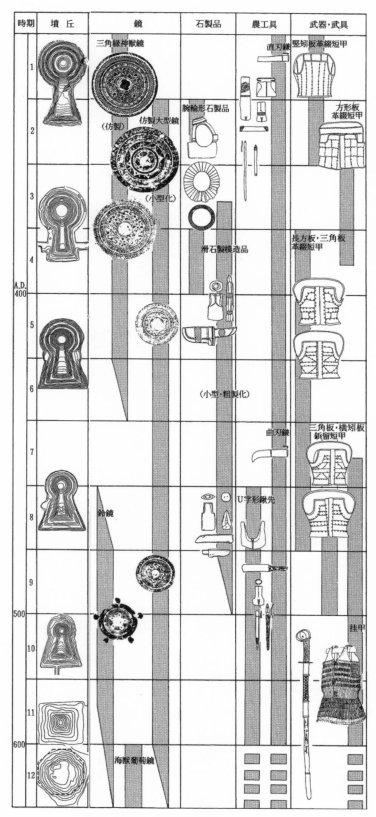

図2　古墳出土副葬品の変遷（註15より改変）

15

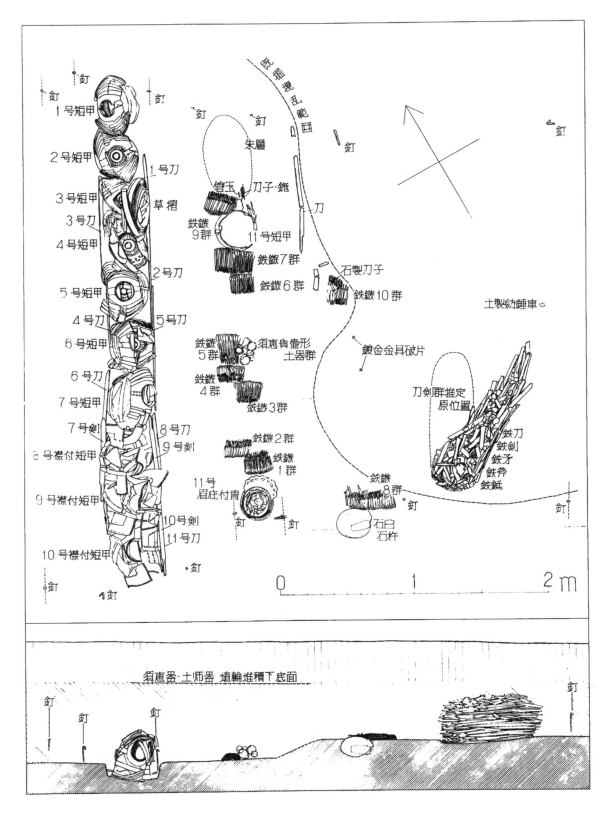

図3　甲冑・刀剣類 出土状態 実測図（大阪府野中古墳）
（註16より）

ける鉄製甲冑の社会的政治的意義の研究が本格化した[7]。

以降の研究動向と方向性を摘記すれば，次のように概観することができる。まず，1960年代には早くも基礎的な編年論と技術系統論および社会・政治的性格論が開始され，1970年代以降には各個別型式学的研究を基盤に，中国・朝鮮半島出土甲冑との形態・構造・技術的関係性を比較・検討する系譜（系統）論・型式論・編年論・製作工程論といった精緻な研究が蓄積されていった。一方，古墳時代の軍事的性格を具体的に示す考古資料として，副葬品組成の分析に基礎をおいた性格論や所有形態論を基礎にした社会・政治的性格も盛んに議論されている。これらの動向の各型式・課題ごとの詳細は，本誌各論考で丹念に辿ることができる。このように古墳時代甲冑の二側面に関する研究は1970年代以降，さまざまな分析方法[8]も駆使しながら多くの研究が蓄積されていった。

3　本誌の目的と構成

本誌構成の通例にしたがい，古墳時代甲冑とその関連資料について，「口絵」7テーマおよび「コラム」7テーマと，「本文」は本章を除く4章15テーマで構成している。いずれも本誌で取り扱った各テーマについて，これまで当該分野の各研究を推進してこられた執筆者に担当頂いて出来上がったものである。

前節で述べたように，古墳時代甲冑の研究は昭和初期段階の比較的早くから型式学的研究が始められた分野である。戦後の発掘調査の進展による資料の増加を承けて，1960年代以降，編年論および技術的研究が盛んに進められたため，比較的長い研究史をもち，やや膨大な研究成果（資料報告・論文）が生み出された[9]。その結果，日本考古学の中でも，比較的研究状況とその成果を把握することが困難な分野と認識されていることも否めないが，本誌は限られた紙面ではあるが「古墳時代甲冑研究入門」の役割を果たすことを目的とした。

冒頭の口絵は，A：帯金式甲冑（主に古墳時代［以下：適宜省略］中期）・B：帯金式甲冑以前（弥生時代～前期）・C：外来系甲冑・小札甲（中～後期）・D：甲冑形資料（埴輪・模造品）からなり，それぞれ典型的な資料で構成している。また，各論者を参照

すればお判り頂けるように，それぞれ本文の各項目との関係が摑むことができるように留意し，いわば本誌のビジュアルなインデックスの役割を果たすように心がけた。

Aは，古墳時代における日本列島独自の手工業製品である帯金式甲冑について，共通する構造的特徴，および型式的大別と一部付属部品におよぶバラエティーが概観できるように構成されている。Bは，後述[10]するように，古墳時代甲冑が東アジアおよびユーラシアの多様な武装具の中において，どのように位置づけられるべきかを検討するための関係資料を抄出している。Cは，帯金式甲冑と交代して後期以降の日本列島における武装具の主流となる小札甲を概観し，関係する大陸側資料を含めて構成されている。これらに対して，Dは古墳時代甲冑をモデルとした製品を採りあげている。古墳時代甲冑の実物資料（考古資料）は基本的に金属製品が中心であり，本誌各章・コラムで詳述されているように，これまでに精緻な研究が積み重ねられてきた結果，細部にわたりその詳細が明らかにされている[11]。しかし，必ずしも当時の甲冑の実態をストレートに反映している保証はないため，古墳時代甲冑の実像を垣間見るために関連する同時代の関係資料で構成した[12]。

このような構想の下に，本文は大きく前半2章，後半2章に分かれている。

前半は古墳時代甲冑について，第2章「古墳時代甲冑の研究―概要と編年―」では研究の経緯・方向性と現在的な編年観の概要を中心に，おおむね通例の時期区分にしたがって古墳時代前期・中期・後期，および古代の甲冑研究の概要を通覧して掴めるように構成している。第3章「古墳時代甲冑の技術・交流と装飾・系譜」では製作技術・設計や構造の問題を中心に，その特徴と装飾・例外的製品などとの関係，および大陸との交流や系譜を理解できるように配置した。いずれも古墳時代甲冑研究の成果を集約した内容で，本誌の中核を成す部分である。前者は本誌の目的の一つである研究入門的性格のうち，研究成果の概要を理解するためのいわば必要条件で，後者はその特質と海外の研究などとの関係性を理解するために必要なテーマを採りあげた部分で，研究成果を理解し位置づけるための十分条件ともいえる部分である。

一方，第4章「甲冑形製品と古墳文化」では同時代資料として，甲冑形埴輪および土製・石製模

造品を採りあげた。古墳時代甲冑の主要な考古資料は金属製品で，ごく一部を除き古墳副葬品で成り立っている。これは葬送儀礼という古墳の築造基盤を形成した各地域社会が経験した臨時的な儀礼に使用されたことを示し，恒常的な各社会における活動の一断面に過ぎないことは明らかである。したがって，少なくとも金属製甲冑のみで出土した古墳を生み出した社会を復原する一面性は否めず，主だった金属製の考古資料から構想された古墳時代甲冑および武人像を補正するための重要な資料として位置づけられる。ほかに，韓国に分布する帯金式甲冑の問題や生産遺跡における研究も，蓄積された個別型式学的研究の成果を検証する位置にある重要なテーマであるが，いずれも未だ緒についたばかりである。その研究動向の一部も確認できるように構成している[13]。

　最後に，古墳時代甲冑の社会的側面に関する研究は1960年代以降に主要な研究テーマとして定着した分野であり，文献史学を含む古墳時代の軍事的性格に関する議論が深められている。いわば古墳時代甲冑の歴史学的性格を問うもっとも重要な研究テーマであり，本研究テーマの究極の目的と言っても過言ではない。このような大きなテーマをコンパクトにまとめて頂いたことも本誌の特色の一つである[14]。

　このように本誌は古墳時代甲冑について，目次どおりに理解できるように構成している一方，利用者の多様性に対応できるようにまず口絵で全体を概観し，コラムで現在的な問題点を把握できるようにも構成している。

　本誌が他分野の研究者をはじめとした読者にとって，古墳時代甲冑が単に武装具や金属製品の研究に留まらない古墳時代研究の中心的役割を担う重要な考古資料であることに理解を深めて頂くための一助となることを願っている。

註

1) 古谷　毅「古墳文化編年論と型式学」『考古学雑誌』82―3(日本考古学会創立100周年記念特集号3：特集日本考古学における型式学2 古墳時代)，1997。古谷　毅「古墳時代鉄製甲冑における年代観の形成」『日韓古墳・三国時代の年代観（Ⅱ）』(国立歴史民俗博物館 国際シンポジウム発表要旨)韓国・釜山大学校，2007
2) 末永雅雄「第一章 総論／第二節 上代武器の発達と装飾」『日本上代の武器』1941
3) 八木奘三郎「歴史時代 第3章第5節 武装」『日本考古学』後編，嵩山房，1913
4) 後藤守一「第3編第3章 原始時代の遺物 武装」『日本考古学』四海書房，1927
5) 末永雅雄「衝角付冑の頂辺の附属鍬形に就いて」『考古学雑誌』19―7，日本考古学会，1929。末永雅雄「短甲の形式復元」『歴史と地理』25―5，星野書店，1930。末永雅雄「添上郡帯解町山村圓照寺墓山第一號墳古墳調査一，武装具の調査」『奈良県史蹟名勝天然記念物調査報告』11，奈良県，1931。末永雅雄「七観古墳とその出土遺物」『考古学雑誌』23―5，日本考古学会，1933。末永雅雄『日本上代の甲冑』岡書院，1934(『増補 日本上代の甲冑』創元社，1944)
6) 本誌第1章コラム1：小林報文参照。
7) 大阪府黒姫山古墳(1947年調査)，滋賀県新開1号墳調査(1953年調査)，奈良県五條猫塚古墳(1958年調査)などであるが，なかでも大阪府古市古墳群の墓山古墳の陪塚的な位置にある野中古墳の調査(1964年)は，精緻な発掘調査報告書(1976年)の刊行と共に，決定的な影響を与えた。北野耕平「五世紀における甲冑出土古墳の諸問題」『考古学雑誌』54―4，1969。北野耕平編『河内野中古墳の研究』(大阪大学文学部国史研究室研究報告2)1976。表紙および図3参照。
8) 本誌第3章コラム5：吉村報文，同コラム7：塚本報文参照。
9) 橋本達也「第5部 古墳時代甲冑研究の現状」『国立歴史民俗博物館研究報告』173(マロ塚古墳出土品を中心にした古墳時代中期武器武具の研究)，国立歴史民俗博物館，2012。鈴木一有・橋本達也「古墳時代甲冑集成」『21世紀初頭における古墳時代歴史像の総括的提示とその国際発信』(科学研究費補助金 基盤研究A成果報告書)大阪大学大学院文学研究科考古学研究室，2014
10) 本誌第2章1：古谷報文参照。
11) 本誌第2章2～6：川畑・滝沢・横須賀・津野報文，同コラム2・3：藤井・高橋報文参照。第3章1～3・5：古谷・内山・初村・塚本報文，同コラム6：松崎報文参照。
12) 本誌第4章1・2：高橋・佐久間報文，第5章1：藤原報文参照。
13) 第2章コラム4：真鍋報文，第3章4：金報文参照。
14) 本誌第5章2：田中報文参照。
15) 新納　泉「古墳時代1 時代概説」日本第四紀学会編『日本の人類学』東京大学出版会，1992
16) 北野耕平編『河内野中古墳の研究』(大阪大学文学部国史研究室研究報告2)，1976

古墳時代甲冑研究事始め

小林謙一　KOBAYASHI Kenichi
元・奈良文化財研究所

1934 年刊行の末永雅雄『日本上代の甲冑』[1]は，古墳出土甲冑を主たる研究対象としたものであるが，奈良時代以降の甲冑資料や関係する文献資料などについても考察を加えている。本書において提示された甲冑の形式分類や各部の名称などは，基本的に引き継がれてきており，今日にいたる甲冑研究の原点といえるものである。

末永以降しばらくは，甲冑研究に顕著な展開はみられなかったが，1960〜1970 年代になると，末永の形式分類をもとに，甲冑製作の技術的検討から製作技術の変遷や系譜関係を中心とした，甲冑そのものを対象にした研究[2]が進められるようになる。それらは，付属具や挂甲も含めた総合的な分析までには至っていなかったが，人体の主要な部分を防禦する短甲，衝角付冑，眉庇付冑の分析を中心としたものであった。"長方板革綴短甲の成立に伴う帯金を用いた甲冑の出現"と"鉄板の連接に鋲留技法を導入"のそれぞれを甲冑製作の大きな変化期と捉えることにより，古墳時代における甲冑変遷の大枠ができあがった。以後，こうした技術史的検討の成果もふまえて，様々な観点から古墳時代甲冑に関わる議論[3]が展開されることになる。

当時，製作技術に関しては，肉眼観察によっ

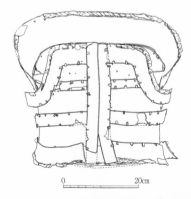

図1　大阪・岡本山 A3 号墳出土長方板革綴短甲
(高槻市街にぎわい部文化財課『岡本山 A3 号墳発掘調査報告書』
高槻市文化財調査報告書 42, 株式会社邦文社高槻支店, 2023)

て得られた情報に基づいて検討するのが一般的であった。また，甲冑製作に用いられた工具類などについても，一応想定されてはいるものの，直接的な資料は確認されていなかった。こうした状況にあって，甲冑復元品の製作という実験的な試みは，製作技術の実態に迫る有効な手段と考えられた[4]。一方，甲冑の規格に関しては，遺存状態が異なる甲冑それぞれについて，どこまで製作時の状態に迫りうるのかという問題のほかに，鍛造品であり，かつ埋蔵状態や錆化などの影響を受けやすい鉄製品であることもあって，厳密な規格を求めることには無理があった。短甲形式として統一化がみられる長方板革綴短甲を例にとれば，前胴竪上第 3 段の有無，地板枚数の違いなどの多様性を認めた緩やかなものであったと考えられる。

こうした問題に対して有効な手段として，理化学的機器の活用がある。かつては懸案事項の一つであった肉眼で観察しえなかった部分については，X 線 CT により可視化できるようになり，新たな情報に接することが可能になった。三次元レーザー計測は，精度の高いデータを取得するのに加えて，3 次元での比較が可能になる。目的に応じた機器を用いることは当然のこととして，甲冑個々のデータの取得で終わるのではなく，得られたデータの普遍性を検証する意味でも，データの更なる蓄積が望まれる。

註
1)　末永雅雄『日本上代の甲冑』岡書院，1934
2)　北野耕平「中期古墳の副葬品とその技術史的意義―鉄製甲冑における新技術の出現―」『近畿古文化論攷』吉川弘文館，1963，pp.163‑184。野上丈助「古墳時代における甲冑の変遷とその技術史的意義」『考古学研究』14―4，考古学研究会，1968，pp.12‑43。小林謙一「甲冑製作技術の変遷と工人の系統(上)・(下)」『考古学研究』20―4・21―2，考古学研究会，1974，pp.48‑68・pp.37‑49 など
3)　より詳細な形式変遷や技術の系譜論，攻撃用武器との関係，あるいは防禦具としての性能，戦い方や軍事体制，さらには出土古墳の様相，古墳副葬品としての意義等々の観点からのアプローチがあげられる。
4)　作業に対する習熟度や個人差もあるが，用いた素材や道具，各工程の所要時間などの記録を残してしておく必要がある。

古墳時代甲冑の研究 ─概要と編年─

古墳時代前期から後期，古代までの甲冑の変遷と研究状況，問題の所在を展望する

前期の甲冑：小札革綴冑・甲と竪矧板・方形板革綴短甲／中期の甲冑1：衝角付冑・眉庇付冑／中期の甲冑2：帯金式短甲／後期の甲冑1：竪矧広板衝角付冑／後期の甲冑2：小札甲／古代小札甲から平安時代大鎧の研究と変遷

前期の甲冑：小札革綴冑・甲と竪矧板・方形板革綴短甲

古谷 毅　FURUYA Takeshi
京都国立博物館

近年，新たな研究段階へ進みつつある前期古墳出土の甲冑について，研究の概要と問題点を示し，東アジアにおける位置づけについて考える

1 問題の所在

古墳時代前期の古墳から出土する甲冑は，中期以降の帯金式甲冑や小札甲に比べて，出土数がごく少数で規格性に乏しいという特性をもつ。また，一部形式の形態や構造には，弥生時代有機質製武具との形態・技術的な系譜関係が認められず，中国などの大陸出土製品に類例がみられるなど，その位置づけには大きな課題を抱えている。

本稿では，このような前期古墳出土の甲冑について，研究の概要と問題点を示し，東アジアにおける位置づけについて考えてみたい。

2 研究の現状

前期古墳から出土する鉄製甲冑には，まず鞢(小鉤)形と呼ばれる小札を綴じ合わせた小札革綴冑・小札革綴甲と，縦長の板金を組み合わせた竪矧板革綴短甲がある。前者は冑が14例，甲が3例で，後者は3例と少数例にとどまっている(図1・2)。いずれも部品の連接に革綴技法を用いた多様な構造をもち，個々の個体差が大きいことが特徴である。また，弥生時代の木製武具[1]と比較しても部品形状や連接技術ともに系

譜を辿れないことや，板金の形状・規模，革綴技法などにおいて一定の共通の内容を備えている点[2]と類似した形態をもつ中国出土製品[3]との比較から，これまで多くは大陸からの舶載品と考えられてきた。

しかし近年，比較的類例が多い小札革綴冑の詳細な調査と検討が進展した結果，厳密には部品の重ね合わせや綴じ技法[4]などは中国出土製品に近似した例が認められないことから，少なくとも組立てなどの製作工程の一部は日本列島内で行われたことが想定されつつある[5]。同様に，朝鮮半島の縦長板釘結板甲と類似する形態をもつ竪矧板革綴短甲も，裾板・押付板の形状や襟甲などの存在から厳密には形態・部品共に近似した例はない。連接技法も大きく異なるため，両者の系譜関係については未だに大きな課題を遺している[6]。

これに対し，方形板革綴短甲は，方形板革綴襟付短甲を含めて20例が知られ，ほとんどが日本列島内で出土している[7]。一定の出土量と構造に共通性をもつ一形式と捉えることが可能で，各製品の個体差の間に型式変化を辿ることができることが特徴である。基本的な構造は竪上部と胴部に大別され，後胴部上端に押付板が

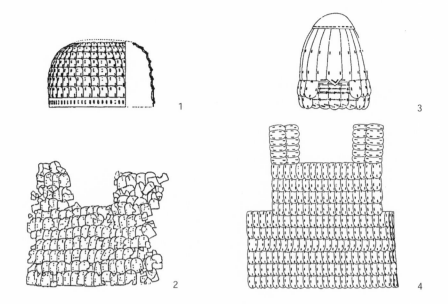

図1　小札革綴冑・小札革綴甲

1：小札革綴冑（京都府椿井大塚山古墳）　2：小札革綴甲（奈良県城山2号墳）
3・4：蒙古鉢形冑・魚鱗甲（中国・老河深遺跡 M67 号墓）

（1：梅原末治『椿井大塚山古墳』京都府文化財調査報告 24，1964・1974　2：白石太一郎「城山2号墳出土の札甲」『馬見丘陵における古墳の調査』奈良県史跡名勝天然記念物調査報告 29，奈良県教育委員会，1974　3・4：吉林省文物考古研究所編『楡樹老河深遺跡』1987 より）

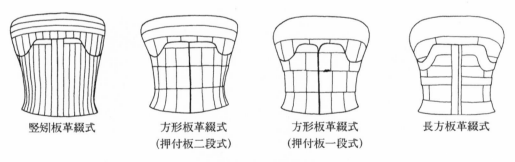

竪矧板革綴式　　　方形板革綴式　　　方形板革綴式　　　長方板革綴式
　　　　　　　　（押付板二段式）　（押付板一段式）

図2　4世紀における短甲の変化

（高橋克壽「4世紀における短甲の変化」『紫金山古墳と石山古墳』京都大学文学部博物館，1993 より）

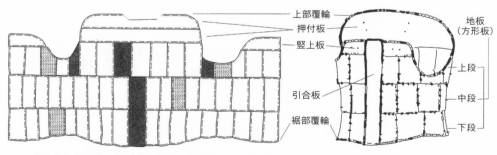

上部覆輪
押付板
竪上板
引合板
裾部覆輪

地板（方形板）
上段
中段
下段

（橋本達也「竪矧板・方形板革綴短甲の技術と系譜」『青丘学術論集』12，1998 の図を再トレース，一部改変したもの。）

図3　方形板革綴短甲模式図（福岡県若八幡宮古墳）

（福岡市博物館「方形板革綴短甲模式図」『企画展示 てつのよろい（リーフレット）』2009 より転載，一部改変）

設置される。押付板は1〜3枚の幅広の板金で形成され，時間的変遷を示すという意見（図2）が有力で，竪矧板革綴短甲との系譜を考える上で，重要な焦点の一つである。また，ほとんどの例で胴部の板金が3段に構成されていることが大きな特徴で，基本的な構造は胴部3段と竪上・押付板（＋引合板）から構成され，多くは板金を水平方向に後胴部中央部分から前胴部分に向かって順次上重ねにして，相互に革綴技法で連接する構造をもつ（図3）。

近年，京都府鞍岡山3号墳から出土した方形板革綴短甲は最終型式の特徴をもつことで注目されている[8]。帯金式甲冑の基本構造である一枚の押付板に引合板・裾板を備えていることから，中期に展開する帯金式甲冑の祖型とみなされている[9]。このように前期の甲冑は，従来の本体・部品の類似性を中心に検討されていた段階から製作技術と構造分析を基礎においた研究が主流となっており，新たな研究段階へ移行しつつあるといえる。

3　前期甲冑の位置

今ひとつの課題として，このような前期古墳から出土する甲冑の東アジアにおける位置づけである。日本列島出土の甲冑の特色である板金を用いたタイプ（板甲）といわゆる小札（札甲）を用いたタイプは，すでに前期の段階から併行して用いられている。このような状況は研究の初期段階[10]でもすでに採りあげられ，さらにユーラシア遊牧民の鹿角・骨製小札甲にも注意が向けられていた[11]。

一方，ユーラシア大陸の武装具に関する先行研究では，小札甲（鎧）の卓越とバラエティに関する議論が続いている[12]。いわゆる板甲に対して，小札（札）を用いた甲については大別して布甲・魚鱗札甲・小札甲の別がある。前期の甲冑は，古代東アジアの甲冑のこのような分類体系の中に改めて位置づけた上で，その関係性や系譜を分析する必要があると思われる。

近年，進展している歴史時代小札甲における大陸との系譜論[13]も，このような分析の方向性の上に位置すると考えられる。

註
1)　本誌口絵4参照。
2)　小林謙一「古墳時代における初期の甲冑」『文

化財論叢』Ⅱ（奈良国立文化財研究所創立40周年記念論文集）同胞社出版，1995。橋本達也「古墳時代前期甲冑の技術と系譜」雪野山古墳発掘調査団 編『雪野山古墳の研究』考察編，八日市場市教育委員会，1996。橋本達也「竪矧板・方形板革綴短甲の技術と系譜」『青丘学術論集』12（四，五世紀における韓日交渉の考古学的再検討），韓国文化研究振興財団，1998
3)　楊　泓「日本古墳時代甲冑及中国甲冑的関係」『考古』1985年第1期，1985
4)　朝鮮半島の鉄製甲冑は「小札綴系統」（魚鱗甲・札甲等）と「小札織系統」と「地板綴系統」（板甲・短甲）がある。高橋　工「東アジアにおける甲冑の系統と日本―特に5世紀までの甲冑製作技法と設計思想を中心に―」『日本考古学』2，日本考古学協会，1996
5)　卜部行弘「黒塚古墳出土鉄製武具の復元」奈良県立橿原考古学研究所 編『黒塚古墳の研究』八木書店，2018。小林謙一「古墳時代の武装と東アジア」『考古学ジャーナル』771，ニューサイエンス社，2022
6)　従来から方形板革綴短甲との密接な系譜関係を認めるようとする意見も強い。野上丈助「日韓古墳出土甲冑の系譜について」野上丈助 編『論集 武具』学生社，1991。高橋克壽「4世紀における短甲の変化」『紫金山古墳と石山古墳』京都大学文学部博物館，1993。橋本達也「古墳時代前期甲冑の形式・系譜・年代論」『前期古墳編年を再考する―広域編年再構築の試み―』中国四国前方後円墳研究会第17回研究集会（発表要旨・資料集），2014 など
7)　韓国では，釜山市福泉洞64号墳と金海市大成洞1・88号墳で出土している。
8)　本誌第3章滝沢報文：図1参照
9)　阪口英毅「帯金式甲冑の成立」『還古登攀』（遠山昭登君追悼考古学論集），2010（『古墳時代甲冑の技術と生産』同成社，2019 改稿所収）
10)　本誌第1章古谷「古墳時代甲冑研究の現状と課題」：註3・4参照。
11)　鳥居龍蔵『人類學上より見たる我が上代の文化(1)』叢文閣，1925
12)　江上波夫「中国古代の札甲について」『ユウラシア北方文化の研究』1951。増田精一「武器・武装―とくに札甲について―」『新版考古学講座』5（原史文化 下），雄山閣，1970。梶原　洋「小札考―ユーラシアからみた小札鎧の系譜―」『東北福祉大学 芹沢銈介美術工芸館年報』1，2009
13)　津野　仁「北方系の小札甲」『アシアンレター』7，「東アジアの歴史と文化」懇話会，2000

中期の甲冑1：衝角付冑・眉庇付冑

川畑 純　KAWAHATA Jun
奈良文化財研究所

これまでの研究成果をもとに，衝角付冑と眉庇付冑の変遷観を整理し，課題を示す。いま単系的な変遷観の見直しが求められている

1 概要と研究史

概要　衝角付冑は日本列島製であることが確実な鉄製冑としては最も早い古墳時代中期初頭に出現し，後期以降にも継続する日本列島の古代で最も主要な冑である。時期による変化はあるが冑鉢本体の平面形は水滴形に近く，側面形は後方が半円形で前方下端が突出する。さらに側頭部から後頭部にかけて錣を垂下する。中期に限ればおおよそ138の古墳などから約175例が出土している[1]

眉庇付冑は中期前葉から中葉に出現し，中期後葉から末にはみられなくなる比較的短期間のみ使用された冑である。冑鉢本体の平面形は概ね正円形で，側面形は上端は平坦だが全体として半円形に近い。前額部には庇部を取り付ける。金銅装のものが多く，頭頂部に伏鉢や受鉢を付けるものが大半であるなど装飾性の高い冑である。側頭部から後頭部にかけて錣を垂下する。おおよそ71の古墳などから約110例が出土している。

衝角付冑・眉庇付冑の分布域に違いはほとんどなく，どちらも北は北関東から長野～石川県にかけて，南は鹿児島県大隅地域まで分布する（図1）。

研究史　現在我々が衝角付冑・眉庇付冑と呼称する冑に関する記録は江戸時代後期に遡る。月岡古墳や大仙古墳，江田船山古墳，祇園大塚山古墳など重要資料が明治までに出土し，前方後円墳の時代の甲冑としての認識が形成されていった[2]。

1930～1940年代には，末永雅雄や後藤守一による諸論考が発表される[3]。これにより当時の資料の全貌が明らかにされるとともに，地板形状と連接技法に基づく形式設定，部位呼称（図2）が確立するなど，今日に続く研究の基盤が整えられた。

1950年代には小林行雄が中期の主要資料としてとくに眉庇付冑を取り上げ，また大塚初重は地板形状と連接技法に基づく形式ごとに編年的位置づけを与えた[4]。これらの研究を通じ甲冑は中期の社会状況を反映する主要な副葬品であり時期区分の指標としても有効であるという，今日的にも一般的な「甲冑観」が形成された。

1960～1970年代には，北野耕平・野上丈助・小林謙一が製作技術と工人系譜，生産体制の研究を進め型式的な分析の深化を図った[5]。この頃には，

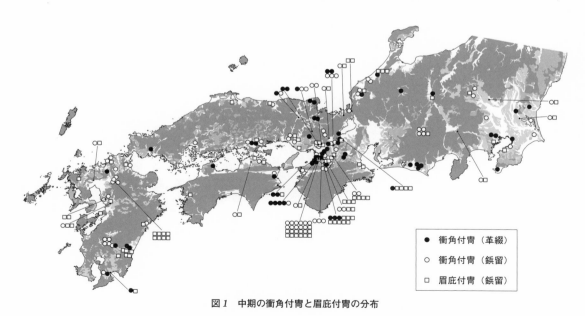

図1　中期の衝角付冑と眉庇付冑の分布

凡例：
● 衝角付冑（革綴）
○ 衝角付冑（鋲留）
□ 眉庇付冑（鋲留）

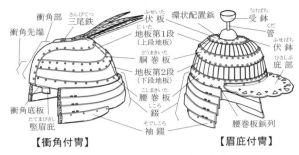

図2　衝角付冑と眉庇付冑の部分名称

衝角付冑の衝角底板連接手法の分類と編年が検討されるなど，地板の形態差と連接技法以外の視点から編年の細緻化が試みられたことは重要である。

　眉庇付冑は衝角付冑に比べ細かな検討の着手がやや遅れていたが，1980年代後半から2000年前後にかけて検討が進んだ。とくに朝鮮半島をはじめとする冑との技術的関連が議論され，金銅装のものが多いという特徴と合わせて，技術系譜や表象的な意義などのテーマが対外関係に関する議論を前提として展開された点が特徴である[6]。

　このように2000年代初頭までには，衝角付冑・眉庇付冑とも資料の特質を踏まえた検討が進み，型式的な分析による編年の追究と技術系譜・生産体制の解明という研究の主流が確立した。以下に述べる，今日も進展し続けているより詳細な型式的な分析は上記の研究の延長上にあるといえる。

2　研究の状況

　衝角付冑　衝角付冑は，三角板革綴式や横矧板鋲留式など地板の形態と連接技法を組み合わせて分類し形式名称とする。主要な地板の形態は三角板・竪矧板・小札・横矧板だが，竪矧板は地板幅と枚数が様々で同一形式としてのまとまりが弱い。

中期前半の竪矧(細)板と後期の竪矧広板との間には系譜関係は想定できないが類似する地板のものもあり，地板の分類だけでは系譜関係や時期区分を明瞭に示せない場合もある。

　地板は大局的には，三角板→小札→横矧板と変遷し後期には横矧板と竪矧広板が併存する。連接技法は基本的に革綴→鋲留と変化するので，形式名称としても現れる分類視点は，細部の遺存状況などにかかわらず外観的な特徴のみでおおよその編年的な位置づけが可能になる点でも有効性が高い。

　衝角底板の連接手法は，連続的な変化を説明でき意匠性に乏しい要素でもあるため，衝角付冑全体を通じた編年指標として現状最も有効と考えられる[7]。細分が可能なものもあるが，主要な型式は横接式・上接式・上内接式・内接式・外接式・外接被覆式で概ねその順に変化する。上下接式など派生的な型式をはじめ，併行関係を想定できる型式もあるなど多系性も考慮する必要がある（図3）。

　その他の編年指標には，三角板の地板枚数の減少傾向，腰巻板・胴巻板の幅，前後径に対する高さの増加と衝角部の突出傾向や冑を被る角度の変化など全体的な構造の変化，鋲の大型化や小札鋲留衝角付冑の前端地板の竪矧板使用の有無や内面の地板端部が揃うか否かなどがある。これらすべてがあらゆる衝角付冑の分析に適用可能なわけではないが，多様な要素を組み合わせた分析により個々の製作順序の想定にまで議論は及んでいる[8]。

　地板の形態差や連接技法，衝角底板の連接手法から設定される形式・型式についてはそれぞれ一定の併行関係の存在が明確化しつつある。併行関係すなわち系統差を想定した際には，系統差がある資料の併行関係を型式的にどう認定するのかと

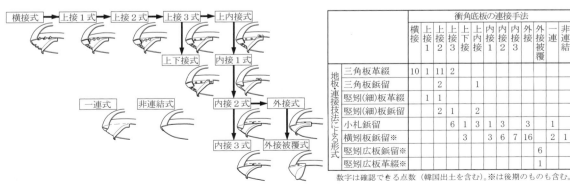

		衝角底板の連接手法											
		横接	上接1	上接2	上接3	上下接	上内接	内接1	内接2	内接3	外接被覆	一連	非連結
地板連接技法による形式	三角板革綴	10	1	11	2								
	三角板鋲留			2									
	竪矧(細)板革綴		1	1									
	竪矧(細)板鋲留			2	1		2						
	小札鋲留				6	1	3	1	3		3	1	
	横矧板鋲留※						3	3	6	7	16	2	1
	竪矧広板鋲留※										6		
	竪矧広板革綴※										1		

数字は確認できる点数（韓国出土を含む）。※は後期のものも含む。

図3　衝角付冑の衝角底板連接手法の変遷と形式との対応

いう方法論的な課題が現出する。今後は，編年と系統に関する議論は一体で展開すると予測される。

眉庇付冑　眉庇付冑についても，竪矧板鋲留式や小札鋲留など地板の形態と連接技法を組み合わせて分類し形式名称とする。主要な地板の形態は小札で，竪矧板・方形板・横矧板や棘葉形板・平行四辺形板などの特殊なものもあるが限られる。

地板の形態は，竪矧板→小札→横矧板と変遷したと理解されてきた。竪矧板から小札への変化あるいは分化は，型式的な変遷として合理的である。一方で小札と横矧板については，両者の中間である方形板のものを型式的に両者の間に位置づけるのは難しく，共伴資料による年代的な検証も難しい。眉庇付冑では地板形態の違いは編年指標としてあまり有効でなく，むしろその多様性は意匠的な意義などの観点から検討すべきと考えられる。

眉庇付冑の分類は，庇部文様によるのが有効である。庇部文様は葉文（絡龍文）系，三角文系，レンズ形系，無透系に大きく分かれ，それぞれさらに細分できる[9]。庇部文様ごとに受鉢・伏鉢の連接技法や受鉢・伏鉢の径，帯金合わせ位置，金銅装の有無など様々な要素がある程度共通する。そのため，庇部文様の分類は製作時の系統差などを反映するものと考えられる。明確な系統性を確認できることが眉庇付冑の大きな特徴といえよう。

庇部文様は編年指標ともなる。大きくは葉文系から三角文系・レンズ文系が派生し，さらにそれぞれの文様の中で変遷する（図4）。そのほか鋲頭径の大型化や庇部接合端部の形態，地板の連接方式と受鉢・伏鉢の径の変化，腰巻板鋲列の有無，受鉢・伏鉢の連接技法や金銅装の範囲の変化などが編年指標となる[10]。

このようにいくつかの編年指標が見出されるが，眉庇付冑全体を通観しつつ細分できる指標はやや不明瞭である。眉庇付冑は中期中葉の資料が多く，型式的に新古関係を想定できる場合にも共伴資料からの検証が難しいことが多く，編年観の確立は引き続きの課題である。

3　課題と今後の展望

衝角付冑の大局的な変遷観は確立しており，共伴資料の編年との相互検証による編年精度の向上が今後の課題である。眉庇付冑は全体を通観する編年指標はやや不明瞭であり，系統区分の議論の深化を図るとともに各系統の併行関係の検討が今後は求められるであろう。一方で，衝角付冑・眉庇付冑ともに単系的な変遷観では，その変化を説明しがたいことが判明しつつある。型式的な分析から想定される多系性を統合できる編年指標と論理を導き出しうるのか。それとも従来議論の前提とされてきた倭王権による一元的な生産モデルとは異なる多系的な生産・流通モデルを描くのか。いずれかが今後の研究の方向性であろう。

編年の理解と系統性の解釈は，不即不離の問題となっている。編年と系統，すなわち年代観と生産・流通体制・技術に関する議論は，より一体的に展開されると予測される。こうした議論の実証的な推進には，組み合う甲冑や副葬品，埋葬施設やその他の情報と冑の系統の間に何らかの相関性を見出せるかどうかが鍵となる。比較検討のためには，分類と編年の再構成・統合が必要になることも想定されるので，そうした検討も求められる。

なお，衝角付冑・眉庇付冑ともに錣を伴うのが原則であり，錣を付属する形で完成した一鉢の冑と認識されていたとみられる。そのため，錣も冑鉢本体と一体で検討が進められることが望まし

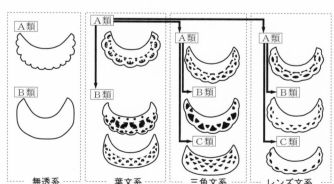

		庇部文様										
		無透系A	無透系B	葉文系A	葉文系B	三角文系A	三角文系B	三角文系C	レンズ文系A	レンズ文系B	レンズ文系C	庇部文様不明
地板連接技法による形式	竪矧板鋲留	2		2		2		1				
	小札鋲留	3	2	2	4	6	4	2	6	2		13
	方形板鋲留※											2
	横矧板鋲留	1						1	1	1		4
	その他鋲留							1	1			
	形式不明										1	
金銅装のもの			2	4		1	5			2		2

数字は確認できる数。※各段の地板枚数15枚以下とした。

図4　眉庇付冑の庇部文様と形式との対応

い[11]。編年のさらなる追究と検証，そして衝角付冑と眉庇付冑の併行関係や工人の関係性などの分析についても錣の検討は有効と考えられる。

　型式的な検討の細緻化には，三次元計測やX線CT画像撮影の一層の寄与が期待される[12]。短甲の分析事例は蓄積しているが，冑は短甲以上に曲面的・立体的な部材が多くX線CT画像撮影とデータ処理による部材の平面形態解明や比較検討が有効である。それにより，「同工品」の抽出などから生産体制の解明が一層進むと想定される。

　短甲や小札甲との型式的・技術的な比較検討に寄与しつつ，時に一歩踏み込んだ編年と検討成果から研究の新たな方向性を示す。衝角付冑・眉庇付冑が果たしてきたそうした研究資料としての役割は，新たな視点を取り込みつつ今後も益々推し進められていくと期待される。

註

1) 韓国出土例および革製衝角付冑を含む。

2) 古墳時代の甲冑の最新の集成と研究動向の整理は下記で，江戸時代から2014年までの動向・論文などがまとめられており本稿においても参照した。橋本達也・鈴木一有『古墳時代甲冑集成』大阪大学大学院文学研究科，2014。その後の出土資料に金井東裏遺跡（渋川市），入西石塚古墳（坂戸市），島内139号地下式横穴（えびの市）の衝角付冑，相作馬塚古墳（高松市）の眉庇付冑がある。

3) 佐藤小吉・末永雅雄「添上郡帯解町山村円照寺墓山第一号古墳調査」『奈良県史跡名勝天然記念物調査報告』11，奈良県，1930。末永雅雄『日本上代の甲冑』岡書院，1934。後藤守一「上古時代の冑」『刀と剣道』2―7，1940（『日本古代文化研究』河出書房，1942，pp.400-432所収）

4) 小林行雄『古墳時代の研究』青木書店，1961。大塚初重「大和政権の形成―武器武具の発達」『世界考古学大系』3，平凡社，1959，pp.67-87

5) 北野耕平「中期古墳の副葬品とその技術史的意義―鉄製甲冑における新技術の出現―」『近畿古文化論攷』吉川弘文館，1963，pp.163-184。小林謙一「甲冑製作技術の変遷と工人の系統（上）・（下）」『考古学研究』20―4・21―2，考古学研究会，1974，pp.48-68・37-49。野上丈助「甲冑製作技法と系譜をめぐる問題点・上」『考古学研究』21―4，考古学研究会，1975，pp.34-58

6) 前掲註3小林1961。福尾正彦「眉庇付冑の系譜―その出現期を中心に―」『東アジアの考古と歴史』同朋舎，1987，pp.135-167。清水和明「古墳時代中期の甲冑製作技術に関する一考察」『考古学の世界』学習院考古会，1995，pp.1-23。

内山敏行「外来系甲冑の評価」『古代武器研究』2，古代武器研究会，2001，pp.62-69

7) 山田琴子「小札鋲留衝角付冑と横矧板鋲留衝角付冑」『溯航』20，早稲田大学大学院文学研究科考古談話会，2002，pp.16-36。鈴木一有「中期型冑の系統と変遷」『月刊考古学ジャーナル』581，ニュー・サイエンス社，2009，pp.12-16。川畑純「衝角付冑の型式学的配列」『日本考古学』32，日本考古学協会，2011，pp.1-31

8) 紙幅の関係で個々の論文は省略する。詳細は前掲註6川畑2011に述べた。その後の冑の変化に関する論考に次がある。川畑　純「冑のかぶり方」『技と慧眼　塚本敏夫さん還暦記念論集』塚本敏夫さん還暦記念論集事務局，2021，pp.113-124

9) 伊藤勇輔「眉庇付冑について」『北葛城郡当麻町兵家古墳群』奈良県史跡名勝天然記念物調査報告37，奈良県立橿原考古学研究所，1978，pp.171-176。小林謙一「甲冑出土古墳の研究―眉庇付冑出土古墳について―」『文化財論叢』奈良国立文化財研究所創立30周年記念論文集，同朋舎，1983，pp.105-113。橋本達也「古墳時代中期における金工技術の変革とその意義―眉庇付冑を中心として―」『考古学雑誌』80―4，日本考古学会，1995，pp.1-33

10) 紙幅の関係で個々の論文は省略する。複数の属性から検討を加えたものに下記がある。橋本達也「東アジアにおける眉庇付冑の系譜」『マロ塚古墳出土品を中心にした古墳時代中期武器武具の研究』国立歴史民俗博物館研究報告173，国立歴史民俗博物館，2012，pp.411-434。川畑　純「眉庇付冑の系統と変遷」『武具が語る古代史―古墳時代社会の構造転換』京都大学学術出版会，2015，pp.143-188

11) 古谷　毅「京都府久津川車塚古墳出土の甲冑―"いわゆる一枚錣"の提起する問題―」『MUSEUM』445，東京国立博物館，1988，pp.4-17。鈴木一有「小札鋲留衝角付冑の変遷とその意義」『マロ塚古墳出土品を中心にした古墳時代中期武器武具の研究』国立歴史民俗博物館研究報告173，国立歴史民俗博物館，2012，pp.435-456

12) 吉村和昭『三次元レーザー計測を利用した古墳時代甲冑製作の復元的研究』奈良県立橿原考古学研究所，2014。橋本達也『X線CT調査による古墳時代甲冑の研究』鹿児島大学総合研究博物館，2018

挿図出典

図1は筆者作成。図2～4は，前掲註9川畑2015より改変作成。

冑の付属具
―錣と頬当―

藤井陽輔　FUJII Yosuke
大阪府教育庁文化財保護課

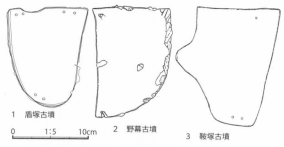

図1　倭系冑に付属する頬当（着装時左側）

　古墳時代の冑には防御機能を補完する付属具の共伴例がある。そのうち，最も多く共伴するのが錣で，着装者の後頭部から頸部後方，冑下端部から短甲や頸甲の上部までの広範囲を保護する。また，頬から顎を保護する頬当も少数確認されている。ともに割付系甲冑[1]が先に成立し，次いで単位系甲冑のものが生産される。本稿では前者について述べる。

　板錣　割付系甲冑の中で帯板式付属具に細分される板錣は，三角板革綴衝角付冑が創出されて程なく付属が認められる。出現期の錣は1枚の鉄板を長軸方向に湾曲させて作られ，一枚錣とも呼ばれる。その後，革綴から鋲留冑に置き換わるのに連動するかのように，多段錣に移行する。衝角・眉庇のどちらにも共伴し，古墳時代中期末に生産が停止される。錣の新旧を示す特徴に穿孔の位置や個数がある。出現期は上縁近くに2孔1組で穿孔されるが，時期が下るにつれ下縁に近い位置に原則4孔1組で穿孔される。錣に可動性をもたせる実用的な発展がもたらした変化と理解できる[2]。

　頬当　割付系甲冑の延板式付属具に細分される。現在倭系冑との共伴が確認されるのは，大阪府盾塚古墳（三角板革綴衝角付冑・一枚錣と共伴，以下同様），韓国全羅南道野幕古墳（三角板革綴衝角付冑・一枚錣）大阪府鞍塚古墳（三角板鋲留衝角付冑・3段錣）の3例と，前述のとおり類例が少ない[3]。また，兵庫県行者塚古墳でも頬当状鉄製品が出土するが冑は共伴しない。これら3例の形状はそれぞれ異なり（図1），共伴遺物からみて生産された時期も短く，標準的な武装として定着せず生産停止したと理解できる。

　4世紀から5世紀にかけて朝鮮半島で生産された縦長板冑に，3枚から2枚の鉄板を綴じ合わせた頬当や1枚の鉄板で作られた頬当が共伴し，正面側が直線に近い形状であることや，端部に覆輪用の穿孔を施すといった特徴がある。これらと比較すると，倭系冑に付属する野幕例は覆輪孔の有無，盾塚・鞍塚例は形状と覆輪孔の有無に差異がある。完全な模倣ではなく，他の武具と組み合うよう倭国での独自化が試みられたことが理解できる。さらに後者2例は倭国製の傍証になると筆者は考える。

　冑の着装方法と付属具の新視点　近年，冑の着装方法等に関する論考[4]があり，衝角付冑は前頭部側を高く傾斜をつけて被ること，前端部が舳先状に裁断された一枚錣も着装時の顔の角度と揃うこと，角度が付くことで生じる顎等の露出を解決するため多段錣が創出され，それ以前の限られた時期には延板式の頬当が保護を担ったと考えられること等が指摘された。

　以上のように，冑の付属具は生産技術のみならず機能的な視点からも未だ論じる余地のある武具といえよう。

註
1)　下記阪口分類に準拠する。阪口英毅「1金属製品の型式学的研究　⑨甲冑」『古墳時代の考古学4　副葬品の型式と編年』2013。なお，阪口分類は，下記古谷論文の分類用語に従っている。古谷毅「古墳時代甲冑研究の方法と課題」『考古学雑誌』76―1，1996

2)　古谷　毅「京都府久津川車塚古墳出土の甲冑―いわゆる"一枚錣"の提起する問題―」『MUSEUM』445，1988

3)　愛媛県東宮山古墳（横矧板鋲留衝角付冑が共伴）での出土報告があるが，共伴遺物や古墳の築造年代等と時期を大きく隔絶し，頬当であるかは検討の余地があるため，本稿では除外した。土屋隆史・清喜裕二「妻鳥陵墓参考地出土品再整理報告―総括篇―」『書陵部紀要』73 陵墓篇，2022

4)　川畑　純「冑のかぶり方」『技と慧眼―塚本敏夫さん還暦記念論集―』2021

引用報告書
末永雅雄 編『盾塚 鞍塚 珠金塚古墳』由良大和古代文化研究協会，1991。国立羅州文化財研究所 編『高興野幕古墳発掘調査報告書』2014。藤井陽輔・米田文孝「盾塚古墳出土三角板革綴衝角付冑の保存修理と再検討」『関西大学博物館紀要』27，2021
図1出典　1：筆者作図，2：国立羅州文化財研究所編2014引用，3：末永編1991引用

中期の甲冑2：帯金式短甲

滝沢　誠 TAKIZAWA Makoto
筑波大学教授

帯金式短甲研究の現状と展望をまとめる。意匠性重視の製品から生産性・機能性重視の製品に移行する変遷過程が注目される

1　帯金式甲冑の認識

　日本列島の鉄製甲冑は古墳時代前期に出現し，古墳時代中期になると著しく増加することが知られている。そのうち古墳の副葬品としてもっとも多く確認されているのが，胴部を防護するための短甲（以下，鉄製の短甲を指す）であり，可能性があるものを含め，これまでに550例程度が出土している。また，同じ構造をもつ短甲は，朝鮮半島南部からも出土している。古墳時代前期の短甲は20数例にとどまることから，中期の甲冑はじつに20倍以上に及ぶことになる。

　古墳時代中期の短甲における最大の特徴は，それ以前には認められなかったフレーム構造を採用している点に求められる。そこには，最上部を構成する竪上板・押付板と最下部をめぐる裾板，それらを縦方向につなぐ前胴正面の引合板，そしてそれらを横方向につなぐ帯状鉄板＝帯金などによって基本的なフレームを構成し，その空隙を長方形や三角形の鉄板＝地板で内側から連接するという共通の構造が認められる。

　古墳時代甲冑の研究は，戦前の研究[1]を基礎としながら，1970年代までに形式の分類や編年の大綱が整えられ[2]，その段階でフレーム構造をもつ甲冑の出現を形式の統一化を示す大きな画期とする評価が定着した。その後，そうした構造をもつ甲冑は「中期型甲冑」[3]とも称されるようになるが，古谷毅は甲冑の基本構造を部品の互換性に着目して「単位系甲冑」と「割付系甲冑」に大別し，後者の中で帯金などによるフレーム構造をもつ甲冑を「帯金式甲冑」と呼称した[4]。こうした帯金の存在に着目した構造上の認識は，前期甲冑と中期甲冑を基本的に分かつ大枠の理解として有効であろう。

　以下，近年の研究動向に導かれながら，帯金式短甲の成立過程や型式変化，同工品をめぐる議論について，その成果と課題を展望してみたい。

2　帯金式短甲の成立

　古墳時代前期の短甲には，竪（縦）矧板革綴短甲と方形板革綴短甲が存在するほか，唯一の例として奈良県上殿古墳出土の方形板革綴襟付短甲が知られている。それらについては，鉄板の形状や構成に少なからぬ個体差が認められるものの，近年では方形板革綴短甲に一定の設計原理や技術の存在を見出し，その技術系譜の上に帯金式短甲が成立したとする見方が定着しつつある。

　上殿古墳出土の方形板革綴襟付短甲に伴う脇部に沿って下降する竪上板は，その後の短甲（＝帯金式短甲）につながる構造として注目されてきたが，竪矧板革綴短甲から方形板革綴短甲を経て長方板革綴短甲の成立に至る一連の変化を明確に示したのは高橋克壽である[5]。高橋は，押付板の段構成や地板形状の変化に着目し，竪矧板革綴短甲（押付板三段）→方形板革綴短甲・押付板二段式→方形板革綴短甲・押付板一段式という変遷の先に長方板革綴短甲の成立を見通した。それにつづいて橋本達也は，地板の配列や枚数などの属性にも着目して方形板革綴短甲の型式分類をさらに深化させた[6]。

　2010年には，90年代以降に進められてきた上記の議論を裏付けるような方形板革綴短甲の新資料が京都府鞍岡山3号墳から出土した（図1）。同短甲は，前胴4段・後胴5段構成で，脇部まで下降する押付板とそれに連接する竪上板を有するだけでなく，3枚構成の裾板を備えている。また，地板には逆台形や横長長方形のものが採用され，長方板革綴短甲との類似が認められる。一方で帯金は採用されず，竪上板が分割されている点には定形化した長方板革綴短甲との差異が認められる。同短甲は長方板革綴短甲への過渡的な様相を示す製品と評価しうるものであり，阪口英毅が指摘するように，本例を含む方形板革綴短甲の一群に長方板革綴短甲につながる地板の段内結合が認められる点は，前期短甲の技術的基盤の上に帯金式短

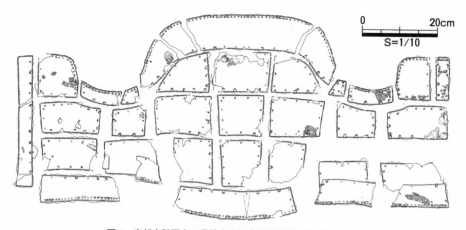

図1　京都府鞍岡山3号墳出土の方形板革綴短甲（S=1/10）
（大坪州一郎「京都府精華町鞍岡山3号墳の調査」『考古学研究』58—1，考古学研究会，2011 より）

甲が成立したことを物語っている[7]。

ただし，帯金式短甲のフレームがどのような契機によって生じたのかについては検討の余地がある。地板の段内結合と鍛造技術の進展という技術的基盤を前提としながら，作業効率の向上を目指した「自律的改良」とする見方[8]が示される一方で，竪上板・押付板，裾板については，朝鮮半島南部の縦矧板甲から影響を受けた「連動現象」とする見方もある[9]。また，弥生時代以来の木甲との関係を想定する意見もある[10]。

列島における竪矧板革綴短甲の系譜が半島の縦長板甲に求められる以上，それらとの関連性は十分考慮に入れなければならないが，それでもなお列島独自の要素である帯金の系譜については説明がつかない。帯金を含めたフレーム構造の採用には，様々な技術や情報を統合した工人集団の創意工夫があったとみるべきなのであろう。

3　型式変化とその背景

帯金式短甲は，連接技法によって革綴短甲と鋲留短甲に大別され，地板の形状によって各種の「形式」に分類されている。革綴から鋲留への基本的な変化を見据えながら，1980年代まではそれらの形式が技術的な発展に伴って単系的に変遷したとする見方が主流であったが，1980年代末以降は各形式の詳細な型式分類にもとづいた多系的な変遷が捉えられている。

(1) 帯金式革綴短甲

主要形式として長方板革綴短甲と三角板革綴短甲があり（口絵），長方板・三角板併用革綴短甲や三角板革綴襟付短甲，変形板革綴短甲の存在も知られている。いずれも，外面では相接する鉄板の縁辺に直交し，内面では鋸歯状に進行する革綴技法＝綴第1技法を採用している。

長方板革綴短甲と三角板革綴短甲の関係については，かつてのように前者から後者への単系的な変遷とみることはできず，系統差として理解するのが妥当である。また，小型三角板使用の三角板革綴短甲が通有の三角板革綴短甲に先行するとの見方[11]も，その一部に鋲留技法を採用した例（福井県向山1号墳1号短甲）が知られるようになったことから見直しが必要である。

長方板革綴短甲と三角板革綴短甲それぞれの型式変化を体系的に論じたものとしては，阪口英毅の研究成果が重要である[12]。両形式の変遷については，鍛造技術の進展に伴う地板枚数の減少傾向が以前から指摘されていたが，阪口は三角板革綴短甲を等角系（小型三角板）と鈍角系（通有の三角板）に二分した上で，長方板革綴短甲を含めたそれらの型式変化を，主に脇部の地板分割方法によって整理している。また，前期甲冑からの連続性や各種共伴遺物による検証をふまえて，その出現時期は長方板革綴短甲がわずかに先行し，終焉時期については，長方板革綴短甲が鋲留技法導入期（中期中葉）までに生産を終えるのに対し，三角板革綴短甲の生産は鋲留技法導入期にまで及ぶことを明らかにしている。

阪口の議論で注目されるのは，地板形状の違いを技術的要請によるものではなく，生産性・機能性重視と意匠性重視という設計思想に求めている

点である。かつて筆者も，三角板を「三角文」と捉え，その文様に込められた意味について指摘したことがある[13]。この点を両形式の段階的変化の中に位置づけた阪口の議論は特筆すべきものであるが，一方で，その後につづく三角板鋲留短甲の盛行とあわせて，なぜ鋲留技法導入期の前後に意匠性重視の短甲生産が志向されたのかについては十分な理解が得られていない。

(2) 帯金式鋲留短甲

主要形式として三角板鋲留短甲と横矧板鋲留短甲があり（口絵），三角板・横矧板併用鋲留短甲や三角板鋲留襟付短甲，変形板鋲留短甲も知られている。また，横矧板鋲留短甲と共通する地板構成をもちながら綴第2技法を採用した横矧板革綴短甲も，基本的な仕様を共有する製品群である。

革綴短甲と同様に，かつては三角板鋲留短甲から横矧板鋲留短甲へという単系的な変遷観が主流であったが，鋲留短甲に少鋲式と多鋲式の存在を見出し，三角板鋲留短甲と横矧板鋲留短甲がそれぞれ三角板革綴短甲と長方板革綴短甲の系譜に連なる製品であることを最初に詳しく論じたのは吉村和昭である[14]。それにつづいて筆者も，鋲頭径や引合板鋲留位置などの諸属性の組み合わせにより鋲留短甲の詳細な型式分類を行った[15]。

その要点を述べると，鋲留短甲の基本的な型式変化は，鋲留数，鋲頭径，鋲留位置，各段幅などの諸属性が生産の省力化という方向性に沿って変化していく点に集約される（図2）。すなわち，鋲頭径の大型化による各鋲留箇所の強化が鋲留数の減少を可能とし，鋲留間隔の拡大によって生じた鉄板の遊離を避けるための措置として鋲留位置や各段幅の変更が行われたとみられる。ただし，長方板革綴短甲には鋲留短甲からの影響が認められないことから，長方板革綴短甲からの連続的な変化として横矧板鋲留短甲の成立を跡付けることは難しい。横矧板鋲留短甲は，三角板鋲留短甲にやや遅れて鋲留短甲の生産拡大期に成立したものとみられるが，そこには生産性・機能性を重視した長方板革綴短甲の設計思想が受け継がれていたとみるべきなのであろう。その発露として，長方板革綴短甲にみられる前胴竪上第3段の省略が，時を隔てて横矧板鋲留短甲にも現われたと考えたい。

帯金式短甲は，生産性・機能性重視の製品（長方板革綴短甲）を出発点とするものの，すぐさま意匠性重視の製品（三角板系短甲）が主流となり，中期後葉には生産性・機能性を重視した製品（横矧板鋲留短甲）に急速に転換していく。こうした変化の意味を理解するためには多方面からの議論が必要となるが，批判を恐れずに言えば，意匠性重視の背景には，対外的軍事行動を視野に入れた武装の差異化や武力の発動に際しての呪術的思考が関係していた可能性がある。その一方で，生産性・機能性重視への転換は，上位層への小札甲導入に伴う武装の階層化と大量生産に向けての現実的思考を背景にしたものと考えられる。そして，意匠性重視の製品から生産性・機能性重視の製品への確実な移行が，倭王武政権（雄略朝）のもとで進行していたとみられる点は大いに注目されよう。

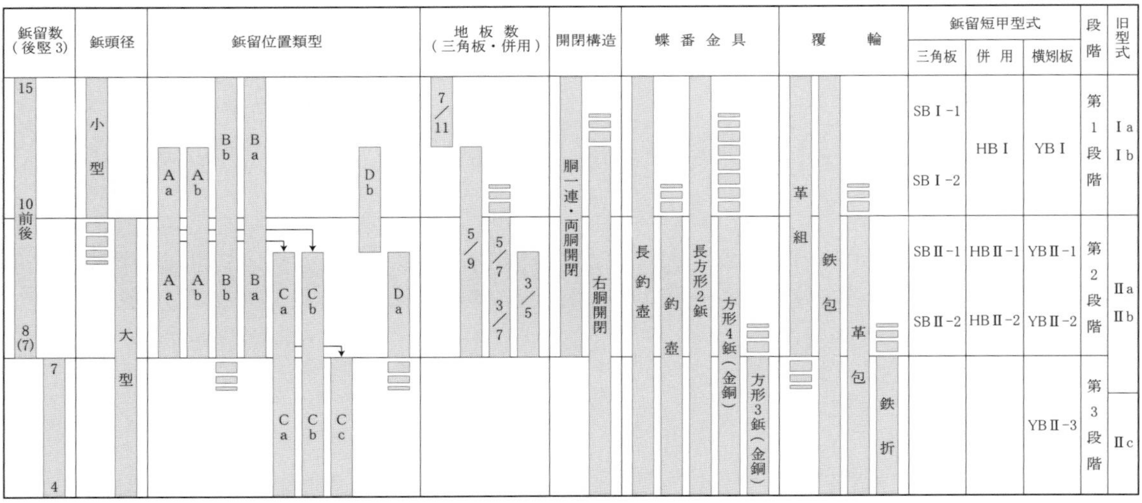

鋲留数（後竪3）	鋲頭径	鋲留位置類型	地板数（三角板・併用）	開閉構造	蝶番金具	覆輪	鋲留短甲型式 三角板	併用	横矧板	段階	旧型式
15／10前後	小型	Aa Ab Bb Ba Db	7／11	胴一連・両胴開閉		革組	SBI-1 SBI-2	HBI	YBI	第1段階	Ia Ib
8(7)	大型	Aa Ab Bb Ba Ca Cb Da	5／9 5／7 3／7 3／5	右胴開閉	長釣壺 釣壺 長方形2鋲 方形4鋲（金銅）	鉄包 革包	SBII-1 SBII-2	HBII-1 HBII-2	YBII-1 YBII-2	第2段階	IIa IIb
7／4		Ca Cb Cc			方形3鋲（金銅）	鉄折			YBII-3	第3段階	IIc

図2 鋲留短甲の主要属性と型式（註15 滝沢2015文献より）

4　同工品論の可能性

　帯金式短甲の生産地を明確に示す遺跡は確認されていないが，帯金を伴う独自の構造や細部にわたる製作技術の共有・継承関係などから判断して，それらが列島の政治中枢のもとで一元的に生産されていたとする従来からの見方は妥当なものと言えよう。もとより，その成立期や鋲留技法導入期に半島系技術の導入が想定されることから，そこに渡来系工人の関与があったことは明白であり，半島南部で増加している「倭系甲冑」には重大な関心を寄せていく必要がある。そうした生産地の解明にも寄与しうる議論として，帯金式短甲の生産・流通体制を視野に入れた「同工品論」の展開は重要である。

　地板配置や覆輪，蝶番金具などが工人集団に関係するとの指摘は以前からあったが[16]，筆者は鋲留短甲の諸属性を分析する中で，蝶番金具（口絵）と覆輪の組み合わせからなるグループが短甲の基本構造にかかわる属性ともある程度の相関をなすことを明らかにした。また，その成果として，方形3鋲グループの横矧板鋲留短甲には，鋲留位置や鋲留数がきわめて近似し，小鉄板を配するなどの特徴を共有する製品群が存在することを指摘した[17]。

　同様の視点による研究は，その後川畑純によって深化され，地板端部の形状差や蝶番金具の系統的理解などをふまえながら「工房差」の存在が浮き彫りにされるとともに，鋲留技法導入期における短甲生産の「多系化」が指摘されている[18]。

　同工品論を含め，きわめて複雑な構造をもつ古墳時代甲冑の資料的特性を活かした研究にはなお多くの可能性が残されている。その推進にあたっては，分析の視点や方法を錬磨するとともに，個別資料の精密な事実把握を進める必要がある。その意味では，近年の3D技術やX線CT技術を応用した研究には大きな期待が寄せられる[19]。

註

1)　末永雅雄『日本上代の甲冑』岡書院，1934
2)　北野耕平「中期古墳の副葬品とその技術史的意義―鉄製甲冑における新技術の出現―」『近畿古文化論攷』吉川弘文館，1963，pp.163-184。野上丈助「古墳時代における甲冑の変遷とその技術史的意義」『考古学研究』14―4，考古学研究会，1968，pp.12-43。小林謙一「甲冑製作技術の変遷と工人の系統（上）・（下）」『考古学研究』20-4・21-2，考古学研究会，1974，pp.48-68・pp.37-49
3)　藤田和尊「頸甲編年とその意義」『関西大学考古学研究紀要』4，関西大学文学部考古学研究室，1984，pp.55-72
4)　古谷　毅「古墳時代甲冑研究の方法と課題」『考古学雑誌』81―4，日本考古学会，1996，pp.58-85
5)　高橋克壽「4世紀における短甲の変化」『紫金山古墳と石山古墳』京都大学文学部博物館図録6，京都大学文学部博物館，1993，pp.120-125
6)　橋本達也「古墳時代前期甲冑の技術と系譜」『雪野山古墳の研究』考察篇，八日市市教育委員会，1996，pp.255-292
7)　阪口英毅『古墳時代甲冑の技術と生産』同成社，2019
8)　前掲註7に同じ
9)　橋本達也「古墳・三国時代の板甲の系譜」『技術と交流の考古学』同成社，2013，pp.336-347
10)　小林謙一「古墳時代甲冑の系譜と木甲」『文化財論叢Ⅲ』奈良文化財研究所，2002，pp.77-84
11)　前掲註2小林1974に同じ
12)　阪口英毅「長方板革綴短甲と三角板革綴短甲―変遷とその特質―」『史林』83-5，史学研究会，1998，pp.1-39および前掲註7文献
13)　滝沢　誠「鋲留短甲の編年」『考古学雑誌』76―3，日本考古学会，1991，pp.16-61
14)　吉村和昭「短甲系譜試論―鋲留短甲導入以後を中心として―」『橿原考古学研究所紀要考古学論攷』13，奈良県立橿原考古学研究所，1988，pp.23-39
15)　前掲註13文献および滝沢　誠『古墳時代の軍事組織と政治構造』同成社，2015
16)　小林行雄「古墳時代の短甲の源流」『日・韓古文化の流れ』帝塚山考古学研究所，1982，pp.21-33
17)　滝沢　誠『古墳時代中期における短甲の同工品に関する基礎的研究』平成17〜19年度科学研究費補助金・基盤研究(C)研究成果報告書，静岡大学人文学部，2008および前掲註15滝沢2015文献
18)　川畑　純『武具が語る古代史―古墳時代社会の構造転換―』京都大学学術出版会，2015
19)　吉村和昭『三次元レーザー計測を利用した古墳時代甲冑製作の復元的研究』平成23〜25年度科学研究費助成事業(学術研究助成基金助成金)基盤研究(C)研究成果報告書，奈良県立橿原考古学研究所，2014。橋本達也 編『X線CT調査による古墳時代甲冑の研究』(科学研究費補助金基盤研究B　X線CTによる古墳時代甲冑のデジタルアーカイブおよび型式学的新研究)鹿児島大学総合研究博物館，2018

甲冑研究と実測図
—認識・表現と「問題意識」—

高橋 工 TAKAHASHI Takumi
大阪市文化財協会

甲冑研究と実測図の在り方の関係については，阪口英毅が20余年前に詳しく論じている[1]。過去の甲冑研究の動向の変化と資料提示の方法としての実測図の変遷を関係付けた考察である。対象を帯金式革綴短甲に絞ったものではあるが，その本質は他の短甲・冑や小札甲にも敷衍することが可能で，令和の現在にも通用すると考えられる。ここでは画期の1つとされた実測図を作成するに至った経緯を補足し，また，その後に現れた甲冑実測図に関係する新動向を付け加えることにしたい。

1 甲冑実測図の研究と新動向

阪口は，昭和（戦前）から平成（10年代）に至る60年以上の間に公表された帯金式革綴短甲の実測図について，実測時の状態（組上げ状態か部材ごとか），展開状況（正面・背面・側面，それぞれの内・外面），掲載時の縮尺，展開模式図の有無の観点からその変遷を追った。その中で2つの画期として，1987年『摂津豊中大塚古墳』[2]と群馬県鶴山古墳出土短甲の報文[3]の刊行があげられている。

豊中大塚古墳報告書では，従来3面展開（正面・背面・片側面）が主流であったところを，正面・背面・両側面と各々の内面実測図を提示している（8面展開）。描き込まれた綴革からは綴じの進行方向が読み取れ，最後に部材の配置を平面的な展開模式図に綴じ（加えて覆輪）の方向を記入することによって，製作の手順や工人の系統（ないし癖）の復元を意識したものであった。

鶴山古墳の報文では短甲を構成する個々の鉄板ごとの実測図が示された（部材図）。これによって部材ごとの作り方の把握が可能となった。以後，対象遺物の残り具合にもよるが，8面展開図や部材図，さらに平面的な展開図の提示は主流となっているといってよいであろう。

爾来約20年を経て，さらにひとつの画期を付け加えることができるのではないだろうか。吉村和昭が試行する三次元レーザー計測技術を用いた方法がそれで[4]，同じ「型紙」から作られた押付

板を複数の群として把握できるという。本来立体である甲冑を二次元の実測図にするという壁を破壊したものといって良い。甲1領分の部品すべてが一致する例はまだないというが，工人組織の解明などのために期待される方法ではないだろうか。

2 影響を受けた韓国の報告書

さて，筆者は大塚古墳の発掘調査から報告書作成までに関わる幸運を得たが，上記実測図を公開するまでの経緯を少しだけ記したい。甲冑の整理作業に関わるうち，内面に良好に残る綴革から様々な情報が引き出せるのではという問題意識をもち始めた。これをなんとか資料化したいという欲求が膨らんでいき，そのために様々な報告書を渉猟したが，とくに参考にしたのは1980年代大韓民国釜山市東莱福泉洞古墳群の釜山大学校系の報告書であった。宋桂鉉の実測図といってもよいと思う。甲冑の内面に残る様々な情報の収集や製作技法を復元した部分図の付加など，当時の日本の実測水準を越えていたのではないかと思われ，そのセンスは豊中大塚古墳の実測図に大いに取り入れさせていただいた。また，刊行は大塚古墳報告書に遅れるが，大阪府盾塚・鞍塚・珠金塚古墳の報告書[5]作成作業は大塚に先行しており，そこに掲載した覆輪手法の復元図などはまさに福泉洞の報告書[6]の影響で作成したものである。

阪口は研究に根ざした「認識」を実測図で「表現」する，と述べた。然りである。氏の「認識」に含まれるのかもしれないが，筆者はこれに「問題意識」を加えたいのである。

註

1) 阪口英毅「「認識」と「表現」—甲冑実測図の変遷とその背景」『古代武器研究』2，古代武器研究会，2001
2) 柳本照男編『摂津豊中大塚古墳』豊中市文化財調査報告書20，1987
3) 右島和夫「鶴山古墳出土遺物の基礎調査VI」『群馬県立歴史博物館調査報告書』7，1996
4) 吉村和昭『三次元レーザー計測を利用した古墳時代甲冑製作の復元的研究』（科研研究報告），2014
5) 末永雅雄編『盾塚・鞍塚・珠金塚』1991
6) 申敬澈・宋桂鉉「東莱福泉洞4号墳の副葬遺物」『伽倻通信』11・12合輯，1985

末筆ながら若くして逝去された宋桂鉉先生，阪口英毅先生のご冥福を祈り，その学恩に感謝いたします。

後期の甲冑1：竪矧広板衝角付冑

横須賀倫達　YOKOSUKA Tomomichi

文化庁

研究史を踏まえ，変遷と年代観を示す。属性の内容から，横矧衝角付冑とは異系統であることを見い出せる

1　概　要

　衝角付冑のなかで，最も遅く出現する形式である。衝角部が確認される確実な例で，12例を数えるに過ぎない(表1)[1]。本体(鉢部)の材質は，確認されている限りすべて鉄製であり，幅広の地板鉄板を鋲や革紐で連接し，胴巻板は付されない。衝角伏板は確認できるものすべて外接被覆式[2]である。付属具としては，小札製の頬当，錣を伴う。後期の中頃に出現し，飛鳥時代以降も存在が確認できるが，下限は認識できていない。なお，古墳時代後期の冑は本形式のほか，横矧板衝角付鋲留冑および外来系の冑が並行して存在し，それぞれと属性の影響関係が認められる[3・4]。

2　名称および研究史

　末永雅雄の研究　末永は，衝角付冑を地板2段および地板1段の2種に大別し，さらに地板形状と連接技法によって，2段［横矧板鋲留，小札鋲留，三角板鋲留，三角板革綴］と1段［竪矧細板鋲留，竪矧(七枚乃至九枚張)鋲留］の6形式に分類した。今日に至る衝角付冑の形式分類の基礎となるものであり，「竪矧(七枚乃至九枚張)鋲留」とされた衝角付冑が，ここで取り上げる竪矧広板鋲留衝角付冑であることは言うまでもない。

　さらに末永は，この形式の冑について，伏板と衝角部が一体から別造りへ変遷すること，大型鋲を用い胴巻板を省略すること，腰巻板に伴う孔列の存在から錣は小札製のものを用いたであろうこと，鉢全体が高く円形を指向することなど，編年の指標となる諸属性をこの時点ですでに指摘している。また，竪矧細板鋲留式から形式変化したものであり，衝角付冑の退化形式であって，平安期以降の冑に推移する過程の姿であると捉えた[5]。

　1980年代以前　大塚初重は，衝角付冑の変遷を提示するなかで，本形式を最も遅い段階で出現する冑であり，6・7世紀代に認められることを示した。また，「竪矧板鋲留式」と呼称しているこ

とに注意したい[6]。

　小林謙一は，末永の分類法と大塚の形式名称を踏襲し「竪矧板鋲留式」を用いる。衝角付冑の編年属性として衝角底板の重ね方と竪眉庇の形状に注目し，本形式のうち確認できる冑は，すべて竪眉庇が腰巻板の外側から重ねられるという事実を指摘している。また，製作技術の簡略化をみる立場から竪眉庇のないものを新相と捉え，第1類(竪眉庇あり・伏板と衝角板一体)→第2類(竪眉庇あり・伏板と衝角板別造)→第3類(竪眉庇なし・伏板と衝角板別造)という編年案を提示した[7]。

　村井嵩雄は，全国の衝角付冑を集成するなかで，竪矧細板鋲留式との相対的な地板幅や使用枚数の差から「竪矧広板鋲留衝角付冑」を用いた。また，末永が示した「円形を指向し高さも増す」事実を，資料の高さ，前後・左右の径の比較から数値化し，他形式とは明確な差が存在することを明らかにしている。さらに系譜論においては，鉢構造の共通性から椒浜古墳の「蒙古鉢形冑」を南塚冑の祖型と捉えた[8]。

　1980〜2000年代　本形式が外来系冑の系譜をひくとする意見として，小野山節は，綿貫観音山古墳の突起付冑を大陸製と捉え，これを「竪矧板鋲留衝角付冑」の祖型とみる[9]。野上丈介は，「竪矧板鋲留衝角付冑」を「横矧板鋲留式の系譜をひくものの(中略)蒙古鉢形冑の技法と合体した形式」と捉えた[10]。

　その後，形式名称としては，「竪矧広板鋲留衝角付冑」が概説[11]や集成[12]にも用いられ，研究者間に定着して今日に至っている。

　内山敏行は，本形式冑の成立系譜を外来系(朝鮮半島系)冑に求める中で，その編年を検討し，伏板・衝角板の造り(一体→別造)，地板連接鋲の鋲間(密→疎)，地板数(少→多)を属性として，編年を行った。内山がここで提示した編年属性と変遷については，現在でも有効性を保つ。また，本形式は衝角付冑の形制に外来系冑の構造を採用した折衷品であることを論じ，その成立を6世紀中頃(MT85期)とみる。あわせて横矧板鋲留式からの「自然な型式変化は辿れない」とも述べている[3]。

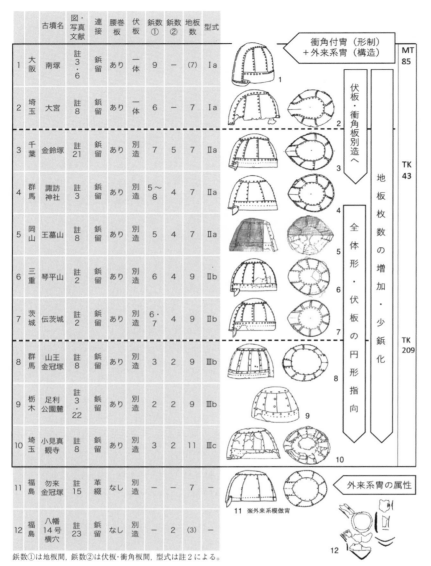

	古墳名	図・写真文献	連接板	腰巻板	伏板	鋲数①	鋲数②	地板数	型式		
1	大阪 南塚	註3・6	鋲留	あり	一体	9	–	(7)	Ⅰa		MT85
2	埼玉 大宮	註8	鋲留	あり	一体	6	–	7	Ⅰa		
3	千葉 金鈴塚	註21	鋲留	あり	別造	7	5	7	Ⅱa		TK43
4	群馬 諏訪神社	註3	鋲留	あり	別造	5～8	4	7	Ⅱa		
5	岡山 王墓山	註8	鋲留	あり	別造	7	4	7	Ⅱa		
6	三重 琴平山	註2	鋲留	あり	別造	6	4	9	Ⅱb		
7	茨城 伝茨城	註2	鋲留	あり	別造	6・7	4	9	Ⅱb		TK209
8	群馬 山王金冠塚	註8	鋲留	あり	別造	3	2	9	Ⅱb		
9	栃木 足利公園麓	註3・22	鋲留	あり	別造	2	2	9	Ⅲb		
10	埼玉 小見真観寺	註8	鋲留	あり	別造	3	2	11	Ⅲc		
11	福島 勿来金冠塚	註15	革綴	なし	別造	–	–	7	–		
12	福島 八幡14号横穴	註23	鋲留	なし	別造	–	2	(3)	–		

鋲数①は地板間，鋲数②は伏板・衝角板間，型式は註2による。

表1・図1　竪矧広板衝角付冑の集成と編年（縮尺不同）

内山はさらにその後，小札甲と他形式の冑とともに編年表に実資料を落とし込んでいる[13]。

　福尾正彦は，改めて類例を集成して編年属性の再検討などを行い，王権の関与のもと畿内で一元製作されたと考えた[14]。筆者は，竪矧広板衝角付冑に革綴例があることを示し，外来系冑の属性要素を取り込んだ資料と評価した[4・15]。

　2010年代以降　初村武寛は，衝角部と伏板を別造する例については，その連接の鋲数が5・4鋲から2鋲のものへ変化することを示し，新旧を跡付けた[16]。

　本形式の編年研究については，鈴木一有の仕事によって一定の到達点をみる[2]。鈴木は内山の提示した編年属性を踏襲する形で型式設定し，その変遷を後付けている。また，ほかに横矧板衝角付冑とも共通する編年属性として，全形や伏板の円形指向，鋲頭の大型化，衝角底板の小型化・省略化，竪眉庇下端の円弧状化を挙げる。また，竪矧広板・横矧板の2種の衝角付冑間には，属性単位でも両者の折衷・融合が見出しにくく，工人・工房間の交流は少なかったとの見解を述べている。さらに2種間での着装方法の違いにも言及する。

　川畑純は，衝角付冑全体の型式学的祖列を検討するなかで本形式冑にも触れ[17]，さらには，頬当の高さの増加，冑下端の広がり，竪眉庇下端が円弧状となり突出が強まる等の形式変化は，より深く被る本形式冑の着装方法によるものと説いた[18]。

3　編　年

　鋲留冑の編年　これまで先学が示したとおり，鋲留冑の新旧を示す編年属性としては末永以降，内山，鈴木，初村らが示した下記①～⑤が有効であり，変遷と年代観は鈴木の成果をほぼ踏襲したい（表1・図1-1～10）。

①伏板・衝角板の造り【一体→別造】
②地板連接の鋲数【多（9～5個）→少（3・2個）】
③伏板・衝角板連接の鋲数【多（5・4個）→少（2個）】
④地板枚数【少（7枚）→多（9・11枚）】
⑤全体形・伏板の円形指向

　八幡14号冑は，共伴する小札甲が飛鳥・奈良時代型[19]であり，現状では最も時期の下がる例である。①～③は問題ないが，④の流れには乗らな

い。飛鳥時代以降の甲冑については，出土例が限られること，地方でも製作が開始されるとみられることから，現状での評価が難しい。

　革綴冑　勿来金冠塚冑は，突如出現する唯一の革綴例である。連接のすべてを革綴で行い，腰巻板を持たず，胸板状鉄製品を伴う[15]ことから，時期的に併存した外来系冑の属性要素を多分に取り込んだ国産外来系模倣冑の一例と捉えられる[20]。本冑が鋲留冑の編年上に乗るか否かは，資料数が不足し，判断が難しい。

4　製作地と工人集団の系統

　八幡14号冑を除く鋲留冑は，属性変化が円滑に追えることから，王権中枢における一元生産とみる意見[2・14]に異存はない。また，中期からの連続性の強い横矧板衝角付鋲留冑と，外来系冑との親縁性が強い竪矧広板衝角付鋲留冑は，異なる二つの（工人集団の）系統として把握すべき，という鈴木の意見に従いたい[2]。

　ただし，TK209期のある時期にその状況が崩れた可能性をみている。横矧板衝角付冑における円形を指向する製品の存在（五松山洞窟冑，上田蝦夷森冑），本形式における革綴製品の存在，国産外来系模倣冑の存在がその理由である。小札甲においても，この時期に系統間の属性交換が著しくなり，それまでの系統把握が難しくなることも併せて指摘しうる。その背景としては，工人集団の再編を考えており，一部は地方製作の可能性も考慮すべきであろう[19]。

註

1)　このほか，可能性のあるものとして埼玉県一夜塚冑（註16），島根県伝匹見町冑（註8）がある。
2)　鈴木一有「古墳時代後期の衝角付冑」『待兼山考古学論集Ⅱ』大阪大学考古学研究室，2010
3)　内山敏行「古墳時代後期の朝鮮半島系冑」『栃木県文化振興事業団埋蔵文化財センター研究紀要』1，1992
4)　横須賀倫達「後期型鉄冑の系統と系譜」『月刊考古学ジャーナル』581，ニューサイエンス社，2009
5)　末永雅雄『日本上代の甲冑』岡書院，1934。同『増補日本上代の甲冑』木耳社，1981
6)　大塚初重「大和政権の形成―武器武具の発達」『世界考古学大系』3，平凡社，1959
7)　小林謙一「甲冑製作技術の変遷と工人の系統（上）」『考古学研究』20―4，考古学研究会，1974
8)　村井嵓雄「衝角付冑の系譜」『東京国立博物館紀要』9，1974
9)　小野山節「武器・武具と馬具」『世界考古学大系 日本編補遺』天山舎，1987
10)　野上丈助「畿内における古墳埋納鉄器の変遷」『古代学評論』2，古代を考える会，1991
11)　田中晋作「武具」『古墳時代の研究8 古墳Ⅱ 副葬品』雄山閣，1991。同「鉄製甲冑の変遷」『考古資料大観7 弥生・古墳時代 鉄・金銅製品』小学館，2003
12)　埋蔵文化財研究会『第33回埋蔵文化財研究集会 甲冑出土古墳にみる武器・武具の変遷』埋蔵文化財研究会，1993
13)　内山敏行「後期古墳の諸段階と馬具・甲冑」『第8回東北・関東前方後円墳研究会大会 後期古墳の諸段階』2003。同「古墳時代後期の甲冑」『古代武器研究』7，古代武器研究会，2006
14)　福尾正彦「古墳時代後期の甲冑」『古墳時代東国における渡来系文化の受容と展開』専修大学文学部，2003
15)　横須賀倫達「勿来金冠塚古墳出土遺物の調査・研究Ⅰ―古墳の概要と竪矧広板革綴式衝角付冑―」『福島県立博物館紀要』19，2005。同「勿来金冠塚古墳出土遺物の調査・研究Ⅲ―装身具・土器類・武具類（追加）と古墳の評価―」『福島県立博物館紀要』21，2007
16)　初村武寛「一夜塚古墳出土甲冑の位置付け」『一夜塚古墳出土遺物調査報告書』朝霞市教育委員会，2011
17)　川畑純「衝角付冑の型式学的配列」『日本考古学』32，日本考古学協会，2011。同『武具が語る古代史 古墳時代社会の構造転換』京都大学学術出版会，2015
18)　川畑純「冑のかぶり方」『技と慧眼―塚本敏夫さん還暦記念論集』塚本敏夫さん還暦記念論集事務局，2021
19)　横須賀倫達「後期甲冑研究の現状と課題」『月刊考古学ジャーナル』771，ニューサイエンス社，2022
20)　衝角付冑ではないが，国産外来系模倣としては，勿来金冠塚冑に加えて同時期の2例（静岡県神明山4号冑，愛媛県伝川上神社冑）を考えている（註19）。
21)　内山敏行「金鈴塚古墳の衝角付冑」『金鈴塚古墳研究』5，木更津市郷土博物館金のすず，2017。同「小札・衝角付冑」『千葉県木更津市金鈴塚古墳出土品再整理報告書 本文編』木更津市教育委員会，2020
22)　栃木県『栃木県史蹟名勝天然記念物調査報告書』2，1927
23)　津野仁「八幡横穴14号墓の甲冑」『福島考古』41，福島県考古学会，2000

後期の甲冑 2：小札甲
―小札甲の概要と後期における特質・分類・編年―

横須賀倫達 YOKOSUKA Tomomichi
文化庁

中期に出現する小札甲の概要について整理し，後期における分類と編年およびその特質を示す

1 用語・名称 ―挂甲，小札甲，札甲―

冒頭に，タイトルで使用した「小札甲」という用語そのものについて確認しておく必要がある。

明治期に始まり，末永雅雄の大著[1]を経て，考古学界に定着していた「短甲」および胴丸式「挂甲」が，『東大寺献物帳』など文献史料上の「短甲」・「挂甲」とは異なることについて，まずは文献史学の側から指摘があった[2,3]。この指摘に加え，考古学の側でも汎東アジア的な甲系譜に国内例を位置づける必要が生じたことから，1990年代後半より「小札甲」を用いる論考が増える[4,5,6]。これ以降，小札甲は次第に挂甲に代わる用語として普及し，現在ほとんどの研究者が使用する状況となっている。ただし最近，橋本達也は，学問を跨いだ研究および汎東アジア的研究に支障を生じず，文献の字義上も矛盾のない「札」，「札甲」を使用することを改めて宣言した[7]。

以上を踏まえ，「札甲」の妥当性は十分認識しつつも，ここでは引き続き「小札甲」を使用する。「小札」は考古学による甲冑研究の開始期より使用されている用語であり，小札甲も約四半世紀を経て定着しつつある。筆者は，研究史上長年使用されてきた用語・名称については，大きな矛盾がない限り変えるべきではないとする意見を持っており，さらなる変更や使い分けが生じることによって将来に混乱を来すことを最も恐れるためである[8]。

なお，本問題とその研究史については，考古学の側から橋本が詳しく纏めている[7,9]。その整理・考察はきわめて丁寧であり，用語・名称の問題については，橋本の仕事を参照する必要を述べておく。

2 概要と後期小札甲の特質

材質と基本構造 鉄製あるいは革製の小札を，革紐あるいは組紐によって縦横に連接し，形成した甲である。胸・背を前後から保護する‘竪上’，胴・腹部を保護する‘長側’，腰・大腿部を保護する‘草摺’から成る[1]（図1）。これに肩甲や籠手，臑当などの付属具を伴う場合がある。

小札の連接は，可動性がなく主に横方向に用いられる‘綴’，可動性を担保し縦位置の連接に用いる‘縅(威)’があり，小札の下端部には保護のための‘覆輪’や‘下搦’を施す。

小札は，頭部の形状から大きく‘円頭形’と‘偏円頭形’に分類できる。孔は縅用，綴用，覆輪・下搦用に分かれ，縅孔の列と数，綴孔の段数と数，覆輪・下搦孔の数が分類や編年の指標として用いられる[10,11]（図2）。

縅法（図3）は，末永の8分類[1]を継承した清水和明の分類が基本となる[10]。上下を一連に縅す‘通段縅’，正面に革帯を当てて縅す‘綴付縅’，段ごとに縅す‘各段縅’があり，各段縅は，第3縅孔を用いないa類と用いるb類に分かれる。ただし，このほかにもバリエーションがあり，近年数種が追加されている[12]。

以上の小札や連接等に用いる有機質の材質，および連接法のほか，着丈や，冑および付属具を加えた組揃えによって，甲全体の外観と仕様が決定される[13]（表1）。

形式・型式 胴一連となる胴丸式と前後左右が別造りとなる襠襦式が示されてきた[1]が，近年襠襦式の存在は否定されつつある[7,14]。

胴丸式については，縅法と縅孔列を分類属性として，清水により10型式が設定されている[10]（表2）。その一部は見直す必要があるものの，現在においても小札甲のバリエーションを把握するうえで一定の有効性を保つ。

鉄革併用小札甲 塚本敏夫ほかによって早い段階より見出されていた鉄革併用小札甲の存在[15]は，近年具体例の報告が相次ぎその認識が深まっている。大きくは特定部位(腰札・草摺裾札・竪上第一段)にのみ鉄小札を用いる一群と，部位に関係なく革小札と鉄小札とを混用する一群に分けることができる[13,16,17]。筆者は，鉄小札による強度の補強が施された前者について，機能強化された革小札甲で

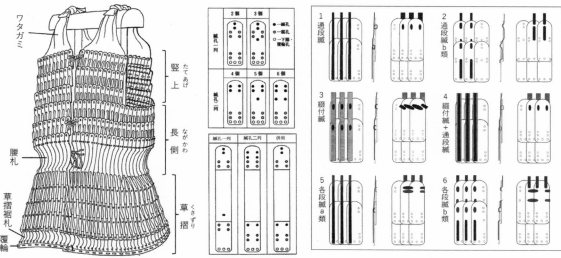

図1　胴丸式小札甲の部位名称
（註1より引用・一部改変）

図2　縅孔列・孔の用途
（註10清水1993aより引用・一部改変）

図3　縅技法の種類
（各図は註33松崎2015より引用，
名称は1・3・5・6註10清水1993a，2註35による）

表1　小札甲の仕様を決定する属性要素
（註13より引用・一部改変）

小札	材質	鉄／革／鉄・革併用／（金銅／鉄地金銅）
	形状	円頭形／偏円頭形／（尖頭形／方頭形）
	縅孔配置	1列3個／2列4個／2列5個／2列6個
	整形	磨き／きめ出し／打ち返し／隅落とし等
連接・保護	縅　材質	革紐／組紐／革帯　※色彩あり
	縅　技法	綴付縅／各段縅／通段縅　※バリエーションあり
	綴　材質	革紐／組紐／菅糸の併用　※色彩あり
	綴　技法	斜行状／鋸歯状／格子状など
	下搦　技法	らせん状
	覆輪	革包／布包／革・布併用　※経錦・糸かがり装飾／色彩あり
着丈		段数・被覆範囲
組揃え	冑	衝角付／突起付等外来系
	付属具	襟甲／肩甲／篠籠手／手甲／胸当／臑当／膝甲／臑当

表2　清水和明による胴丸式小札甲の型式分類
（註10清水1993aを元に作成）

	型式名	胴部縅法	草摺縅法
縅孔1列	祇園大塚山型	通段	通段
	藤ノ木型	各段a	各段b
	飛鳥寺型	各段b	各段b
	天の宮型	綴付	綴付
縅孔2列	稲荷山型	通段	通段
	富木車塚型	各段b (縅孔5孔)	各段a
	小針鎧塚型	各段b (縅孔6孔)	各段a
	沢野村型	綴付	綴付
	金鈴塚型	各段b (縅孔5孔)	綴付
併用	天狗山型	各段b (縅孔1列)	綴付

あり，革小札甲の存在を傍証するものと考えた[17]。

また，革小札と鉄小札を混用する団子塚九号甲には，所有者による補修行為が確認される[15]。さらに，鉄革併用小札甲に使われた鉄小札のなかには，法量や形状の不統一性が顕著で，整形施工率も低く，不規則多数に穿孔したものなど粗悪な品が混在する。一部の鉄小札や革小札甲が，地方生産されていた可能性を示す事実と考える[13]。

仕様差（質差）の認識　金井東裏遺跡にて火砕流（Hr-FA）下で同時に発見された2領の小札甲は，使用した部材や小札の枚数・形式に差があり，小札甲に仕様差，すなわち装飾性，防御性，堅牢性，柔軟性といった性能に明らかな質差のあったことを示す好例である[18]。これに上述した鉄革併用小札甲や革小札甲の存在を加えて見れば，後期の小札甲に厳然とした仕様差（質差）が存在し，当時広く認識されていたことが理解できる[13]。

後期の小札甲を金銅装する例はきわめて少数であり，装飾の優位性は，主に連接材や緩衝材・保護材として用いられた有機質の材質や色彩，紋様によって示される[19]。当然，革紐や革包覆輪に比して，組紐や竪錦包覆輪を使用した甲の装飾性が優ることが推測できる。また防御性，堅牢性，柔軟性といった防御具としての性能は，小札の材質や枚数，形式，連接法，連接・緩衝材によって違いが生まれる。また，塚本たちが行った実験結果によれば，鉄＞革（小札材），組紐＞革紐（連接材）という防御性能の優劣も示すことができる[20]。

3　分類・編年研究略史

1990年代以前　小札甲をはじめとした古墳時代甲冑の考古学研究は，戦前の末永雅雄による円照寺墓山古墳の調査・報告[21]と，その後の大著『日本上代の甲冑』によって本格的に始まる[1]。『日本上代の甲冑』では，用語・名称の設定から，胴丸式・裲襠式の2大分類，連接技法の復元・分類，資料集成，文献からの製作工程・技術の検討などが行われ，以後長い間研究の到達点でもあった。

小札甲研究はその後しばらく停滞するが，野上丈介による縅法の分類研究[22]があり，馬目順一による中田横穴甲[23]，小川良祐による埼玉稲荷山甲[24]の復元考察は，現在でも事実報告の範となる優れたものであった。小林謙一は，末永以来の連接技法や連接材に再度考察を加え，小札の重ねに注目するなど，製作論に新たな視点を提供した[25]。

1990年代前半　清水和明と内山敏行によって，研究が大きく前進する。清水は，藤ノ木甲について，付属具も含めた詳細な報告と復元的考察を行うとともに，小札を縅穴列によって1・2列の2種に大別し，末永が示した8種の縅技法を「通段縅」「綴付縅」，「各段縅a類」，「各段縅b類」の4種に整理した（図3）。さらに，胴丸式小札甲に10型式を設定，大きく「縅孔1列」，「縅孔2列」，「縅孔併用」の3系列を示し（表2），編年表を組み立てた。また，各段縅の導入を境に小札甲を「5世紀型」と「6世紀型」に区分した[10]。

内山は8例を示したうえで小札の頭部形状にも注目し「各段縅2列円頭系」，「各段縅1列偏円頭系」の2系列に大別し，後期から終末期における小札甲の段階設定と変遷を示した。その指標には，小札の幅，綴孔・下搦（覆輪）孔数，縅技法が用いられている[11]

1990年代後半〜2000年代　清水[4]および塚本[19]は導入期の小札甲について，S字形腰札→Ω字形腰札→Ω字形草摺裾札の順で出現し，Ω字形腰札・草摺裾札が揃った段階で小札甲が"定型化"するという見解を示す。

後期については，内山が馬具と甲冑を総体的に整理したうえで，段階設定・編年を行い，後期初頭，後期中頃，後期末〜終末期初頭に画期を認める。さらに，藤ノ木型・飛鳥寺型について，高句麗の山城出土資料との共通性から，高句麗系譜の可能性を指摘する[26]。

飛鳥時代以降の甲冑については，津野仁が東アジア全体を俯瞰したうえで，小札を材料に変遷案や系譜に関する見解を呈示した[27]。東大寺甲，正倉院甲，八幡14号甲は8世紀代の資料としており，古墳時代甲とは懸隔があるとの認識を示す。

森川祐輔は，6世紀中葉までの縅孔1列甲について，藤ノ木型との連続性を説く[28]。さらに，飛鳥寺甲やシシヨツカ（B）甲について，高句麗や百済の直接的な影響を受けた資料と評価し，6世紀末葉以降における縅孔1列甲と縅孔2列甲間の影響関係について指摘する[29]。

2010年以降　中期の詳細に関しては本誌初村論考に譲り，後期に関する研究・議論は次章で述べる。

なお，長らく存在自体が不確定となっていた裲襠式甲について，末永が例として挙げた大須二子山甲や新沢千塚109号甲についての詳細が検討され，近年その存在自体が否定されつつある[7・14]。古墳時代小札甲の研究史上，重要な局面を迎えているといえよう。

4　後期小札甲の分類・系列・編年（図4）

後期型小札甲の成立と変遷　清水や内山が行った小札形式，孔の数と配置，縅法から導いた型式分類と編年は，その材料として抽出した属性要素とともに現在でも有効性を保つ[10・11・26]。

後期前半までは，中期後葉に出現した円頭形小札と腰札・草摺裾札にΩ字形小札を採用する"定型化"した小札甲が，大きく変化せず継承される[26]。この段階は，使用する小札の縅孔列から，縅孔2列円頭系（「稲荷山型」・「沢野村型」），縅孔1・2列併用円頭系（「天狗山型」ほか），縅孔1列円頭系の大きく3系列に整理される[30]。

後期前半〜中頃以降，胴部に各段縅法が採用され，縅孔1列偏円頭形小札を用いる「藤ノ木型」が加わって系列が再編される。筆者はこれ以降後期末までの小札甲について，小札の形式から2列円頭系と1列偏円頭系に大別する案[26]を継承したうえで，縅法の違いにより5類型（系列）に整理し，「後期型小札甲」と呼称する[13・31]。

2列円頭系は，胴部を各段縅b類・草摺を各段縅a類とするII類型（「富木車塚型」・「小針鎧塚型」）が主流をなし，全体を各段a類で縅すI類型と胴部を各段b類で縅して草摺を綴付縅するIII類型（「金鈴塚型」）が併存する。1列偏円頭系では，

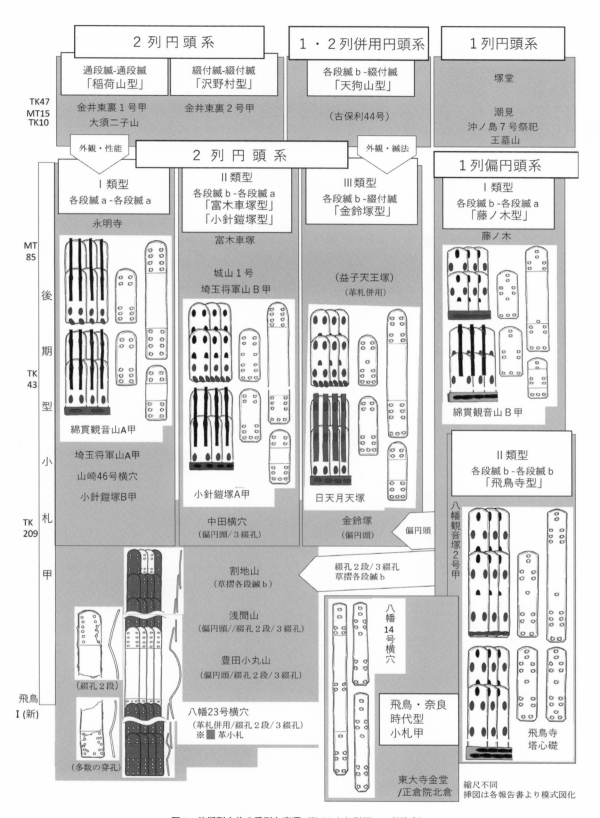

図4　後期型小札の系列と変遷（註31より引用・一部改変）

胴部を各段縅 b 類，草摺を各段 a 類で縅す「藤ノ木型」がまず出現し，後期末頃に外反腰札や 3 綴孔の小札を用いて全体を各段縅 b 類で縅す「飛鳥寺型」が加わる。

後期前半〜中頃の大きな変化については，時期や連続性，契機について議論がある。内山は藤ノ木型甲を後期中頃（MT85 期頃）に採用された朝鮮半島系の新来型式と評価し，出土例から高句麗系譜の可能性を示す。さらに，藤ノ木型が全体を各段縅する 2 列円頭系甲の成立へ影響を与えたことを示唆したうえで，この時期を大きな画期と捉える[26]。

一方，森川は潮見甲や王墓山甲などの例を示し，藤ノ木型甲は縅孔 1 列小札を用いる後期前半までの一群から Ω 字形腰札・草摺裾札を用いる基本属性を継承したうえで，偏円頭小札と各段縅といった外来属性を採用したものとし，製作集団と併せて前代との連続性を説いてその成立を 6 世紀前葉に求める[28]。これに対し初村は，王墓山甲や潮見甲など綴孔 2 段の縅孔 1 列小札を用いる一群については，列島にない縅法（通段縅 b 類）を採用する市尾宮塚甲の存在や同種小札を用いる類例の分布から「日本列島外で製作された外来系小札甲」と評価する[32]。

また縅法の違いによる外観の差異を分類属性の主に置く松崎友里は，組紐の採用を契機として胴部の表に縅紐が露出する「威紐表走式」から裏へ隠れる「威紐背走式」へ転換すると考え，胴部に各段縅 b 類を採用する「富木車塚型」などの出現時期を MT15 期頃に遡らせる[33]。

飛鳥寺型の出現と後期型小札甲の終焉　後期末頃に加わる「飛鳥寺型」について，内山は新型式の導入と評価し，その祖型や系譜として高句麗製品を示唆する[26]。森川は「飛鳥寺型」の外反腰札について高句麗や百済との系譜関係を想定する[29]。小札の形式や縅法からみて藤ノ木型との懸隔は大きく，飛鳥寺塔心礎甲などこの型式の当初例は彼地からの将来品とみて良いと考える[31]。

後期末以降，2 列円頭系甲のなかに偏円頭形や 3 個の綴孔を持つ小札を使用する例，草摺を各段 b 類で縅す例など，1 列偏円頭系甲の属性要素が入り込むようになる[13・29・31]。やがて 2 列円頭系甲は，各系列を規定する属性要素が曖昧となって終末期前半のうちに消滅し，その製作集団は遅くとも終末期初頭には解体・再編されたと考えられる。

一方，1 列偏円頭系甲は，飛鳥・奈良時代型小札甲[31]へと継承されるとみられるが，飛鳥時代以降の出土例が限定され，移行時期や具体相は不分明なままである。奈良時代の甲冑とされる東大寺金堂甲や八幡 14 号甲は藤ノ木型系譜の Ω 字形腰札を採用し，前者には伝世の可能性があること，後者には少なくとも 7 世紀前半代に収まる八窓鍔付鉄刀が伴出することなど，製作時期を遡らせる要素も伴う。また，金鈴塚 2 号甲には，飛鳥・奈良時代型甲と同様の細身の小札が使用されている[34]。

森川は，八幡観音塚 2 号甲や神明山 4 号甲など藤ノ木型と飛鳥寺型の折衷属性をもつ例の存在を踏まえたうえで，1 列偏円頭系甲製作集団内での情報交流や集団の再編があったことを示しており[29]，早くも TK209 期に系列再編の要素が出現していることがわかる。飛鳥・奈良時代型甲への移行時期が 7 世紀代，早ければその前半代まで遡る可能性を述べておきたい。

註
1) 末永雅雄『日本上代の甲冑』岡書院，1934（『増補日本上代の甲冑』木耳社，1981）
2) 宮崎隆旨「文献からみた古代甲冑覚え書き―「短甲」を中心として」『関西大学考古学研究室開設参拾周年記念考古学論叢』関西大学考古学研究室，1983。同「令制下の史料からみた短甲と挂甲の構造」『古代武器研究』7，古代武器研究会，2006
3) 近藤好和「文献記録の挂甲に関する一試考」『史学研究集録』10，國學院大學日本史学専攻大学院会，1985。同「大鎧の成立」『兵の時代―古代末期の東国社会』横浜市歴史博物館，1998
4) 清水和明「東アジアの小札甲の展開」『古代文化』48-4，古代學協會，1996
5) 津野　仁「東大寺出土甲と古代小札甲の諸要素」『栃木県文化振興事業団埋蔵文化財センター研究紀要』6，1998。同「古代小札甲の特徴」『兵の時代―古代末期の東国社会』横浜市歴史博物館，1998
6) 内山敏行「鉄製品生産の展開」『中期古墳の展開と変革―5 世紀における政治的・社会的変化の具体相(1)』第 44 回埋蔵文化財研究集会発表要旨集 埋蔵文化財研究会，1998
7) 橋本達也「古墳時代の甲冑・軍事組織・戦争」『古代武器研究』17，古代武器研究会，2022
8) なお，末永雅雄も「日本古墳出土の小札甲，すなわち挂甲」として，早くに「小札甲」を用いて

いる（末永雅雄・伊東信雄『挂甲の系譜』雄山閣，1979）。

9）　橋本達也「弥生から古墳時代の甲冑系譜と形式論」『古代武器研究』2，古代武器研究会，2001。同「古墳時代甲冑の形式名称」『月刊考古学ジャーナル』581，ニューサイエンス社，2009

10）　清水和明「挂甲と付属具」「挂甲」『斑鳩藤ノ木古墳第一次調査報告書』奈良県立橿原考古学研究所，1990。同じ「挂甲―製作技法の変遷からみた挂甲の生産」『甲冑出土古墳にみる武器・武具の変遷』第33回埋蔵文化財研究集会，1993a。同「挂甲の技術」『月刊考古学ジャーナル』366，ニューサイエンス社，1993b

11）　内山敏行「古墳時代後期の朝鮮半島系冑」『栃木県文化振興事業団埋蔵文化財センター研究紀要』1，1992

12）　内山敏行は，綴付縅に通段縅を重ねる例のあることを指摘し（「保渡田八幡塚古墳の小札甲」『保渡田八幡塚古墳調査編』群馬町教育委員会，2000），松崎友里はこれを通段縅a-2類とする（註33）。また初村武寛は第3縅孔を用いた通段縅の存在を示し，通段縅b類とした（註35）。

13）　横須賀倫達「仕様と系列から後期型小札甲を考える」『古墳文化基礎論集』古墳文化基礎論集刊行会，2021

14）　初村武寛「東大寺金堂鎮壇具挂甲残闕を再考する」『国宝 東大寺金堂鎮壇具保存修理調査報告書』東大寺，2015。同「大須二子山古墳出土副葬品の研究」「小札式甲冑にみる大須二子山古墳の位置」『錆情報に基づく戦後復興期消滅古墳副葬品配列の復元研究』元興寺文化財研究所，2018

15）　塚本敏夫・植田直見・杉本和江・川本耕三「挂甲について」『団子塚九号墳』袋井市教育委員会，1994

16）　初村武寛「加納南9号墳出土小札甲の出土状況と各部位の特徴」『加納南古墳群・稲積オオヤチ古墳群発掘調査報告書』富山県文化振興財団，2014

17）　横須賀倫達「双葉町清戸迫8号横穴出土遺物の研究I―小札甲―」『福島考古』58，福島県考古学会，2017

18）　大木紳一郎・内山敏行『金井東裏遺跡 甲冑装人骨詳細調査報告書』群馬県教育委員会，2017

19）　塚本敏夫「長持山古墳出土挂甲の研究」『王者の武装―5世紀の金工技術―』京都大学総合博物館，思文閣出版，1997

20）　塚本敏夫「武具の変遷と防御性の検証実験」『元興寺文化財研究所研究報告2020』元興寺文化財研究所，2020

21）　末永雅雄「添上郡帯解町山村円照寺墓山第1号古墳調査」『奈良縣史蹟名勝天然記念物調査會報告』11，奈良県，1930

22）　野上丈助「横矧板形式の短甲と付属小札について」『考古学雑誌』56―2，日本考古学会，1970

23）　馬目順一「挂甲小札」『中田装飾横穴 いわき市史別巻』いわき市史編纂委員会，1971

24）　小川良祐「挂甲」『埼玉稲荷山古墳』埼玉県教育委員会，1980

25）　小林謙一「古代の挂甲」『高井悌三郎先生喜寿記念論集 歴史と考古学』高井悌三郎先生喜寿記念事業会，1988

26）　内山敏行「後期古墳の諸段階と馬具・甲冑」『第8回東北・関東前方後円墳研究会大会 後期古墳の諸段階』2003。同「古墳時代後期の甲冑」『古代武器研究』7，古代武器研究会，2006

27）　津野　仁『日本古代の武器・武具と軍事』吉川弘文館，2011

28）　森川祐輔「大須二子山古墳の甲冑―小札甲を中心に―」『南山大学人類学博物館オープンリサーチセンター2008年度年次報告書 付編研究会・シンポジウム資料』南山大学人類学博物館，2009

29）　森川祐輔「シシヨツカ古墳出土小札甲の編年的位置づけ」『加納古墳群・平石古墳群』大阪府教育委員会，2009

30）　ただし近年，3系列にとらわれない縅法の共通性とバリエーションが確認されており，再検討・再構成が必要であると認識している。この段階については，初村（註35），松崎（註33）が，新たな編年案を提示している。

31）　横須賀倫達「後期甲冑研究の現状と課題」『月刊考古学ジャーナル』77，ニューサイエンス社，2022

32）　初村武寛「王墓山古墳出土小札甲の研究」『王墓山古墳出土武具の研究』香川考古刊行会，2014

33）　松崎友里「九州出土小札甲から見た対外交渉―胴丸式小札甲を中心に―」『沖ノ島祭祀と九州諸勢力の対外交渉』第15回九州前方後円墳研究会」2012。同「山の神古墳出土小札甲の構造」『山の神古墳の研究』九州大学大学院人文科学研究院考古学研究室，2015

34）　内山敏行「小札・衝角付冑」『千葉県木更津市金鈴塚古墳出土品再整理報告書 本文編』木更津市教育委員会，2020。ただし，出土状況から1号甲に伴うものではなく，出土の状況も確認できないことから，追葬や混入の可能性も排除できない。また，腰札がなく付属具のものである可能性が高い。

35）　初村武寛「古墳時代中期における小札甲の変遷」『古代学研究』192，古代學研究會，2011

古代小札甲から平安時代大鎧の研究と変遷

津野　仁　TSUNO Jin

元・栃木県埋蔵文化財センター

長らく不明であった古代の小札甲は出土小札によって，小札の型式変遷や性能の変化，大鎧への形成過程が明らかになりつつある

　日本古代の小札甲は，伝世品が正倉院蔵品に限られ，古墳時代からの流れや大鎧への変遷過程についても不明な点が多かった。史資料は極めて限られているが，主に考古学・文献史学で古代の甲の研究が進められた。大鎧の出現については，有職や甲冑界によっても研究され，考証学ともいえる分野は江戸時代から行われてきた。古代の甲および中世大鎧の出現に関する調査研究は，長い歴史を有し，学際的になされてきた経緯がある。このため，用語も複雑だが，これらの研究過程と中世大鎧への変遷を概観して，今後の研究の一助になれればと思う。

1　研究過程概観

(1)　江戸時代からの研究概観

　江戸時代には，大鎧などについて文献による考証と伝世品の図面作成が行われた。新井白石の『本朝軍器考』・朝倉影衡の『本朝軍器考集古図説』・松平定信『集古十種』などが挙げられる。

　大正時代末から昭和初期には，後藤守一による武器研究が特筆され，有職と考古学の型式分類などが行われており，この中で奈良時代の甲冑にも触れている[1]。また，山上八郎の有職・伝世品・文献による鎧の専書[2]は，この時期の甲冑研究の金字塔である。

　昭和初期から昭和40年代前半は考古学の末永雅雄，有職の鈴木敬三が甲冑研究を牽引した。末永の研究[3]は，考古資料を基軸に文献史料も含めた大著であり，小札甲の系譜をアイヌの類例に求めた[4]。鈴木は，文献史料の実証的な考証と絵巻・伝世品との対照などを行った[5]。

　昭和40年代以降，積極的な古代小札甲の研究は停滞するが，60年頃から研究が盛んになる。山岸素夫が伝世甲冑を詳細に計測・記録・研究し，遺跡出土品との対照も可能になった[6]。また，小札や付属具の変遷の研究もある[7]。さらに，宮崎隆旨は挂甲・短甲の実態と古代甲冑の系統研究を提示し，定着していた挂甲・短甲の名称に再検討

を加えた[8]。90年代から今世紀に入り，考古学・文献史学・有職でも甲冑研究が新たな段階に入ったといえるであろう。

(2)　平安時代大鎧の調査研究概観

　古代の小札甲から中世大鎧の形成を考えるうえで，平安時代の大鎧の実態を知ることも必要である。大鎧は江戸時代から考証されてきた。平安時代の伝世大鎧は10領余りで，その調査報告には，岡山県博蔵赤韋威大鎧，厳島神社蔵小桜威大鎧・黒糸威大鎧，唐沢山神社蔵大鎧，御嶽神社蔵赤糸威大鎧，神田天神社蔵小桜黄返威大鎧，大山祇神社蔵沢瀉威大鎧・甘南備寺蔵黄櫨匂威大鎧・都々古和気神社蔵赤糸威大鎧があり[9]，構造復元などが行われている。

2　古代小札甲の変遷―古墳時代から中世大鎧へ―

(1)　小　札

　古墳時代から古代の甲は，小札で作られていることから小札甲と一般に呼ばれ，中世では鎧と表記している。古代の甲では鉄製小札の変遷が検討されているが[10]，革甲は遺存品がなくて不明である。小札部位の名称は，9世紀代まで古墳時代の型式変化の延長にあることから考古学の名称を用い，10世紀以降の小札は，甲冑界の用語による。

　小札幅(札幅)　8世紀中葉に最も細くなり，幅1cm程になる。その後再度幅が広くなる。大鎧では12世紀に幅3cm以上のものもあり，幅広になる(図1)。

　キメ・捩り返し　小札裏面の側縁を僅かに窪めるキメは8世紀初めまでで，10世紀後半以降の大鎧には左・下縁を前面に僅かに折り，捩り返しと呼ぶ。小札の強度増しか。

　綴じ　小札を横に綴じて札板を作るが，その綴じ技法は上段の第一綴孔(中世鎧では縅の穴[11])，下段の第二綴孔があり(図1)，8世紀後半に両綴孔が小札下半にまとまり，中世鎧の札のように上下での役割分担が始まる。

　綴孔の横位置(図2)は8世紀前葉まで左右側縁

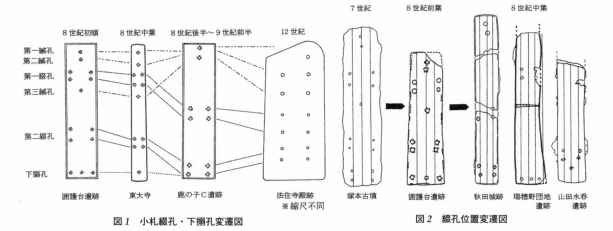

図1　小札綴孔・下搦孔変遷図
図2　綴孔位置変遷図

に寄るが，中葉には横を4分割した位置に移り，孔に紐を通して綴じると小札が2枚重ねになる。大鎧では横綴じ用縅の穴が縦2列の並札と3列の三目札で，後者は3枚重ねになる。

　伝世品では大山祇神社蔵沢瀉縅大鎧で，縦取縅の三目札である。最古式のこの鎧に古代の鉄製小札甲と繋がらない三目札があることから，9世紀から10世紀前半に生産された革甲で，鉄小札と同じ武器に対する貫通強度を求め，性能と技術系譜が三目札の出現に繋がると考えられる。

　綴じ方は正倉院と東大寺出土品では，1本の綴紐で綴じ，札板表面が縦，裏面が斜めになり，綴じの上下段とも同じである。大鎧は札板上段の綴じが2本の紐で，下段が1本の紐で綴じる（上2条，下1条）ことが多い。この変化は札板を強く緊縛して，遊離防止を増す目的と考えられる。

　縅（威）　上下の札板を縦に繋げる縅紐（古代の文献史料では貫，中世鎧では威という）を通す穴の縅孔（中世鎧では，毛立の穴・縅の穴）は，古墳時代後期以来主流の縅孔一列である。8世紀中葉まで小札の上端（第一縅孔・第二縅孔）と中位に縅孔（第三縅孔，図1）があったが，後半には中位の第三縅孔がなくなり，上端から下の段の札板に縅紐が下がる。これにより縅紐の上下可動幅が広くなる。

　二行十三孔の中世鎧の小札は，出土品では10世紀後半以降に出現し，その最古が青森県古館遺跡の事例で，札頭が丸味のある片山形である。縄目取という複雑な威技法になり，札板遊離防止が威毛でも図られる。

　下搦孔　この孔は横綴じした札板の下端が緩まないようにする。紐を縫い付けるか，横綴じした札板の下端に革を縫い付けるための紐を通す孔で

ある。8世紀後半に横綴じが小札の下半にまとまったことで，横綴じが強固になり，下搦みの役割を終えてなくなる。

　消長と系譜　古墳時代後期以来の縅孔一列の小札は10世紀まで確認でき，大鎧の二行十三孔の小札は10世紀後半以降に出現する。革甲を除けば，古代の小札甲は古墳時代後期の改良形である。大鎧の小札は，日本の中で捉える意見が多いが，北東アジアからの影響を説く意見もある[12]。

（2）構　造

　小札を横綴じ，縦縅して胴部・大腿部を覆う甲を作る。その際に，胴が一連になっている構造を胴丸式，前後に分離した板状甲で覆う構造を裲襠式（両当式）という。東大寺大仏殿から出土した甲は胴丸式[13]，正倉院に伝わる甲は両当式という指摘がある（図3）。また，二条大路出土木簡に「左甲作千代　背一尺一寸　胸一尺二寸　下三尺八寸　前八行中甲　後九行□」と甲の構造・大きさを記し，上半身が前後の両当式，大腿部が一連となっている構造の甲であった。胴部が一連になり，右側の脇に甲が付けば，中世大鎧の壺板と同じ機能で，型式的に繋がる構造である。

　正倉院の甲は，腰札が幅約1cmで114枚あり，横綴じすると2枚重ねで長さ57cmになる。草摺裾札は250枚あり，横綴じすると長さ125cmになる。草摺と腰札の長さが異なり，腰札長を左右に付けるとして2分割すると，片方28.5cmになる。この幅は大鎧の壺板の幅に近く，正倉院の甲は腰札板の付く両当甲と判断できる。草摺裾札の長さは，胴丸甲の草摺や二条大路木簡の「下」＝草摺の長さに近い。

　後述の付属具のうち，胸の両側を防護する栴檀

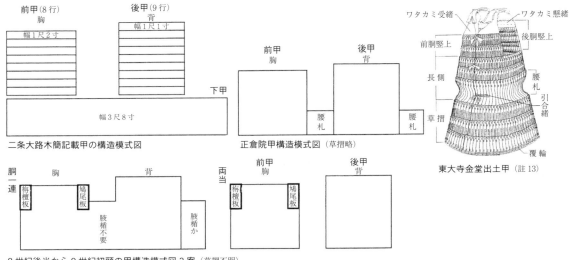

図3　8～9世紀初頭小札甲構造復元案

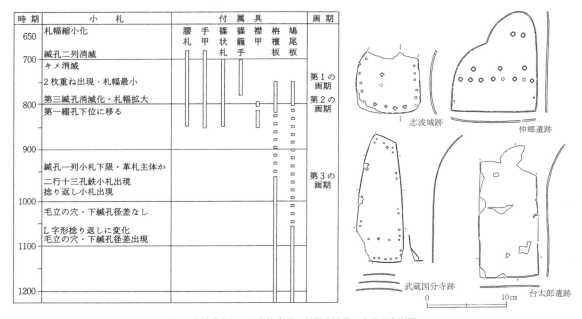

図4　大鎧成立までの小札変遷・付属具消長・金具廻実測図

板と鳩尾板が8世紀後半から9世紀初めに確認できる。前掲二条大路木簡の中サイズ前甲の胸幅が1尺2寸であり，大鎧の胸板が20cm程であること，栴檀板と鳩尾板の幅が6～8cm程で胸両側に付くことから，胸板と栴檀板と鳩尾板の幅を合わせると木簡記載前甲の胸幅に近い。このため，8世紀後半以降に胸部の札板を狭くして，その部分に可動性のある付属具を付けて，防護と弓射の便を図ったとみられる。

　弘仁6年（815）2月16日太政官符（『類聚三代格』）で，費用対効果により腋楯の製作停止が命じられている。8世紀前半の二条大路木簡甲では腋楯なしの胴部両当式，8世紀中葉の正倉院甲は両当式で両側に腰札を含む防具があり，両当式で腰両側に小札製腋楯が付く。後半には胸部分を狭くして，左右に板製の防具を付けるように変化する。腋楯に利便のない理由は，胴部左脇（射向側）が一連になったためとする従来の説を金具廻りの出現から支持するが，木簡甲のように腋楯のない2案を提示しておく。

資料名 要素		八横穴 14号墓鉢	旧観音庵 蔵鉢	三春出土 鉢	伊興経塚 出土鉢	北海道 大学鉢	男体山頂 出土鉢	旧赤木家 蔵鉢	唐沢山 神社蔵鉢
大きさ	（前後径）	—	17.5	21.8	18.8	21.5	—	20	19.8
	（左右径）	—	17	21.8	18.3	20.2	—	18.3	18
	（高さ）	—	12	9.9	12.5	13.5	—	13.2	12.2
矧ぎ枚数		4	5	10	10	13 (12か14)		10	15 (14)
板金縁		平	平	平	平	平	平	平	平
星（無垢・空）		無垢	無垢	無垢	無垢	無垢	無垢	無垢	空星
星（高さ）		0.2	0.4~0.6	0.9~1.2	0.5~0.8	0.4以上	0.6~0.7	0.8~1.0	0.9~1.15
八幡座 （頂辺）		伏板	円座	円座	（素穴）	玉縁	葵葉座	—	玉縁 小剣座 裏菊座 葵葉座
篠垂		衝角	（なし）	なし	なし	なし	—	鉄製	鉄製
腰巻		なし	なし	あり 腰巻が前正中板を覆う	あり 前正中板が腰巻を覆う	あり 前正中板が腰巻を覆う	（なし）	あり 腰巻が前正中板を覆う	あり 腰巻が前正中板を覆う
分類		1	2a	2b	3	3	3	4a	4b
年代	A案	8世紀	（9世紀以降）	（9世紀以降）	（10世紀後葉以降）			11世紀後半以降	
	B案		（9世紀以降）	（9世紀以降）	（10世紀中葉以降）				

図5　奈良時代から平安時代の冑（兜）鉢要素分類と年代試案

大鎧や歩兵用という胴丸は，胴部左脇を一連として，胴部右脇（馬手側）で胴に装着する構造となり，定型化する。

(3) 付属具

古墳時代以来の付属具　出土品では，小札のみであるが，古墳時代の一括品を基に部位を想定している。肩甲（平城宮跡）・手甲や足（腕か）甲の篠状鉄札（鹿ノ子Ｃ遺跡）・襟甲（武蔵国府関連遺跡）などが9世紀前半まで確認できる。

大鎧に繋がる付属具　胸の隙間を防御する金具廻は栴檀板の冠板（志波城跡）・鳩尾板（武蔵国分寺跡・台太郎遺跡）が8世紀後半から9世紀初めに出現している（図4）。板の上端は将棋形の片山になり，鳩尾板は胸の縦曲線に合うように上半が湾曲しており，大鎧に類似した形態である。

冑（兜）　奈良時代の冑は，古墳時代後期以来の竪矧広板衝角付冑の系譜で，4枚矧が1例ある（八幡横穴14号墓）。大鎧の兜は，平安時代を通じて矧ぐ枚数が増えて，14枚で定式化する。竪板を矧ぎ合わせる鋲は大きく高くなり，星と呼ばれ，矧ぎ枚数や加飾化が段階的に進む（図5）。

(4) 古代小札甲から大鎧形成の画期と展望

大鎧出現までの画期については（図4），小札の型式変化により，綴孔の横位置変化で，8世紀中葉に2枚重ねになり防御効果が増したことが第1の画期，8世紀後半には第三綴孔がなくなり，綴じ機能が札板下半に移行し，札板の可動幅が長くなり，射かけた矢の貫通力が分散できるようになったこと，およびこの時期に中世に繋がる鉄板防具（金具廻）の出現が第2の画期，10世紀後半以降に二行十三孔の大鎧が出現したことが第3の画

期となる。

しかし，明らかでないことも多い。革甲の実態や年代の確定である。後者は大鎧小札の分離品があり，漆膜の炭素年代分析などで明らかにしていくべきである。

註

1) 後藤守一『日本歴史考古学』四海書房，1937

2) 山上八郎『日本甲冑の新研究』1928

3) 末永雅雄『日本上代の甲冑』岡書院，1934（増補版 木耳社，1981）

4) 末永雅雄・伊東信雄『挂甲の系譜』雄山閣，1979

5) 鈴木敬三「延喜式に見ゆる甲冑について」『國學院雑誌』47—11，1941。同「式正鎧の形成について」『國學院雑誌』63—4，1962 など。

6) 山岸素夫『日本甲冑論集』つくばね舎，1991。同『日本甲冑の実証的研究』つくばね舎，1994

7) 津野　仁『日本古代の武器・武具と軍事』吉川弘文館，2011。同『日本古代の軍事武装と系譜』吉川弘文館，2015

8) 宮崎隆旨「文献からみた古代甲冑覚え書—「短甲」を中心として—」『関西大学考古学研究室開設参拾周年記念 考古学論叢』1983。同「令制下の史料からみた短甲と挂甲の構造」『古代武器研究』7，2006

9) 臼井洋輔「赤韋威大鎧の研究」『岡山県立博物館研究報告』9，1988。前掲註6書。山岸素夫・齋藤愼一「国宝赤糸威大鎧の調査・考察」『武蔵御嶽神社蔵　国宝赤糸威大鎧』青梅市，1997。竹村雅夫・西村文夫「小桜韋威鎧調査報告」『小桜韋威鎧 兜・大袖付復元調査報告書』山梨県立博物館，2007。加増啓二・進藤敏雄・津野　仁「平安時代後期大鎧片とその復元的考察」『早稲田大学會津八一記念博物館 研究紀要』14，2013。同「平安時代後期大鎧とその構造復元」『研究紀要』21，（財）とちぎ未来づくり財団埋蔵文化財センター，2013。註7津田2011書に一部再録。

10) 以下の変遷は，註7津野2011書による。金山順雄『甲冑小札研究ノート』（レーヴィク，2006）でも詳細に検討されている。

11) 中世鎧の小札名称については，山岸素夫・宮崎真澄『日本甲冑の基礎知識』（雄山閣，1990）による。

12) 梶原　洋「小札後考—小札から見た大鎧の成立についての試論—」『東北福祉大学芹沢銈介美術工芸館年報 年報9 2017年度』2018

13) 初村武寛「東大寺金堂鎮壇具挂甲残闕を再考する」『国宝 東大寺金堂鎮壇具保存修理調査報告書』東大寺，2015

鍛冶遺跡と甲冑生産

真鍋成史 MANABE Seiji
交野市教育委員会

　鍛冶遺跡を調査する時，多くの場合にはそこに遺された遺物は鉄滓や鞴羽口などであり，製作物が遺されることは少ない。それは失敗したとしても鍛冶炉に戻せば再溶解して作り直しが可能だからである。

　しかし，極めてまれに，製作物の手がかりとなる鉄製品の破片が遺されている場合もある。ここでも頭を悩ますこととして，リサイクルとして持ち込まれた可能性もあるのだ。

　筆者はこれまでに以上を考慮に入れながら，古墳時代の刀剣・馬具を生産していたと思われる鍛冶遺跡について検討してきた[1]。甲冑については鍛冶遺跡とその生産に関する研究もあるので，それらを参考にしながら，本コラムでは今後の古墳時代の甲冑生産を行っていた鍛冶遺跡の特定に結びつけるきっかけを探ってみたい。

1　これまで想定されていた調査事例

　甲冑製作に関係した鍛冶遺跡としては，甲冑片が出土した遺跡が候補に挙げられてきた。

　これまで畿内地域の例は，奈良県御所市南郷角田遺跡に限られる。SK05出土の大型鉄板や焼土遺構（SX09）下層のSK10出土小札もしくは肩甲片から甲冑製作が推定される[2]。また小鉄片が約1kg出土したほか，銀・銅滴・銅滓や鉄・銅器，ガラス製品や刀剣装具の可能性がある直弧文を施した鹿角製品や金銅製馬具片も出土[3]している。

　畿内地域を離れると，千葉市若葉区の古山遺跡第22号住居跡から，有孔三角板3点・有孔長方形板1点（革綴衝角付冑片），小さな鍛冶滓が第12号住居跡4点，第14号住居跡5点出土している。千葉市緑区鎌取遺跡の043住居跡からは縁曲げ鉄板2，044住居跡からは有孔長方形板2点，016住居跡からは高杯脚転用羽口2点，鉄床石1点，鍛冶滓1点が出土している[4]。

　帯金式甲冑の畿内地域での一元生産を想定した場合には，千葉市の例は補修もしくはリサイクルにあたると考えられている。

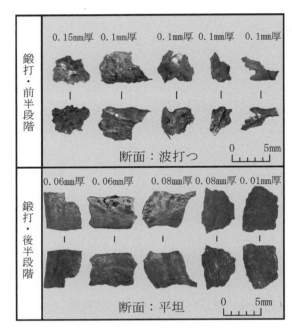

図1　鍛造剥片（交野市鍛冶実験より）

2　新たな視点

　帯金式甲冑を中心とした鍛冶遺跡における生産の痕跡については，古谷毅が甲冑本体での痕跡や遺存物についてまとめている[5]。また，阪口英毅も帯金式甲冑成立期には倣式型鍛造技術の導入，鍛接剤の開発や沸かしによる鍛接など熱間鍛造技術の習熟，熱処理技術を駆使した鍛金という冷間鍛造技術の習得。鋲留技法導入期には，鋲留技法および渡金・彫金などの金工技術，プレス式金型鍛造・棒鋼加工・円環連結などの鍛冶技術が導入されたとする[6]。

　これらの視点に立てば，素材表面の熱間鍛造時には，断面が波打つものでなく平坦な鍛造剥片が認められ（図1），冷間鍛造時の鏨による素材切断時には鉄片（図2上）・切りくずの派生が想定される（図2下）。

3　新たな対象遺跡

　帯金式甲冑の出土量が圧倒的に多いのは，百舌鳥・古市古墳群である。そのため，その製作には大阪府側の鍛冶遺跡が想定され，近距離にある柏原市大県遺跡がその候補地とされてきた。このほか大県遺跡と大阪側の双璧をなす交野市森遺跡がある。この遺跡に近い4世紀末から5世紀初頭にかけて築かれた前方後方墳である東車塚古墳からは帯金式甲冑，刀剣などの鉄製品が出土し，三角板革綴衝角付冑および三角板革

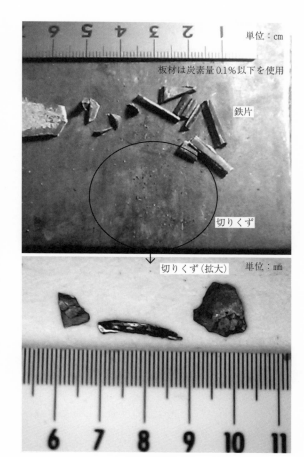

板材は炭素量0.1%以下を使用

鉄片

切りくず

切りくず（拡大）　単位：mm

図2　鏨切りで派生した鉄片・切りくず

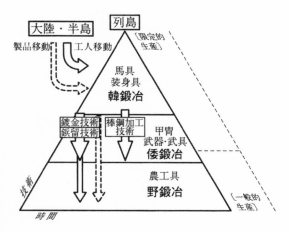

図3　鉄製品生産体制のモデル
（註9を改変・加筆）

綴襟付短甲，4振の鉄刀の1振が隅抉尻茎鉄刀という国内最古のものとされる[7]。遺跡間の距離も近く，森遺跡が出現する直前時期の古墳でもあり，森遺跡における甲冑工や刀工の存在も推定されよう。

　甲冑製作における新技術の鋲留技法導入時に，在来工人を吸収したとする想定[8]や韓鍛冶技術を倭鍛冶技術に転用したとするモデル[9]は，森遺跡において複式（在来・倭鍛冶）と単式（渡来・韓鍛冶）2系統の鍛冶羽口の存在とも整合的である可能性が高い。

4　まとめ

　これまでは畿内地域における鍛冶遺跡で鉄滓の出土から熱間鍛造遺構を注視してきた傾向がある。しかし，いわゆる鍛冶と甲冑組立段階において工房が異なっているという視点[10]を踏まえれば，熱間鍛造は暗がりで，冷間鍛造は明るい場所で行う必要がある。加えて，甲冑製作遺構の検討においては，鏨切りなど鉄片の検出が重要になることが想定されることから，鍛冶工房に隣接する鍛冶炉がない建物などにも注目してゆかなければならないだろう。

註

1)　真鍋成史「鍛冶遺跡出土の刀剣について」『古代武器研究』13，2017。真鍋成史「鍛冶を担う人々―鍛冶遺跡出土の金属製馬具を中心に―」『馬の考古学』雄山閣，2019

2)　坂　靖「複合工房」『時代を支えた生産と技術』古墳時代の考古学5，同成社，2012。橋本達也「古墳時代中期の武器・武具生産」『中期古墳とその時代』季刊考古学別冊22，雄山閣，2015

3)　真鍋成史「蔀屋北遺跡の鍛冶とその特性」『牧の景観考古学』京都府立大学，2023

4)　神野　信「千葉市域の遺跡からみえる古墳時代の鍛冶」『令和3年度千葉市遺跡発表会』千葉市教育委員会，2022

5)　古谷　毅「鍛造製品の製作工程・技術・技法とその名称について」『国立歴史民俗博物館研究紀要』173，国立歴史民俗博物館，2012

6)　阪口英毅「革綴短甲生産の展開と特質」『古墳時代甲冑の技術と生産』同成社，2019

7)　田中晋作「鉄製甲冑の変遷」『考古資料大観』7弥生・古墳時代　鉄・金銅製品，小学館，2003。齋藤大輔「古墳時代中期刀剣の編年」『中期古墳研究の現状と課題Ⅰ』中国四国前方後円墳研究会，2018

8)　古谷　毅「京都府久津川車塚古墳出土の甲冑」『MUSEUM』445，ミュージアム出版，1988

9)　塚本敏夫「馬具」『古墳時代における朝鮮系文物の伝播』埋蔵文化財研究会，1993

10)　古谷毅氏との意見交換時の指摘による。

古墳時代甲冑の技術・交流と装飾・系譜

製作技術・設計や構造や装飾・例外的製品などとの関係，また大陸との交流や系譜など古墳時代甲冑研究の中核をなすテーマにせまる

帯金式甲冑の技術と金銅・装飾・非定型甲冑

古谷　毅　FURUYA Takeshi
京都国立博物館

金銅技術で装飾された甲冑は，設計・技術的側面を検討すると，帯金式甲冑の範囲を逸脱しない一群として捉えられるだろう

1　装飾の多様性

　鉄製の帯金式甲冑は，現在およそ600例を超える出土数[1]もさることながら，多様な要素にみられる各製品に共通したいわば画一性が最大の特徴である[2]。これまでも各製品を構成する部品から全体の構造に至る特徴と共に，各部位に施された技術的特徴の検討によって，出土地にかかわらず変異や差異がみられないことが確認されている。このような特徴から，早くから設計・製作や仕上げにわたる面で技術的な共通性を有する製品との位置づけがなされてきた[3]。また，このような特徴を根拠として，背景に当時の王権が関与した集中的な大量生産が想定されてきた[4]。

　他方，帯金式甲冑の大半がこのような

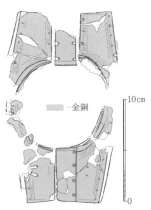

図1　鉄地金銅装頸甲
（初村武寛「五條猫塚古墳出土小札甲の構造と甲冑の装飾―小札甲と帯金具の関係性に着目して―」『五條猫塚古墳の研究』（総括編），2015より）

判で押したような特徴をもつ反面，しばしば金銅板で飾られた装飾性の高い製品が一定量存在することも大きな特徴である（図1・2）。金銅技術が施工された部位はさまざまで，眉庇付冑の眉庇部・受鉢・伏鉢や鉢部の地板・帯金をはじめとして，衝角付冑の地板や三尾鉄のほか，頸甲などにも見ることができる。短甲でも帯金・地板を装飾した例や金銅装鋲を施した例がある。なかには，千葉県祇園大塚山古墳出土の眉庇付冑・小札甲のように，金銅板そのもので製作された製品まで存在する。もちろん，小札甲にも金銅で装飾が施された例はあるが，帯金式甲冑の場合，実に多様で圧倒的でさえある。これらは，金銅装の製品が生産されるようになる古墳時代中期中頃のいわゆる鋲留導入期[5]以降の製品である。

　一方，このような付加された装飾に対して，甲冑本体の地板・帯金自体に工夫を凝らした特異な製品も存在する。菱形・平行四辺形や柊形・矢羽根形などの地板を用いた短甲や眉庇付冑があり，「異形・特殊・変形板」の甲冑などと呼ばれ，早くから研究者の強い関心を惹いてきた[6]。ほかに，革綴段階から存在するいわゆる襟付短甲（図3）では，帯金・地板が水平方向に6〜7段で構成される通有の例とは著しく異なる9段構成となるほか，

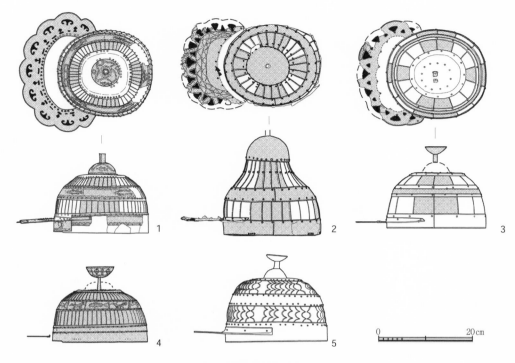

図2　多様な装飾の眉庇付冑
1：福岡県月岡古墳　2：奈良県五條猫塚古墳　3：長野県妙前大塚古墳　4：千葉県祇園大塚山古墳（金銅製）
5：鳥取県湯山6号墳（1～3は鉄地金銅装，4は金銅製，5は鉄製）
（川畑　純「眉庇付冑補論—金銅装眉庇付冑の検討—」『五條猫塚古墳の研究』（総括編），2015 より）

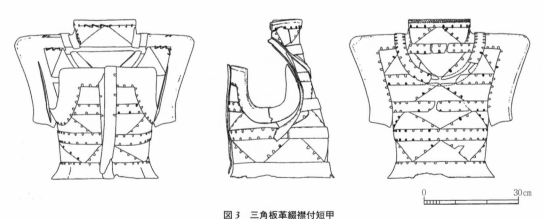

図3　三角板革綴襟付短甲
（北野耕平編『河内野中古墳の研究』（大阪大学文学部国史研究室研究報告2），1976 より）

前胴部が4段構成で後胴部の帯金が斜方向に設置される例さえ存在する[7]。これらも一種の過大な装飾性をもつ製品として注目されてきた。

2　装飾技術の性格

　このようなやや過大な装飾性をそなえた多様な甲冑については，これまで瞥見したように，主に製品の形態や部品の形状を捉えてさまざまな議論が重ねられてきた。しかし，これらの製品を技術的な面から分析すれば，基本的な技術については通有の帯金式甲冑の範囲を大きく逸脱する例は見当たらないことが注意される。

　帯金式甲冑の製作技術の特色は，まず製作工程の画一性（図5）にあり，このような特徴は設計の安定性に起因すると考えられる[8]。また，施工される製作技術はそれぞれの段階ごとに一定の有機

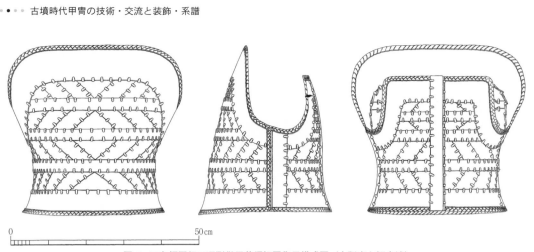

図4　三角板平行四辺形併用革綴短甲復元模式図（大阪府七観古墳）
（京都大学大学院文学研究科『七観古墳の研究』2014より）

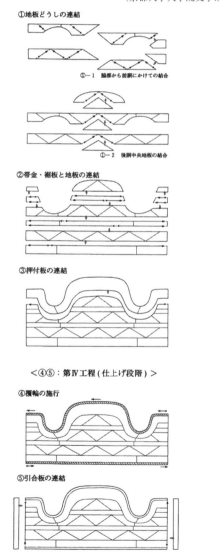

図5　帯金式甲冑の組立工程図
（鈴木一有「開発茶臼山9号墳出土甲冑の検討」『下開発茶臼山
古墳群2（第3次発掘調査報告書）』辰口町教育委員会，2004）

的な関係性をもつ技術群としてまとめることが可能である[9]（図6）。このような設計・製作工程に関する技術的な共通性は均質な製品を生み出した要因であり，出土地に関わらない帯金式甲冑がもつ特性の基盤であると考えられる。

3　非定型甲冑の位置

これらのさまざまな装飾性をもつ甲冑をこのように設計・技術的な側面から検討すれば，製作工程や製作技術に関しては通有の帯金式甲冑と何ら変わることがないことが明らかとなる。また，金銅装甲冑についても，鉄製の地板などに金銅板を被覆して使用する点などは通常の金銅製品[10]と異なることはなく，鋲留技術導入段階で日本列島に出現した金銅技術の応用と位置づけることができる。

したがって，これらの一見特殊な部品形状・形態をもつ一群の甲冑は，設計・技術的な側面からみれば，通有の定型的な帯金式甲冑と技術的な同一性をもちつつも形態・形状のバラエティを追究した一群として捉えることが可能である。こういった意味で，これらの過大な装飾性をもつ甲冑はその特異な形ではなく，構造や技術の面から検討すれば非定型の甲冑との呼ぶべきで，帯金式甲冑の特性の一つとして位置づけることができると考えられる。

註

1)　鈴木一有・橋本達也「古墳時代甲冑集成」『21世紀初頭における古墳時代歴史像の総括的提示とその国際発信』（科学研究費補助金 基盤研究A成果報告書）大阪大学大学院文学研究科考古学研究室，2014

2)　第2章1・2：川畑・滝沢報文，同コラム2・3：

工程	技術群	観察項目	金属加工分類	技術分類（大）	技術分類（小）	技法	痕跡・遺存物	想定工具・材料	備考
部品成形工程	技術群A	①輪郭形状	塑性（変形）加工	鍛冶・金工技術	板金加工	切断技法，自由鍛造技法	切断工具痕・切断痕跡	タガネ・金槌・金床・金鉗	
		②断面形状			曲加工	丸曲加工，折曲加工，型鍛造技法	均一厚み，不均等厚み	当具・金槌・木槌，倣型・打込型	cf. 槌起技法
		③内（裏）面形状					凹凸（鍛打痕）		「花弁状打痕」
		④立体形状					亀裂・工具(当具)痕，歪み		
部品整形工程	技術群B	⑤縁部形状	機械加工		縁部加工（切削加工）	面取技法	面取（切削痕）	キサゲ・セン様工具	
		⑥孔形状			孔加工（孔あけ加工）	穿孔技法，透彫技法	円筒状孔・鼓状孔，メクレ（バリ・カエリ）	穿孔具（ドリル様工具，キリ様工具）・ヤスリ・キリ様工具	「用途不明孔・未使用孔」cf. 透彫技法，糸ノコ様工具
		⑦外（表）面形状			表面加工（研削加工）	研磨技法	平滑（擦痕）	砥石・砥粒	
組立工程	技術群C	⑧連接形態	付加加工	連接（金工）技術	機械的連接加工	革綴・鋲留・カシメ技法，威（縅）・蝶番連結技法	綴革，鉄鋲，(鉄釘)，鋲頭当具痕，鋲脚打当痕	ハンマー様工具，打撃補助工具，鋲頭受金具，引合受金具	
		⑨接着形態			接着（熱）的接合加工	鑞接（接着）技法，鍛接技法	(金属鑞)	銀鑞など	
仕上工程	技術群D	⑩外周部処理	—	非金属工芸技術	覆輪技法	革組・革包・鉄包・鉄折返技法	覆輪圧着痕	革紐・鉄板ほか，(ヤットコ様工具)	
		⑪表面処理			塗装・被覆技法	漆塗・焼付技法，錫箔技法	塗膜・金属箔ほか	漆ほか	
		⑫装飾・装着			装飾・装着	金銅装技法，彫金技法，染織技術	蹴彫・列点ほか	アマルガム・タガネ・布・紐ほか	cf.タガネ様工具

〈凡例〉・表の組方向および一部の列の順序を変更し、用語の一部を本書における表記へと改変した。
・「痕跡・遺存物」項目で、下線はポジティブな痕跡（実物が鉱物化したものを含む）、下線のないものはネガティブな痕跡（工具痕など）を示す。

図6 鍛造製品の製作工程・製作技術分類表
（註5阪口2019：註9古谷2012年改変）

藤井・高橋報文，および口絵1・2参照

3) 北野耕平「中期古墳の副葬品とその技術史的意義」橿原考古学研究所 編『近畿古文化論攷』吉川弘文館，1962。野上丈助「古墳時代における甲冑の変遷とその技術的意義」『考古学研究』14—4，考古学研究会，1968。小林謙一「甲冑製作技術の変遷と工人の系統（上・下）」『考古学研究』20—4・21—2，考古学研究会，1974 など

4) 北野耕平「五世紀における甲冑出土古墳の諸問題」『考古学雑誌』54—4，日本考古学会，1969。第5章2：田中報文参照

5) 阪口英毅「いわゆる「鋲留技法導入期」の評価」『古代武器研究』9，古代武器研究会，2008（『古墳時代甲冑の技術と生産』同成社，2019：改稿所収）

6) 異形：註3野上論文，特殊：註3小林論文・鈴木一有「中八幡古墳出土短甲をめぐる問題」『中八幡古墳資料調査報告書』池田町教育委員会，

2005，変形板：橋本達也「永浦4号墳出土副葬品の意義―甲冑・鉄鏃を中心として―」『永浦4号墳発掘調査報告書』古賀市教育委員会，2004，同「中期甲冑の表示する同質性と差異性―変形板短甲の意義」『七観古墳の研究』京都大学大学院文学研究科，2014

7) 9段構成：三角板襟付革綴短甲（大阪府七観古墳），三角板襟付鋲留短甲（大阪府黒姫山古墳）など，斜方向帯金）三角板鋲留短甲（佐賀県夏崎古墳）

8) 第2章コラム1：吉村報文参照。

9) 古谷 毅「帯金式甲冑の製作技術」『国立歴史民俗博物館研究報告』173，国立歴史民俗博物館，2012

10) 小林謙一「金銅技術について―製作工程と技術の系譜―」『考古学論考』（小林行雄博士古稀記念論文集），平凡社，1982。杉山晋作「金銅製品の製作技術」『古墳時代の研究』4 生産と流通1，雄山閣，1987

古墳時代甲冑の設計

吉村和昭 YOSHIMURA Kazuaki
奈良県立橿原考古学研究所附属博物館

複雑な立体構造を有し，高度な製作技術が要求される古墳時代の甲冑は，その製作に完成を見据えた計画性や規範が存在したと推測される。

古谷毅による帯金式甲冑の製作工程復元（図1）[1]では，まず設計段階と製作工程に分かれ，製作は大きく成形→整形→組立→仕上げの4段階の工程を踏む。設計段階では立体的なモデルと，板金による部品製作のための平面設計図の存在を想定する。さらに，鉄板の鍛造段階における型（木型）の使用も推測する。

従来の甲冑研究では，技術系統，工人集団の識別，最小の製作単位と見なされる同工品の抽出[2]は，製作第II工程（整形段階）以降の検討を基礎とし，設計段階や製作第I工程の検討は不十分であった。これは実測図などの二次元情報だけでは，部品（鉄板）の形状・法量の比較が困難であったためである。筆者らは，精密な三次元データを収集・分析することでその検討を進めてきた[3・4]。

1 平面的設計図「型紙」の検討

①「型紙」存在の認定　まず遺存状態が良好な宮崎県の地下式横穴墓出土甲冑の三次元データの収集・分析に努めた。西都原4号地下式横穴墓1号短甲（方形3鋲蝶番金具），小木原1号地下式横穴墓出土短甲の1組の横矧板鋲留短甲において，後胴各段の鉄板形状・法量，連接位置など多くの一致点を認め（図2），これらが同じ平面的設計図いわば「型紙」[5]によって製作されたものと推定した[3]。

研究当初，後胴全体といった比較的広範囲な単位の平面的設計図の存在を推定した。しかし，上記ほどの一致例はほかに見いだせていない。

その後の検討では，横矧板鋲留短甲を中心に，個性がもっとも現れやすく，短甲全体の形状を決定づける部品である後胴の押付板と，その下縁に上縁の形状がおよそ規定される竪上第2段について，三次元データを比較し，形状・法量が一致・極めて近似する組み合わせを押付板で4群10点（うち1群は三角板鋲留短甲），竪上第2段で2群7

【設計段階】立体モデルと平面設計図

【製作工程】

第I工程（成形段階）
　1次成形（打延）→板金作出（→割付・板金分割）→2次成形

第II工程（整形段階）
　仮組→整形→調整I（叩き・切断・追加）→穿孔

第III工程（組立段階）
　地板接合→帯金など接合→調整II（叩き・切断など）

第IV工程（仕上段階）
　覆輪施工→塗装→貫緒など・附属具着装

古谷 毅氏による（註1）

図1　古墳時代中期の甲冑製作工程

点確認した。なお，一致が2例1組にとどまらず，3例1組，また竪上第2段では4例1組の事例も認められた。これは，平面的設計図「型紙」存在の蓋然性の高さを示すものと考える[6]。

後胴竪上第2段の上縁の形状が，押付板の下縁におよそ規定されるため，押付板の一致例と竪上第2段の一致例は相関しそうなものであるが，こうした事例は，上記の西都原4号地下式横穴墓1号短甲・小木原1号地下式横穴墓出土短甲と福岡県久留米市田主丸町麦生出土横矧板鋲留短甲（後胴竪上第1段〜長側第3段の途中まで遺存）の三者の組み合わせのみであった。ただし，麦生出土例は前2者と比較して，長側第1段（地板）の上下幅が狭く，竪上第3段・長側第2段（帯金）は幅広である。

②「型紙」使用とその範囲　甲冑製作における平面的設計図「型紙」が存在した蓋然性は高いと考えるが，現時点では，その使用は限定的であったと想定している[6・7]。西都原4号地下式横穴墓1号短甲と小木原1号地下式横穴墓出土短甲のような，押付板・竪上第2段のほか，後胴の広範囲におよぶ部品形状・法量の一致は，同一「型紙」の使用に加えて，連作といった要因も考慮する必要があろう。

2 甲冑三次元データの比較方法の開発

甲冑の多くは破損や変形といった二次的な変化を受けているため，精密な三次元データであっても，変形の少ない資料同士以外での比較は困難である。条件の良い出土例は当然少なく，比較可能なデータ数は限られてしまう。

そこで，データを平面展開することで標準化をはかり，個体により異なる曲面，二次的な変形に

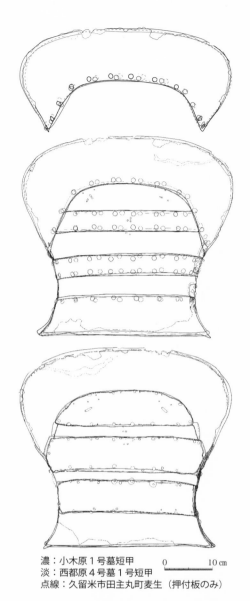

濃：小木原 1 号墓短甲
淡：西都原 4 号墓 1 号短甲
点線：久留米市田主丸町麦生（押付板のみ）

0　　　　10 cm

**図 2　小木原 1 号墓・西都原 4 号墓 1 号短甲・
田主丸町麦生出土短甲の形状比較**（S=1/8）

も対応した三次元データ解析方法の開発を進めてきた[8]。現在では，データを間引くことなく本来の解像度を維持したままでの平面展開が可能となっている。

3　今後の展望

甲冑製作における平面的設計図「型紙」について，現在，後胴押付板・竪上第 2 段とともに，前胴竪上第 1 段，裾板といったその他の特徴的な部品の比較検討も進めているところである。一方，全体の形状や法量を規定するであろう立体型（木型）の確認は残された課題である。こちらは平面化による標準化とは別の手法が必要となる。

平面的設計図「型紙」の識別は，甲冑製作の実態解明に大きな手がかりとなる。ただ，仮に「型紙」の識別ができても，その「型紙」が複数の工人（あるいは集団）に共有されたのか，同じ「型紙」がどのくらいの期間運用されたのかなど検討すべき課題は多岐にわたる。

註

1) 古谷　毅「古墳時代甲冑研究の方法と課題」『考古学雑誌』81—4，1996，pp.58-85
古谷　毅「帯金式甲冑の製作技術」『帯金式甲冑の製作技術』『国立歴史民俗博物館研究報告』173（「共同研究」マロ塚古墳出土品を中心とした古墳時代中期武器武具の研究），2012，pp.353-379

2) 滝沢　誠『古墳時代中期における短甲の同工品に関する基礎的研究』（平成 17 年度～平成 18 年度科学研究費補助金基盤研究（C）研究成果報告），2008

3) 吉村和昭『三次元レーザー計測を利用した古墳時代甲冑製作の復元的研究』平成 23 ～ 25 年度科学研究費助成事業基盤研究（C）研究成果報告書），2014
吉村和昭「古墳時代中期甲冑製作における「型紙」存在の確認―三次元計測技術を用いた分析成果―」『橿原考古学研究所紀要　考古学論攷』37，奈良県立橿原考古学研究所，2014，pp.1-24

4) 吉村和昭編『古墳時代中期における甲冑生産組織の研究―「型紙」と製作工程の分析を中心として―』（平成 26 ～ 29 年度科学研究費助成事業基盤研究（B）研究成果報告書），2018

5) 洋裁などでの平面的設計図である型紙に倣いこのように呼称する。ただし，その材質が紙とは考えていない。材質の違いも含意して括弧つきで「型紙」と表記する（前掲註 3）。

6) 吉村和昭「鋲留短甲における「型紙」の検討―甲冑生産組織分析の手がかりとして―」註 4 文献，2018，pp.19-30

7) 小林謙一「古墳時代甲冑製作技術をめぐって」註 4 文献，2018，pp.17-18

8) 高松　淳「甲冑研究における三次元データ解析の現状と可能性」『月刊考古学ジャーナル』771，ニューサイエンス社，2022，pp.10-13

外来系冑（中国大陸・朝鮮半島系冑）

内山敏行　UCHIYAMA Toshiyuki
とちぎ未来づくり財団 埋蔵文化財センター

古墳時代中期から後期にかけての外来系冑の影響関係や変遷について論点を整理し，その背景を考える

1　古墳時代の外来系冑の概要

　古墳時代前期には中国系の小札革綴冑が，近畿および北部九州の有力首長墳を中心に少数副葬される（「前期の甲冑」の項参照）。

　中期の外来系冑は，朝鮮半島系——淵源は中国北東部の三燕系——と考えられる伏鉢付彎曲縦長板革綴冑で，鋲留冑も1例ある。また，中期には外来系冑の要素を主体として眉庇付冑（図1）が倭で作られることも重要である。

　後期前半から後期末葉までの外来系冑には，非彎曲形の縦長板革綴・鋲留冑および方形板革綴冑がある。大加耶系と考える意見のほか，高句麗・百済・新羅・中国北朝までの広い系譜を考える意見がある。

2　古墳時代中期の外来冑と眉庇付冑

　①**彎曲縦長板冑**　朝鮮半島系の彎曲縦長板冑が散発的に搬入され，中期古墳に副葬される。日本考古学の用語では「竪矧板革綴冑」あるいは「蒙古鉢形冑」と呼ばれてきた。加耶または新羅地域からの輸入品とみられるので，韓国考古学の用語を用いて「縦長板冑」と呼ぶ場合も多い。「彎曲縦長板冑」は，S字カーブをもつ地板を使い，側面形が西洋梨形になる冑を指す（図1-3，図2-1・2）。中期の縦長板冑は幅が狭く細長い地板を多数連結している。京都府伝八幡大塚（美濃山王塚）古墳例は，古墳時代中期前半にさかのぼる可能性がある。奈良県墓山1号墳，山梨県茶塚（かんかん塚）古墳，熊本県楢崎山5号墳，和歌山県 椒 浜古墳（椒古墳）のように中期後葉から末葉に目立つ。椒浜古墳の伏鉢付縦長板鋲留冑にある横長の腰巻板は，朝鮮半島三国時代の冑にはみられないので，倭系要素と考える意見がある[1]。

　茶塚古墳の伏鉢付彎曲縦長板冑（図2-1）は，倭製の横矧板鋲留短甲（板甲）とセットで副葬されている。茶塚古墳ではヒョウ轡，上面が凸状の木心鉄板張輪鐙，推定胡籙用の金銅製帯金具を伴うことからみて，韓国慶尚南道高霊池山洞32号墳に

みられるような加耶地域の製品がまとまって搬入されている。楢崎山5号墳ではS字型腰札を使う外来小札甲（札甲）とセットで彎曲縦長板冑（図2-2）が副葬されている。冑と甲の両方が舶載とみられる中期の事例は，現状でこれだけである。

　②**眉庇付冑の成立**　古墳中期中葉には，倭製の外来系冑である眉庇付冑が創出される（図1）。横方向に長い胴巻板・腰巻板・板錣を倭の在来系冑つまり衝角付冑から採用しているので，倭で成立していることがわかる。眉庇付冑は，中期末葉まで倭で多数，朝鮮半島南部で少数副葬される。

　眉庇付冑の成立時には，外来系縦長板冑の要素を大幅に取り入れる[2]。非彎曲の縦長板革綴・無伏鉢冑（図1-2）を鋲留に変更し，眉庇・帯金・伏鉢・受鉢を加えて成立する竪矧板鋲留眉庇付冑（図1-5）から，主系列である小札鋲留眉庇付冑に続いてゆく。眉庇の由来は，倭で創出説[2]，有機質由来説[3]，馬具由来説[4]がある。図1-2の鉄製伏板は，縦長板革綴冑には珍しい要素で，加耶よりも新羅地域の特徴である可能性を示唆している[4]。伏鉢付彎曲縦長板革綴冑（図1-3）を祖型にした「蒙古鉢形」小札鋲留冑（6）や，中国東北部の棘葉形縦長板鋲留冑（1）を祖型にした棘葉形小札鋲留冑（4）のように，主流にならない種類の眉庇付冑も現れる。

　古墳中期は，在来系甲冑が衝角付冑と短甲（板甲）であるのに対して，外来系甲冑が眉庇付冑と小札甲（札甲）である[4]。しかし，眉庇付冑と小札甲をセットで副葬するのは成立期の少数事例（千葉県祇園大塚山古墳や奈良県五條猫塚古墳）に限られ，その後は短甲とセットで副葬されるようになる。朝鮮半島の縦長板冑に眉庇や帯金を加えて大幅に変更したデザインであることからもわかるように，外来系譜を取り入れながらも倭の新様式として生まれた後，倭の甲と組み合わせて使われた。古墳後期には眉庇付冑は，ほぼ生産・副葬されなくなる[5]。

3　古墳時代後期の外来系冑（図2）

　①**時期区分**　冑と組み合わせになる小札甲（札甲）

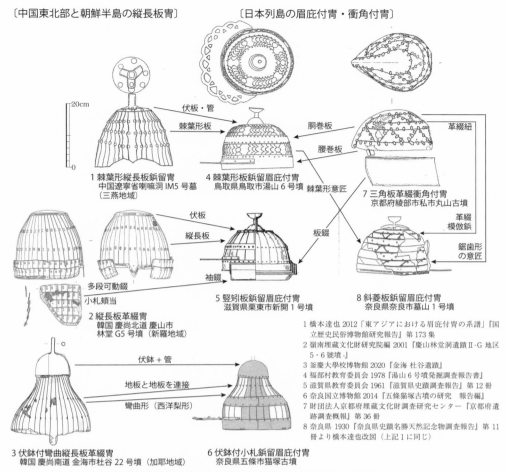

〔中国東北部と朝鮮半島の縦長板冑〕　　　〔日本列島の眉庇付冑・衝角付冑〕

伏板・管

棘葉形板

1 棘葉形縦長板鋲留冑
中国遼寧省喇嘛洞 IM5 号墓
（三燕地域）

4 棘葉形板鋲留眉庇付冑
鳥取県鳥取市湯山 6 号墳

胴巻板

腰巻板

棘葉形意匠

7 三角板革綴衝角付冑
京都府綾部市私市丸山古墳

革綴紐

革綴
模倣鋲

鋸歯形
の意匠

伏板

縦長板

多段可動綴

小札頬当

2 縦長板革綴冑
韓国 慶尚北道 慶山市
林堂 G5 号墳（新羅地域）

板鋲

袖綴

5 竪矧板鋲留眉庇付冑
滋賀県栗東市新開 1 号墳

8 斜菱板鋲留眉庇付冑
奈良県奈良市墓山 1 号墳

伏鉢 + 管

地板と地板を連接

彎曲形（西洋梨形）

3 伏鉢付彎曲縦長板革綴冑
韓国 慶尚南道 金海市杜谷 22 号墳（加耶地域）

6 伏鉢付小札鋲留眉庇付冑
奈良県五條市猫塚古墳

1 橋本達也 2012「東アジアにおける眉庇付冑の系譜」『国
立歴史民俗博物館研究報告』第 173 集
2 嶺南埋蔵文化財研究院編 2001『慶山林堂洞遺蹟Ⅱ-G 地区
5・6 號墳-』
3 釜慶大學校博物館 2020『金海 杜谷遺蹟』
4 福都村教育委員会 1978『湯山 6 号墳発掘調査報告書』
5 滋賀県教育委員会 1961『滋賀県史蹟調査報告』第 12 冊
6 奈良国立博物館 2014『五條猫塚古墳の研究　報告編』
7 財団法人京都府埋蔵文化財調査研究センター『京都府遺
跡調査概報』第 36 冊
8 奈良県 1930『奈良県史蹟名勝天然記念物調査報告』第 11
冊より橋本達也改図（上記 1 に同じ）

図1　眉庇付冑の出現期における外来系冑・倭系衝角付冑からの影響

の編年区分[6]にあわせて，後期第 1〜4 段階に区分
する。後期 1 は須恵器型式の MT15 - TK10，後
期 2 は MT85 - TK43，後期 3 は TK43 - TK209，
後期 4 は TK209 型式期に並行する。

　②縦長板冑　後期の縦長板冑は，8 枚から 12
枚程度の「広形縦長板」を連結し，彎曲縦長板
は見られない（図2-4〜7・10〜13）。古墳中期にみ
られた，伏鉢をもつ縦長板冑が，日本では古墳
後期に今のところ見られない。彎曲縦長板冑は
伏鉢をもち，非彎曲形の縦長板冑は伏鉢がない
という対応関係が朝鮮三国時代冑にある（例外は
ある）。日本列島では前者が古墳中期，後者が古
墳後期に見られる。

　後期第 1 段階に並行する 6 世紀前葉の朝鮮半島
では，伏鉢付冑が継続している。全羅南道の新徳
1 号墳に伏鉢付彎曲縦長板革綴冑があり，庇と考
える意見のある三日月形鉄製品を伴う[7]（口絵参照）。

　後期第 1 段階の外来系冑は革綴製品，後期 2〜

後期 4 段階には革綴と鋲留製品が知られる。朝鮮
半島三国では後期 2〜後期 4 段階並行期に甲冑を
副葬しないので変遷が不明確で，日本での出土事
例は縦長板冑の連接方法に鋲留が増えてゆく傾向
がある。図 2 のほかに，福岡県宗像市相原古墳の
冑破片が縦長板鋲留冑の可能性をもつ[8]。

　後期の縦長板冑も，そのほとんどは，加耶地域
など朝鮮半島の三国時代冑が日本に搬入された可
能性が高い。ただし，倭で変容した事例も含むと
考える意見がある[9,10]。横須賀[10]は，図 2-12 の
腰巻板と 13 の伏板を根拠に，12・13 を倭製模倣
品とみている。福岡県岩戸山古墳石人の縦長板冑
（図2-5）に表現されている板鋲も，倭的な特徴で
ある[11]。

　③方形板革綴冑　後期 2〜後期 3 段階にみられ
る。韓国考古学ではこれを「小札冑」[12]と呼ぶが，
日本考古学では古墳前期の中国系冑に「小札革綴
冑」の名称を使うので，後期の冑に「小札冑」の

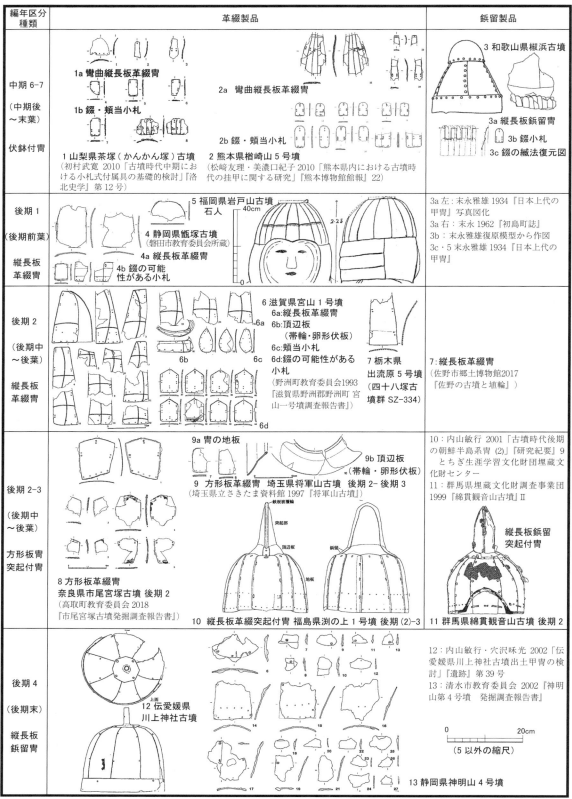

図2　古墳時代中期・後期の外来系冑　縦長板冑・方形板革綴冑・突起付冑

語をあまり使わないで「方形板革綴冑」と呼ぶことが多い[13]。図2-8は後期2段階で，埼玉将軍山古墳は後期2と後期3の倭系小札甲を1領ずつ副葬し，衝角付冑が後期2，方形板革綴冑（図2-9）が後期3段階の可能性をもつ。ただし将軍山古墳の冑は出土状況が不明なので，2点ずつある冑と小札甲との組み合わせ関係が確実ではない。

④冑の頂部装飾　頂上部分に有機質または金銅製の冠が載る事例がある[12~16]。環状の頂辺板からみて，冑の頂部が孔になっていることがわかる事例が図2-6b・9bおよび福岡県船原古墳冑（口絵）にある。「卵形伏板附冑」[14]，「冠帽付冑・冠帽穴冑」[15]とも呼ばれ，全体を「冠帽系冑」と総称する。船原古墳の冑では，冠帽と考えられる残材が推定革製・漆塗である。

冑の頂上に鉄製突起をもつ場合があり，突起付冑と呼ぶ（図2-10・11）。この突起は，冠帽系冑の有機質製または金銅製冠帽を鉄に置き換えて冑と一体化したものである可能性が高い。図2-10の突起部が，左右の板を合わせて鉄板被覆輪をかぶせていることは，金銅製冠帽の製作方法と形状を引き継いでいる[16]。

ただし，突起付冑が，朝鮮三国時代にみられる冠帽系冑や鉄製突起付冑ではなくて，中国北朝の冑に由来する可能性を想定する意見もある[17・18・19]。

⑤後期外来系冑の背景　古墳後期の外来系冑は東日本に多い「東方偏重遺物群」のひとつで，船原古墳のように北部九州でも出土する。鈴木一有は「冠帽系冑を保有する東国の有力首長たちは船原古墳の被葬者のような北部九州勢力を仲介者にたて，朝鮮半島諸勢力と交渉していた可能性」を考え，齊藤大輔は「倭王権から軍事力の養成…（中略）…を委任された東日本の集団が，対外拠点である北部九州に動員された」と考えている[20]。

冠帽系冑は，倭社会では異質な品であるが，対外関係の場面では身分標識になる。朝鮮三国社会の身分制に対照できる高い地位と，軍事的役割とを併せもつ人物が，両社会の間を往来した可能性を示している。単純な製品輸入にとどまらない，多様な背景を推論できる遺物である。

註

1) 横須賀倫達「後期型鉄冑の系統と系譜」『考古学ジャーナル』581，2009，p.20
2) 橋本達也「東アジアにおける眉庇付冑の系譜」『国立歴史民俗博物館研究報告』173，2012，pp.422・430
3) 福尾正彦「眉庇付冑の系譜―その出現期を中心に―」『東アジアの考古と歴史』下，同朋舎，1987，pp.153・154
4) 内山敏行「古墳時代の武具生産―古墳時代中期甲冑の二系統を中心に―」『地域と文化の考古学』II，六一書房，2008，pp.383・385
5) 橋本達也「古墳時代中期甲冑の終焉とその評価―中期と後期を分かつもの―」『待兼山考古学論集』II，大阪大学考古学研究室，2010，p.483
6) 内山敏行「古墳時代後期の甲冑」『古代武器研究』7，古代武器研究会，2006，pp.19-28
7) 金赫中「咸平新德1號墳出土甲冑の構造と意味」『咸平禮德里新德古墳―論考―』國立光州博物館，2021，p.88
8) 齊藤大輔「古墳時代後・終末期における武装具供給の実態―北部九州に点在する「東方偏重遺物群」―」『七隈史学会第22回大会研究発表報告集』2020
9) 李賢珠「三國時代小札冑研究」『友情의考古學』진인진（眞仁眞），2015，p.361
10) 横須賀倫達「後期甲冑研究の現状と課題」『考古学ジャーナル』771，2022，p.22および前掲註1，p.20
11) 福尾正彦「岩戸山古墳出土の冑着装円体石人頭部に関する若干の考察」『古文化談叢』21，1989，pp.91-103
12) 楊聖民『嶺南地域 三國時代冑의研究』慶北大學校 大學院文學碩士學位論文，2020，pp.17-19・76-84，http://dcollection.knu.ac.kr/public_resource/pdf/000000097061_20201222194607.pdf
13) 群馬県立歴史博物館『綿貫観音山古墳のすべて』2020，pp.74-79・98・159-161・172-179・191-193
14) 金斗喆「'卵形伏鉢附冑'考」『友情의考古學』진인진（眞仁眞），2015，pp.371-389
15) 鈴木一有「船原古墳1号土坑出土遺物からみる東国社会」『令和3年度　国史跡船原古墳講演会資料集』古賀市教育委員会，2021，p.10
16) 内山敏行「古墳時代後期の朝鮮半島系冑」『研究紀要』1，栃木県文化振興事業団埋蔵文化財センター，1992，pp.143-165
17) 福尾正彦「古墳時代後期の鉄製冑」『古墳時代後期における渡来系文化の受容と展開』専修大学文学部，2003，p.35
18) 土生田純之「古墳時代上毛野における青銅製品の系譜」『国立歴史民俗博物館研究報告』213，2019，p.24
19) 前掲註10，p.22
20) 前掲註8，前掲註15，p.13

中期小札甲と小札装付属具

初村武寛　HATSUMURA Takehiro
元興寺文化財研究所

古墳時代中〜後期の小札装甲冑について，論点を整理，研究の現状とまとめる。変遷の画期はどこにあるのだろうか

　古墳時代中期の，いわゆる『鋲留技法導入期』と時期を同じくして日本列島にもたらされる武具として，小札を用いた武具（小札装甲冑）がある。この小札装甲冑には，小札甲（胴甲）と小札装付属具（頬当・錣・襟甲・肩甲・籠手・臑当・膝甲など）が存在するが，部材となる小札を連結する紐の劣化・腐朽により，出土時にはすでに札がバラバラとなってしまう事例が圧倒的多数を占める。そのため，展示などでも甲冑としての組みあがった姿を見せることが難しく，研究面でも取り上げられることが多いとは言えない状況であった。

　こうした小札装甲冑においても，先人たちによる調査研究にはじまり，近年の研究の進展を経て一定程度の共通認識をもつに至っている。ここでは，小札装甲冑のうち，とくに古墳時代中期の武具について研究史上における認識・資料化の変遷を辿る。

1　小札装甲冑研究の黎明期

　黎明期の小札装甲冑の研究は，発掘された資料から，その構造を読み解き，復元構造を検討することに主眼がおかれた。その最たるものが末永雅雄による奈良県円照寺墓山1号墳出土甲冑の調査[1]であろう。同様に小札装甲冑資料の調査研究を進めたものとして『日本上代の甲冑』や『挂甲の系譜』といった書籍としてまとめられている[2]。

　このほか，小林謙一による飛鳥寺塔心礎内出土小札甲の検討や，神谷正弘による富木車塚古墳出土小札甲の検討などが挙げられる[3]。

2　小札装甲冑の資料化と認識の広がり

　1980年代まで，多くの小札装甲冑については，報告書における資料掲載は非常に限られたもので，資料のごく一部の実測図を掲載するものが圧倒的多数を占めていた。これらに大きな変化が起こるのは1990年代になってからである。

　1990年代はじめに刊行された奈良県藤ノ木古墳や群馬県八幡観音塚古墳について，小札の分類や実測図の提示，復元構造の検討などといった検討がなされた。後期古墳の事例で充実した報告書が刊行されたことにより，次第に小札甲研究の基盤が形成されていった[4]。

　中期古墳の事例としては，大阪府長持山古墳出土甲冑において展示と合わせて詳細な検討がなされた[5]。この際には，実測図は示されていないながらも，小札甲と各付属具全体についての構造や綴紐・威紐などの観察，小札の並びについての検討がなされており，小札装甲冑研究の指標となっている。

　こうした各甲冑の報告者による詳細な検討に加え，内山敏行・清水和明による威技法の分類や小札甲の編年的位置づけが検討され始めたことも，研究が進展した要因として挙げることができる[6]。

3　小札装甲冑に対する認識の定着

　近年行われている古墳時代中期の既知資料の再検討においても，小札装甲冑構造の認識の広がりに伴い多くの成果を挙げている。これには小札甲のみならず各種付属具の検討も含まれる。

　小札装甲冑の研究は，古墳時代後期の資料を対象としたものが主流となっているが，古墳時代中期の小札装甲冑研究を俯瞰した研究として，拙稿や橋本達也の研究がある[7]。

4　古墳時代中期の小札甲

　以上のように，古墳時代中期の小札甲の系統的な理解が進んだのは各報告内容の充実と，内山敏行・清水和明らによる研究によるところが大きい。

　しかし，各氏の研究の中心となったのは，先にも述べた通り，倭の中で小札装甲冑が円頭威孔2列小札を主体として用いはじめる時期（以下，『定型化』と呼称する）〜古墳時代後期を対象としたものであった。倭での小札甲導入〜定型化までの時期にあたる「中期小札甲」について検討されることは稀であり，詳細な構造は解明されないままであった。

　定型化以前の中期小札甲　倭での導入期小札甲の例として，奈良県五條猫塚古墳出土の小札甲がある。この小札甲は，方頭小札と円頭小札とともに，

帯金具が鋲留された偏円頭小札を用いる。帯金具が鋲留されているこの小札が，小札甲の腰部を構成する部材であると考えられるが，長大な湾曲した腰札を用いない点から，甲の前後が分離したいわゆる『裲襠式』小札甲である可能性が指摘されてきた。

しかし，帯金具を小札に鋲留するという行為は，小札甲の最大の特徴である，"威技法による上下の可動性"を阻害するものであるといえる。また，腰札とみられる偏円頭小札の全長が帯金具の全長に比べてやや大きい程度であるので，通常の小札甲の構造で理解しようとすると，腰札列と草摺小札列の繋がりが不明となってしまう（図1）。導入期の中期小札甲は，こうした構造上の問題点をクリアした構造であったものとして考える必要があった。

紙幅が限られているため詳細な検討は拙稿によるが，筆者は五條猫塚古墳出土小札甲の構造について，竪上〜長側までの胴甲と，スカート状の草摺の2つで構成された甲であった可能性を考えた（図2）。このように考えられるのであれば，腰札に帯金具を鋲留しても威の可動領域を妨げること

はなく，甲の構造としても破綻しない。

当該期の資料としては，五條猫塚古墳のほか，兵庫県宮山古墳でも出土が知られる。この事例は，五條猫塚古墳の小札甲と同様に湾曲した腰札をもたないが，方頭威孔2列小札と円頭威孔1列小札が威により連貫された状態で銹着しているので，五條猫塚古墳の小札甲とは異なり，竪上〜草摺までが一連構造の小札甲であったと推測される。

五條猫塚古墳と宮山古墳から出土した小札甲は湾曲した腰札をもたないという構造こそ共通するが，使用する小札にも大きな違いがあり，系統の異なる小札甲であった可能性がある。

五條猫塚古墳・宮山古墳で見られた平札のみで構成された小札甲はその後，方頭小札と円頭小札を併用するという基本構成を継承しながらも，断面形がΩ字形に湾曲した長大な腰札を導入する。こうした事例は，福井県向出山1号墳や山梨県豊富王塚古墳などでみられる。

小札甲の定型化　その後，円頭威孔2列小札を用いた小札甲が出現する。この小札甲は，小札甲

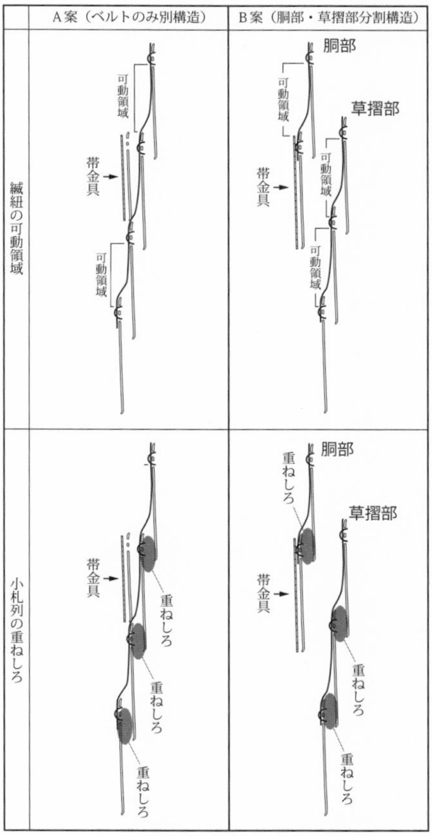

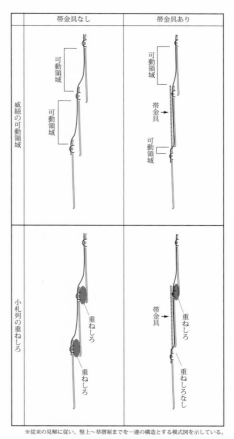

図1　分割案での構造と機能

図2　帯金具の有無にみる構造の差異

全体を円頭威孔2列小札で統一したものが多く，以前の小札甲とは甲の外観や小札の規格性など明らかに一線を画する。

　代表例としては，大阪府長持山古墳や埼玉県どうまん塚古墳より出土した小札甲などがある。とくに長持山古墳では，後述する付属具すべてが揃うのみならず，その付属具すべてが円頭威孔2列小札で統一されている。

　長持山古墳が古市古墳群内の市野山古墳の陪塚とみられるように，長持山古墳の小札装甲冑一式は，当時の畿内中枢で備えられた武装の一端を示している可能性が高く，以後の武装の中核を担う役割が与えられたものと推察する。

　この後，草摺裾札にΩ字形裾札を用いたものが出現するなどといった変化が見て取れる。

5　古墳時代中期の小札装付属具

　小札装付属具は，小札甲と同様に朝鮮半島・大陸に源流をもつものと考えられ，小札甲出現とほぼ時期を同じくして倭にもたらされたものである。

　その中には朝鮮半島出土品と形状を同じくするものもあるが，中には倭独自のものや，倭の甲冑に適合した構造のものなども存在する。

　籠　手　腕に装着する武具である。小札甲と時期を同じくして倭に導入されたようである。

　導入当初は朝鮮半島出土例と同様の構造を呈する板籠手が知られるが，その後，筒籠手や篠籠手が出現する。篠籠手は，現状で朝鮮半島では出土事例がないので倭の独自の武具ともみられる。

　篠状鉄札の頭部は斜めに裁断され，その頭部には革包覆輪が施される。手甲小札は導入当初は円頭威孔1列のものが多いが，定型化に伴い円頭威孔2列へと収斂する。

　臑　当　脚部に装着する武具である。籠手同様，小札甲の導入と併せて倭の武装として導入される。

　朝鮮半島では円頭威孔1列の篠臑当の出土が知られており，それと同様の事例が古墳時代中期に日本列島へともたらされる。ただし，この時期には方頭威孔2列の篠臑当の存在も知られており，両者は併存していたものと考えられる。この後，定型化に伴い円頭威孔2列へと収斂する。

　襟甲と小札肩甲　襟甲は，朝鮮半島で多く見られる武具である。朝鮮半島でみられる襟甲は背が15cm程度と高いが，倭から出土する襟甲は背が低く，8cm程度の高さに収まる。この両者の違い

は，首の防御を担う武具の違いを示している。

　襟甲本体は，札式と打延式があり，札式のなかでも革綴式と鋲留式が存在している。

　襟甲に伴う小札肩甲は，導入当初は円頭威孔1列小札が多いようであるが，この後，定型化に伴い円頭威孔2列へと収斂する。

　頸甲と小札肩甲　打延式頸甲にも，小札肩甲を装着する事例が知られるようになってきた。

　頸甲に装着された肩甲の見きわめには，肩甲威孔に着目する必要がある。

　頸甲から小札肩甲を威す方法としては，頸甲から小札肩甲を直接威すものと，頸甲に打延式肩甲を1段威しその打延式肩甲から小札肩甲を威すものがある。

　頸甲に伴う小札肩甲は，方頭威孔2列札が多いが，次第に円頭威孔2列小札へ収斂する。

　衝角付冑と小札頬当・錏　朝鮮半島では縦矧板冑に小札頬当・錏が数多く知られる。日本列島においても，衝角付冑に小札頬当・錏を装着する事例が知られる。その代表事例は長持山古墳であり，以後古墳時代後期末まで出土事例が知られる。長持山古墳より以前の資料については現状では知られていないため，小札の定型化を境にして倭の武具として取り入れられた可能性が考えられる。

　定型化の時期に出現する武具であることもあり，主に円頭2列の小札が用いられる。だが，群馬県金井東裏遺跡出土衝角付冑では，一部に円頭1列小札を使用していることが確認された。

　小札草摺　草摺は主に短甲を装着時に併用するスカート状の武具である。小札装草摺についてはいくつか報告事例があるが，福岡県塚堂古墳の横矧板革綴短甲に装着された小札草摺が著名である。

　塚堂古墳の事例を見ると，短甲裾部外面に革金具などを固定して装着しているので，草摺は短甲の裾部外面に装着する武具とみられる。しかし，他事例では同様の装置はみられない。

　古墳時代中期の打延式草摺は，いずれも短甲から外れて出土する。草摺と短甲は着脱可能，もしくは別構造の武具であったようである。実際に草摺と考えられる小札をみると，最上段に布が綴付けるが，短甲外面にはそういった有機物が付着していない。草摺は，有質製装具を介して装着するようで，短甲装着前に人体に装着する構造であったとみられる。この点から見ると，著名な塚堂古墳出土草摺が，イレギュラーな構造であった可能性すらある。

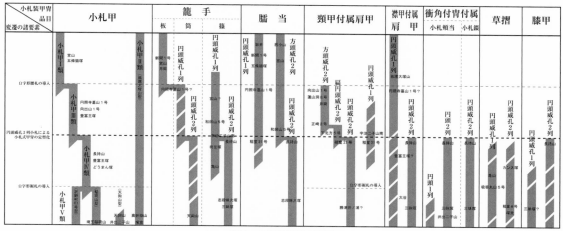

図3　小札装甲冑の変遷

小札の定型化前後～古墳時代中期末までの範囲で存続する武具とみられる。

　膝　甲　小札甲装着時に大腿部を守る武具として装着する武具である。古墳時代中期においては長持山古墳の事例が著名だが，古墳時代後期初頭頃にいくつか類例が知られる。

　草摺同様に，有機質製装具を介して装着するようで，小札甲装着前に人体に装着するようである。

　古墳時代中期の事例は，ほとんど知られていないため評価しづらいところであるが，出土事例が円頭威孔2列小札であるため，小札の定型化を境に，導入された武具と位置づけておきたい。

6　古墳時代後期の小札装付属具

　古墳時代後期になると短甲と打延式頸甲が消滅するので，小札草摺および頸甲付属肩甲は消滅するが，それ以外の付属具は基本的に古墳時代中期のものの延長として存続する。

　古墳時代後期の小札装付属具は，型式学的変化も認めうるが，各段威の導入や偏円小札の使用など，基本的には小札甲の変化に準じる。詳細については，本書横須賀論考を参照願いたい。

7　おわりに

　最後に，中期小札装甲冑における画期について触れておきたい。

　1つ目の画期は，倭への小札装甲冑への導入である。それまでの甲冑とは一線を画する武装体系が倭へもたらされたことにより，元来の倭の武装も影響を受けることになる。

　2つ目の画期は円頭威孔2列小札の採用に伴う

倭の小札装甲冑が定型化したことである。これは各種付属具とも併行して存在する事象であり，以後の倭の武装の方向性を決定づける大きな意味合いを持つ。この定型化した小札装甲冑は，6世紀後葉の『藤ノ木型』の出現まで倭の小札装甲冑の主流系列を構成することになるのである。

註
1)　末永雅雄「武装具の調査」『奈良県史蹟名勝天然記念物調査報告』11，1930
2)　末永雅雄『日本上代の甲冑』岡書院，1934。末永雅雄・伊藤信雄『挂甲の系譜』雄山閣，1979
3)　小林謙一「古代の挂甲」『歴史学と考古学』高井悌三郎先生喜寿記念事業会，1988。神谷正弘「富木車塚古墳出土挂甲の復原製作」『考古学論集』第2集，考古学を学ぶ会，1988
4)　奈良県立橿原考古学研究所『斑鳩藤ノ木古墳：第1次調査報告書』斑鳩町，1990。高崎市教育委員会『観音塚古墳調査報告書』1992
5)　塚本敏夫「長持山古墳出土挂甲の研究」『王者の武装―5世紀の金工技術―』京都大学総合博物館，1997
6)　清水和明「挂甲　製作技法の変遷からみた挂甲の生産」『甲冑出土古墳にみる武器・武具の変遷』第Ⅰ分冊，埋蔵文化財研究会，1993。内山敏行「古墳時代後期の諸段階と甲冑・馬具」『後期古墳の諸段階』第8回東北・関東前方後円墳研究会，2003
7)　初村武寛「小札式甲冑における研究史と導入・展開の諸様相」『古代武器研究』14，古代武器研究会，2018。橋本達也「古墳時代中期甲冑における朝鮮半島系要素の導入―山の神古墳の甲冑付属具とその評価を中心に―」『山の神古墳と「雄略朝」期をめぐる諸問題　研究発表資料集』九州大学大学院人文科学研究院考古学研究室，2014
＊紙幅の関係で，各報告書については割愛した。ご容赦願いたい。

胴丸式小札甲に用いられる威技法について

松﨑友理 MATSUZAKI Yuri
福岡市埋蔵文化財センター

「小札甲」は，多量の小札を革紐や組紐といった有機質の紐で連貫することで製作される。小札本体の製作段階を経て，小札同士を横方向に連結する「綴」や「下搦」といった連結技法により，小札列が形成され，「威」技法で小札列同士を連貫する。小札列の端部には「覆輪」を施し，甲装着部材である「ワタガミ」と「引合緒」を取り付ける。ここでは先行研究の成果を踏まえ，日本国内における胴丸式小札甲の威技法について概観する[1]。

胴丸式小札甲の製作過程で認められる連結技法の中で，最もバリエーションが豊富であるのが「威」技法である。現在，威技法は「通段威」・「綴付威」・「各段威」という3種類の技法に大別されている[2]。さらに「通段威」と「各段威」については第3威孔の使用の有無によってa類（使用無）とb類（使用有）に分けられる。ただし，第3威孔は小札列最上段における威の開始孔として使用されている場合もあり，必ずしもb類に分類できるわけではないため，威技法の検討には注意が必要である。

「通段威」と「綴付威」は，日本における胴丸式小札甲導入期の段階から認められる技法である。通段威は基本的に上段から下段に向かって威紐を通し，小札列同士を連貫する。一方，綴付威は小札列の表面に威帯をあて，別の紐で威帯を綴付することで小札列同士を連貫する。小札同士の横方向の連結も兼ねており，小札列形成段階に用いられる綴技法と同じ紐の動きが認められる。通段威の中にも表面に威帯をあて，別の威紐で上から下へ威を行う技法がある（通段威a-2類[3]）。この技法は威帯を表面にあてるという点で綴付威に似ており，草摺の威に使用された事例が認められる。「各段威」は日本国内では通段威・綴付威に後出する技法で，古墳時代中期後半に登場する。基本的に通段威は上から下へ，綴付威は横方向に威紐を通し，連貫していくが，各段威は上下横方向に威紐が動き，上下2段の小札列を連貫するという新たな連貫方法である。

威技法は基本的に竪上最上段から腰札の頭部までで一度連貫を終え，腰札下部の威孔から新たに威を開始し，草摺最下段までを連貫する。そのため，腰札の中間部，Ω字形腰札であれば湾曲部には威紐は表出しない。第3威孔を用いない威技法は基本的に腰札の中間部を除き，甲の表面が威紐や威帯によってほとんど覆われた状態になる。それに対し，第3威孔を用いた威技法は威紐が主に小札列の裏面を通るため，甲表面への紐の露出が少ない。威紐の表出状態は甲の伸縮性に関係しており，胴部に伸縮性の少ない威技法b類，腰から大腿部を防御する草摺に伸縮性のある威技法a類という使い分けが行われ，古墳時代後期以降，胴部に各段威b類－草摺に各段威a類という組み合わせが盛行するようになる。

伸縮性や不用意な紐の露出を防ぐといった甲の機能面はもちろんのこと，威紐の表出状態は胴丸式小札甲の外観にも大きな影響を与える。胴丸式小札甲の登場後，古墳時代中期後半は表面が革紐に覆われた外観（図1左）が主体であったが，古墳時代後期には胴部と草摺で外観が異なるもの（図1右）が増え，その中でも威紐に組紐や菅糸を用いた甲は特に，小札の鉄地と紐の色合いによって装飾性の高い甲であったと推測される。

註

1) 主要参考文献を以下にあげる。内山敏行「小札甲の変遷と交流─古墳時代中・後期の繊孔2列小札とΩ字型腰札─」『王権と武具と信仰』同成社，2008。清水和明「挂甲─製作技法の変遷からみた挂甲の生産─」『第33回埋蔵文化財研究会甲冑出土古墳にみる武器・武具の変遷』Ⅰ，埋蔵文化財研究会，1993。末永雅雄『日本上代の甲冑』岡書院，1934。塚本敏夫「5 長持山古墳出土挂甲の研究」『王者の武装 5世紀の金工技術』京都大学総合博物館，1997

2) 前掲註1 清水1993に同じ

3) 松﨑友理「第6節 山の神古墳出土小札甲の構造」『山の神古墳の研究─「雄略朝」期前後における地域社会と人制に関する考古学的研究：北部九州を中心に─』九州大学大学院人文科学研究院考古学研究室，2015

図1 胴丸式小札甲の外観（註1 末永1934より改変）

韓半島出土帯金式甲冑の現況と課題

金　赫中　KIM Hyukjung
国立中央博物館

訳者：諫早直人

韓半島と日本列島から出土する帯金式甲冑の製作地と性格について，これまでの議論を整理し，今後の課題を示す

　三国時代の甲冑は，金銅肬甲のようにきらびやかではあるが非実用的な威勢品から，実用的な札甲まで非常に多様であり，その数も500点を超える。本稿で扱う帯金式甲冑の数は60点余りに過ぎず，韓国の甲冑研究における比重はそれほど大きくない。しかしながら，帯金式甲冑は古代韓日交渉史研究においては非常に重要な資料である。その最たる理由は，韓半島と日本列島から同一の形態が出土するということに尽きる。そのためもあってか帯金式甲冑の製作地や性格をめぐっては，ほかの甲冑よりも研究者間で議論となっている問題が多い。以下では，韓半島出土帯金式甲冑の製作地と性格に関するこれまでの議論を整理しつつ，今後明らかにすべき課題を浮き彫りにしたい。

1　韓半島出土帯金式甲冑の現況と時期ごとの分布様相

　帯金式甲冑は住居址から出土することもあるが，大部分が古墳からの出土である。その分布範囲は嶺南地方と湖南地方，さらには忠清地方などと非常に広い。しかし同一古墳群から出土するほかの甲冑と比較してみると，持続的かつ頻繁に副葬されることはなく，大部分が単発的である。

　韓半島出土帯金式甲冑を時期ごとにみていくと，まず4世紀は方形板甲が注目される。方形板甲は帯金式板甲の範疇には属さないが，製作技術などの面で帯金式甲冑に影響を与えている。帯金式甲冑同様，韓日両国で出土しており，どちらで最初に生産されたのか，さらなる検討が必要である。方形板甲は韓半島では金官加耶の王墓である大成洞古墳群と福泉洞古墳群のみで出土している。とりわけ大成洞88号墳出土方形板甲は，大成洞古墳群において最も古い甲冑にあたる。それより遅い時期になると，玉田68号墳から出土した三角板革綴板甲のような帯金式板甲をはじめ，種類が増え，範囲が広くなっていく。

　5世紀の帯金式板甲は，広範囲で出土している。

百済でも帯金式甲冑が出土しており，主として湖南地方の西南海岸に分布している。忠清道のような内陸からも出土しているが，いずれにせよ帯金式甲冑は単独で造営される倭系古墳に副葬されるという共通点をもっている[1]。その一方，加耶圏域で倭系甲冑が出土している古墳は在地系古墳であり，倭系遺物を一緒に副葬する事例もさほど多くない[2,3]。

　帯金式板甲は，5世紀後半になってもいくつかの場所で確認されている。その分布範囲は洛東江下流域を中心に集中していた以前とは異なり，大加耶圏域，阿羅加耶圏域などにも広がっていく。前代と大きく異なる点は，蔚山地域を含む新羅圏域からの出土事例の存在である。釜山地域は築造集団の性格について異論があるが，少なくとも蔚山地域から出土した帯金式板甲を加耶との関係で理解することは難しい。また，単一古墳群としては最も多くの帯金式甲冑が出土している釜山蓮山洞古墳群のような非常に興味深い事例もある[4]。

2　韓国出土帯金式甲冑研究現況

　韓国の学界で帯金式甲冑が研究対象として認識されるようになったのは，池山洞32号墳出土品からである。ただし，韓国考古学において帯金式甲冑を対象とした本格的な研究は，『伽耶通信』第11・12合輯号に収録されている「東莱福泉洞4号墳と副葬遺物」[5]を待たねばならない。福泉洞4号墳出土帯金式板甲は出土状態が良好ではないが，再現を通じて全体構造の復元が試みられた。また詳細な図面や事実記載は韓日考古学の甲冑研究にも鮮明な影響を与えた。それ以後，帯金式甲冑研究は詳細な資料報告にもとづいて，製作地論と性格論を中心に展開してきた。

(1)　製作地について

　帯金式甲冑に関する議論の中で，最も活発になされたのは製作地論である。その理由はこの甲冑が韓半島と日本列島のどちらで製作されたのかによって，描き出される歴史像がまったく異なって

表1　韓国出土帯金式甲冑

No.	地域	遺構	埋葬施設	板甲	冑	付属甲	そのほか	備考
1	金海	大成洞1号	木槨墓	方形板甲				
2	金海	大成洞88号	木槨墓	方形板甲				
3	金海	杜谷43号	竪穴式石槨	三角板革綴板甲				
4	金海	杜谷72号	竪穴式石槨	長方板革綴板甲				
5	金海	竹谷里94号	竪穴式石槨		衝角付冑	肩甲		
6	金海	栗下B-1号	竪穴式石槨	三角板革綴板甲				
7	釜山	福泉洞64号	単独木槨墓	方形板甲			縦長板冑	
8	釜山	福泉洞4号	竪穴式石槨	三角板革綴板甲				
9	釜山	福泉洞112号	竪穴式石槨	横矧板鋲留板甲		肩甲	縦長板冑	
10	釜山	福泉洞(東)2号	竪穴式石槨			肩甲		
11	釜山	蓮山洞10号	竪穴式石槨	三角板鋲留板甲				
12	釜山	蓮山洞3号	竪穴式石槨	三角板革綴板甲				
13	釜山	蓮山洞8号	竪穴式石槨	長方板革綴板甲 三角板鋲留板甲				
14	釜山	蓮山洞103号	竪穴式石槨			肩甲		
15	釜山	伝・蓮山洞		三角板鋲留板甲				
16	釜山	五倫台			衝角付冑		札甲,縦長板冑,馬甲	地表採集
17	釜山	加達4号	竪穴式石槨	三角板鋲留板甲				
18	巨済	長木	横穴式石室	横矧板鋲留板甲				
19	咸安	道項里13号	木槨墓	三角板革綴板甲				
20	咸安	道項里428-1-5号	竪穴式石槨	長方板革綴板甲				
21	昌寧	校洞3号	横口式石室	三角板横矧板鋲留板甲				
22	陜川	玉田28号	木槨墓	横矧板鋲留板甲			札甲,縦長板冑	
23	陜川	玉田68号	木槨墓	三角板革綴板甲				
24	昌原	縣洞62号	木棺墓	長方板革綴板甲?				
25	咸陽	上栢里	不明	三角板鋲留板甲				
26	咸陽	上栢里豪生院1号	竪穴式石槨		衝角付冑			
27	高霊	池山洞32号	竪穴式石槨	横矧板鋲留板甲	衝角付冑	肩甲	札甲,縦長板冑	
28	高霊	池山洞I-3号	竪穴式石槨		遮陽冑			
29	高霊	池山洞B区第3号	竪穴式石槨		衝角付冑			
30	蔚山	下三政113号	竪穴式石槨	長方板革綴板甲				
31	麗水	竹林里II-10号	竪穴式石槨	横矧板鋲留板甲				
32	高興	雁洞	竪穴式石槨	長方板革綴板甲	遮陽冑(2)	肩甲		単独墳
33	高興	野幕	竪穴式石槨	三角板革綴板甲	衝角付冑	肩甲		
34	海南	外島1号	石棺墓	三角板革綴板甲				
35	霊岩	沃野里1号	竪穴式石槨	三角板革綴板甲		肩甲		
36	新安	ベノルリ	竪穴式石槨	三角板革綴板甲	衝角付冑			
37	長城	晩舞里		横矧板鋲留板甲				
38	燕岐	松院里KM94号		革綴板甲				
39	清州	新鳳洞90B-1号	竪穴式石槨	三角板鋲留板甲		肩甲		
40	天安	道林里3号	竪穴式石槨		遮陽冑?			
41	天安	東面 求道里	竪穴式石槨	三角板革綴板甲				単独墳
42	陰城	望夷山城		横矧板鋲留板甲				
43	坡州	舟月里遺跡		三角板革綴板甲				地表採集

くるためである。東アジアで広く流行した札甲とは異なり，地板を用いた鉄製板甲は，韓国と日本でのみ出土している。札甲が長期にわたり東北アジアの広い範囲にかけて使用されたのに対し，鉄製板甲は短期間に韓国と日本という限定された空間でのみ製作されるという特殊性をもっている。

縦長板甲は韓半島の嶺南地方に分布が限定されているが，帯金式板甲は韓国と日本いずれからも出土している。そのような帯金式板甲の時空間的特性をふまえて，韓日両国の研究者が系統と生産地をめぐって多様な議論を重ねてきたが，まだ両者の視角には隔たりがある。

韓半島の帯金式板甲の製作地については，韓半島産[6·7]，日本列島産[2·8·9·10·11]，倭系甲冑韓半島製作説[12]と多様な見解が提示されている。帯金式板甲を韓半島産と理解する宋桂鉉[6]は，分布の中心を西部慶南地域とみた。一方，申敬澈は帯金式板甲を日本列島産とみており，製作に影響を与えた地域についても加耶ではなく，百済とみている。

日本の研究者らは帯金式板甲を基本的に日本列島産と理解しており，その前提のもとに韓半島出土事例に対する見解を示してきた。日本の研究者らは古墳時代前期を代表する遺物である鏡と同じように，中期を代表する遺物として帯金式板甲を理解しており，近畿地方で製作され，各地に配布したとみている。

これまでの帯金式板甲の製作地論争は，遺物の出土数量の違いなど，具体的な分析よりはそれを取りまくコンテクストから，アプローチする見解が大多数であったが，その製作地を明らかにするためには，韓日両国の出土資料に対する具体的な比較分析が必要である。宋桂鉉[6·13]は製作技法に注目し，日本では一般化しない五つの要素（鋲留技法，長釣壺蝶番，脇部の小型鉄板，折板覆輪，引合板の連結方法）を挙げて，韓半島出土帯金式板甲の製作地について韓半島である可能性を提起した。さらには日本列島内で鉄生産が本格的に展開する6世紀の状況も根拠としつつ，日本列島で帯金式甲冑が消滅した背景について，加耶南部地域の影響によるものとみた。

宋桂鉉が示した根拠については，橋本達也によって具体的な反論がなされている。橋本は日本列島の甲冑の大部分が帯金式甲冑である一方で，韓半島においては主流の甲冑とみなすことは難しいこと，韓半島には帯金式甲冑出現以前から鋲留技法があったにもかかわらず，5世紀になって再び帯金式甲冑にそれを導入したこと，そして仮に帯金式甲冑が韓半島産であるならば同一地域で同時期に異なる系統の甲冑が製作されたことになることなどを挙げ，帯金式甲冑はすべて日本列島産とみるべきとした。橋本は近年も自説を改めて主

張した上で，日本列島出土帯金式甲冑も型式学的な統一性こそ高いものの，細かな部分には個別的な要素がみられ，多様性も確認されるとした。また，帯金式甲冑の製作主体について倭政権とみた上で，倭政権がその生産と配布を管理していたため，韓半島の帯金式甲冑には韓半島における倭人の活動や倭人社会との交渉などの結果が反映されていると主張した[14]。

最近は韓国国内でも，帯金式板甲について日本列島で製作された可能性が高いと考える研究者が増えている。百済史との関連でも注目される高興吉頭里雁洞古墳の帯金式甲冑については，近年，倭系甲冑とみた上で，その関係について説明がなされている[10]。また国立清州博物館の特別展「新鳳洞，百済の戦士に会う」では清州新鳳洞90B-1号墳から出土した板甲について，加耶，倭との国際関係の産物として紹介している。このように製作地を日本列島とみてはいるものの，新羅，加耶，百済いずれの地からも出土していることをふまえた，その背景や意味に対する検討[2·3·15·16]はまだ十分とはいえない。

また，初期の帯金式甲冑は韓半島製の可能性が高いとする研究もあり，新羅と加耶で縦長板甲がそれぞれ生産されたように，帯金式甲冑が韓半島と日本列島でそれぞれ生産された可能性を排除することはできない。いずれにせよ製作地をどうみるかで韓半島はもちろん日本列島においても，帯金式板甲のもつ性格はまったく異なってくる。現状，韓日両国で意見の一致をみているのは，帯金式板甲の生産に韓半島の縦長板甲製作技術が多くの影響を与えていたという点くらいである。

(2) 韓半島出土帯金式甲冑の性格

次は，韓半島で出現した帯金式甲冑の性格に関する議論である。当時の倭との関係を考慮すると，韓半島における帯金式甲冑の出現については，いくつかの可能性が考えられる。現在，代表的な見解は，交流の産物とみる見解[9·17]と，軍事的外交の象徴とみる見解[2·18]の二つにわかれている。どちらもそれなりの妥当性をもっているが，考慮すべき点もある。近年も，倭の立場から韓半島における帯金式甲冑の入手背景を解釈する研究[15·19]がある一方で，韓半島のそれぞれの国の立場から帯金式甲冑の入手背景を考えようとする研究[3]もある。

韓半島出土帯金式板甲の副葬様相を検討した研

究の中には，加耶と百済で倭系甲冑の副葬様相には差異があるという指摘もある[2·3]。加耶の倭系甲冑は，古墳はもちろん倭と直接的に関連する器物を伴わないことが特徴で，実用品というよりは交流に伴う象徴的な器物と理解することができる。これに対し百済では倭系石室から倭系甲冑が出土し，ほかの倭系遺物も共伴する。この場合，被葬者は倭と直接関連するか，倭人自身とみる余地がある[20]。このような甲冑の副葬様相の違いから，以下のような推論が可能である。百済では倭の軍事的援助の一環として活動した武装倭人が，本国に帰ることなく，死後，倭系甲冑を副葬したとみられるのに対し，加耶の倭系甲冑は，倭が交易相手である加耶に象徴的な意味で倭系甲冑を与え，それが古墳に副葬された可能性が高い。このように百済と加耶で倭系甲冑の出土する脈絡にはかなりの違いがある。

3　韓半島出土帯金式甲冑研究の課題

　様々な地域に様々な理由で出現する帯金式甲冑の研究は，製作地のような議論の出発点からつまづいており，より発展的な議論にまでなかなか展開していっていない。今後，検討すべき課題は少なくないが，本稿では二つの側面から今後の課題を整理しておきたい。

(1)　韓半島と日本列島出土外来系甲冑に対する相互比較分析

　帯金式甲冑が交流の産物であるならば，新羅や加耶が倭と交流した器物は何で，どのような目的で交流をしたのかについて理解する必要がある。領土拡張など競争状態にある中で，甲冑のような戦争のための道具が土器などの日常生活品と同じように単純な交易によって授受されたとは考えにくく，新羅が倭から直接ではなく，加耶を通じて入手したとみることも難しい。

　帯金式甲冑が軍事的外交の象徴であったならば，当時の新羅や加耶が倭と軍事的外交を結ぶに至った状況をきちんと説明する必要がある。当時の倭は倭政権が地方政権を統制していたとみられるが，地方政権の自律性を完全に統制できていたとは考えがたい。また，5世紀代の新羅と倭がいつも敵対的な関係ではなかったことを論証する研究も増加している。新羅と倭が常に敵対的な関係でなかったならば，倭人の主力甲冑である帯金式甲冑が新羅に流入しても何らおかしくない。この

ように新羅と加耶で倭系甲冑を副葬した背景には差異があるが，軍事権を象徴するような威勢品的性格をもっていたという背景については共通するようである。

　百済でも5世紀前半以降，倭系甲冑が出土しているが，西南海岸の倭系古墳から出土する事例が大部分である。興味深いのはこれらの墓制が北部九州地域の中小古墳の様相と非常に類似していることである[20]。高田貫太はこれらの倭系古墳を築造した地域集団が，南海岸沿岸航路を利用する海上交通を政治的，経済的基盤としていた可能性を提起している。また，日本列島にも同じような性格の百済系渡来人集団の存在を想定し，相互交渉が展開していた可能性を提起している。もし仮にそうであったならば，新羅と加耶の倭系甲冑はどのように理解すべきであろうか。現在の資料状況からは日本列島の特定の地域と直接比較することは難しい。ただし，鈴木一有[21]は三角板革綴板甲の地板配置から，逆三角形系統（A型）と三角形系統（B型）に大別し，韓半島南部では三角形系統が集中的に分布することを指摘している。最近，蓮山洞古墳群で出土した襟付系板甲は帯金式板甲の変形形式で，倭政権の中心地域である畿内地域に分布しており注目されている。今後，新羅と加耶の倭系甲冑の意味を分析するためには，日本列島内の韓半島系甲冑など関連資料に対する一層緻密な比較分析が必要である。

(2)　韓半島出土帯金式甲冑の特質

　現在，60点余り出土している韓半島出土帯金式甲冑は，構造的な側面と副葬様相において注目される点がある。まず副葬様相については，蓮山洞古墳群の事例が興味深い。嶺南地方では，帯金式甲冑は中小古墳に副葬される場合が多く，高塚に副葬される場合でも同一古墳群内から持続的に出土することはほとんどない。蓮山洞古墳群には計18基の高塚があるが，調査された8基の高塚中，3基から帯金式甲冑が出土している。韓国ではこれまで出土したことのなかった襟付系板甲という特殊な形式の帯金式甲冑も出土しており，今後，綿密な分析が必要である。

　韓半島では，この事例以外にも材質的あるいは形態的に特殊な構造の帯金式甲冑がそれなりに出土している。まず高興雁洞古墳からは，遮陽冑〔眉庇付冑〕が2点出土していて，その中の1点は遮陽〔眉庇〕や伏鉢など一部を除くと有機質で

製作されている。このような事例は，日本列島の遮陽冑にはみられない。また福泉洞11号墳から出土した帯金式板甲は，開閉装置を金銅で製作している点が注目される。形態的側面で興味深い資料は，高興野幕古墳から出土した衝角付冑の頬当を挙げることができる。頬当は三角形に近い形態をした幅広い地板で製作されている。野幕古墳出土衝角付冑は一般的な衝角付冑の形態ではなく，むしろ韓国の縦長板冑の頬当と類似した構造である。これら以外も含めて韓半島出土帯金式甲冑は，日本列島出土帯金式甲冑よりも特別な構造をもつ資料が多く，今後，入手背景に対する議論が必要である。

　韓半島と日本列島の帯金式甲冑の出土様相を理解するためには，相互に異なる観点を必要とする。とりわけ流通過程については，日本列島では中央から地方に分配されたと理解されることが多いが，新羅，加耶，百済から出土する帯金式甲冑についてそのようにみることは難しい。韓半島出土帯金式甲冑の性格については容易に解決することが難しい。今後，韓日両国の研究者が，相互交流と十分な議論を通して，より研究が発展していくことを期待したい。

註

1)　朴　天秀『古代韓日交流史』（慶北大学校学術叢書4），2023
2)　金　赫中「韓半島 出土 倭系甲冑의 分布와 意味」『中央考古研究』8，2011
3)　金　榮珉「韓国 出土 帯金式 板甲의 諸問題」『武器・武具と農工具・漁具　韓日三国・古墳時代資料』（韓日交渉의 考古学 第2回 共同研究会），2014
4)　金　赫中「釜山 蓮山洞古墳群 出土 甲冑의 性格과 意味」『新羅文化』54，2019
5)　申　敬澈・宋　桂鉉「東萊福泉洞4号墳과 副葬遺物」『伽倻通信』11・12 合輯，1985
6)　宋　桂鉉「加耶古墳의 甲冑変化와 韓日関係」『国立歴史民俗博物館研究報告』110，2004
7)　金　斗喆「帯金式 板甲의 倭系 甲冑論 再考」『考古廣場』27，2020
8)　申　敬澈「福泉洞古墳群의 甲冑와 馬具」『加耶史復原을 위한 福泉洞古墳群의 再照明』（第1回 釜山広域市立福泉博物館 学術発表大会），1997
9)　李　賢珠「韓国 古代甲冑의 現況과 課題」『韓国의 古代甲冑』福泉博物館，2009
10)　金　榮珉「高興 吉頭里 雁洞古墳의 갑옷과 투구」『高興 吉頭里 雁洞古墳의 歴史的 性格』（高興
吉頭里 雁洞古墳 特別展 記念 学術大会），2011
11)　朴　俊鉉「三国時代 帯金式板甲의 研究」釜山大学校碩士学位論文，2012
12)　田中晋作「古墳時代における鉄製甲冑の出現」『季刊考古学』76，2001
13)　宋　桂鉉「加耶出土의 冑」『伽耶と古代東アジア』新人物往来社，1993
14)　橋本達也「古墳・三国時代の板甲の系譜」『技術と交流の考古学』同成社，2013
15)　柳本照男「韓半島出土の倭系甲冑について—その歴史的背景を探る」『古代武器研究』11，2015
16)　鈴木一有「韓半島出土倭系武装具の全容」『古代韓日交渉の実態』（歴博国際シンポジウム），2016
17)　朴　俊鉉「甲冑의 地板結合에 適用된 리벳 技法 研究」『考古廣場』5，2013
18)　朴　天秀『새로 쓰는 古代韓日交渉史』社会評論，2007
19)　鈴木一有「朝鮮半島出土の倭系武装具にみる日韓交流」『武器・武具と農工具・漁具　韓日三国・古墳時代資料』（韓日交渉의 考古学 第2回 共同研究会），2014
20)　高田貫太「5・6世紀 百済，栄山江流域과 倭의 交渉」『全南 西南海岸地域의 海上交流와 古代文化』全羅南道・全南文化芸術財団 全南文化財研究所，2014
21)　鈴木一有「三角板系短甲ついて」『浜松市博物館館報』Ⅷ，1996

引用・参考文献

金　赫中「韓半島 三国時代社会의 視点으로 評価한 倭系武装具」『古代韓日交渉の実態』（歴博国際シンポジウム），2016
宋　桂鉉「三国時代 鉄製甲冑의 研究」慶北大学校碩士学位論文，1988
高田貫太（金　跳咏 訳）『韓半島에서 바라본 古代 日本』진인진，2019
田中晋作「古墳時代中期における対外交渉一元化への動き」『柳本照男さん古稀記念論集—忘年之交の考古学—』2020
橋本達也「古墳時代中期甲冑の出現と中期開始論」『待兼山考古学論集—都出比呂志先生退任記念』大阪大学考古学研究室，2005
橋本達也「甲冑編年研究의 韓日比較—帯金式甲冑를 中心으로—」『韓日古墳時代의 年代観』韓国・国立釜山大学校博物館・日本国・国立歴史民俗博物館，2006
橋本達也「甲冑からみた蓮山洞古墳群と倭王権の交渉」『友情의 考古学』2015

古墳時代甲冑の製作技術

塚本敏夫　TSUKAMOTO Toshio

元興寺文化財研究所

近年の研究成果をもとに，革綴板物甲冑，鋲留板物甲冑，札甲・札系付属具に分けて，製作技術の輪郭をまとめる

　古墳時代の主流をなす鉄製甲冑は4世紀末の帯金式革綴板系甲冑と付属具の出現をもって，基本構造の定型化がなされ，大きな画期が認められる。

　5世紀第二四半世紀頃に部材の連結法として，鋲留技法が新たに導入され，同時期に新たな甲冑として札甲と眉庇付冑が加わる。その後，地板に横矧板が使用され，製作工程の省力化と量産化がなされる。6世紀に入ると板甲の副葬は激減し，代わって札甲がそれ以降の武具の主流となる。

　本稿では著者の研究[1]と近年の主要成果[2]をもとに，革綴板系甲冑，鋲留板系甲冑，札甲・札系付属具に分けて，製作技術の輪郭をまとめる。

　なお，甲冑の呼称は「短甲」は「板甲」，「挂甲」は「札甲」とする[3]。

1　革綴板系甲冑の製作技術

　地板形状と組立構造　前期の板甲は地板の竪矧板を横に繋ぐ構造から地板の方形板を横に結合して横板を構成し，横板を縦方向に段構成する構造へと変化する。さらに，鞍岡山古墳例のような方形板の横板3段に押付板・竪上板と裾板を伴う，外枠（フレーム）構造が志向される。

　中期には外枠構造（押付板・左右竪上板＋裾板（3分割）＋左右引合板）を組立効率が良く，堅固性の高い構造とするため，横板3段の間に上段帯金と下段帯金による内枠が追加され，梯子枠（ラダーフレーム）構造の中に地板を配置する定型化された帯金式革綴板系甲冑の基本構造が成立する[4]。その地板には，長方板と三角板が使用される。また，革綴衝角付冑もセットとして製作される。そして，少数である

が三角板襟付板甲もその一型式として成立する。

　連結技法　綴技法とは複数の部材を革紐や組紐で連結する方法で，連結する板の穿孔位置が一致しない綴第一技法と一致する綴第二技法がある（図1）。革綴板物甲冑は革紐を用い綴第一技法で連結され，一部で鋲留技法導入以後に第二技法で連結された甲冑が確認できる。

　鍛造技術　鍛造技術の第一の画期は4世紀末の帯金式甲冑の創出を可能にした倣式型鍛造技術の導入である。この時期から鍛冶具の副葬が見られ，新しい鍛造技術の導入が行われた。この技術により板甲の押付板や裾板，衝角付冑の衝角伏板，頸甲の襟部などの打出成形が可能となり，帯金式甲冑がセットとして成立する技術的背景となったと

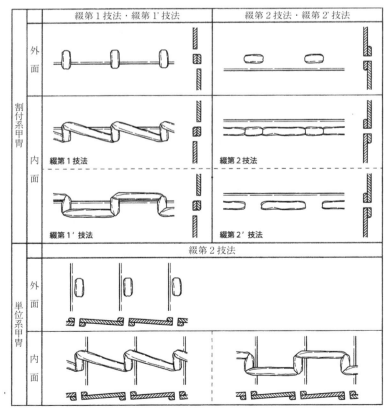

図1　綴技法の分類（註2坂口2019）

推察される。しかし，金床などの下型による成形は行われていたが，この段階の鍛造技術はまだ完成されたものではなかったと思われる。

穴加工と部材端部の仕上げ加工　綴第一技法では表側にくる板と裏側にくる板の製作に同様の精度が要求される。革綴では組上げの性格上，順番に締上げなければ堅固性が確保できない。その際，上下の板の綴穴距離（端面からの距離）が上下方向で一致していないと組上げられないので，両方の板で同様の精度を必要とする（この場合でも横方向のずれは関係ない）。また，革紐の当たる綴孔の表裏と板の端部に面取り加工が施されていないと革紐が切れるため，仕上げ加工が必修となる。

帯金による梯子枠構造の創出と三角形の表象　ここで長方板と三角板（等角と鈍角）との仕上げ加工の工数を地板第1段で単純に比較すると，①長方板（地板3枚），②等角系三角板（地板5枚），③鈍角系三角板（地板3枚）の重ねる端部長の合計の比は①を基準とすると1：2.5：1.6であり，孔数は各辺3孔とすると①12個：②24個：③12個となり，長方板と等角系三角板では地板の端部処理と綴孔加工で多大な労力の差が生じる（図2）。

つまり，労力を度外視しても三角形の意匠を甲冑で表象したいために創出されたのが等角系三角板革綴板甲と三角板革綴衝角付冑で，それを可能にしたのが帯金による梯子枠構造の創出という製作設計における技術革新である。このことは，長方板革綴衝角付冑が製作されなかったことが端的に物語っている。しかし，この等角系三角板は製作工数がかかり過ぎることから，直ぐに鈍角系三角形を考案して省力化を図ったと考えられる。

端部処理と表面装飾　革綴板系甲冑の端部処理として覆輪がある。革組覆輪の技法には革組Ⅰ技法，Ⅱ技法，Ⅲ技法の三種類があり，4世紀代はⅠ，Ⅱ技法が，方形板革綴板甲にはⅡ技法が多く，帯金式革綴板系甲冑成立後は長方板革綴板甲は革組Ⅱ，Ⅲ技法が併存するのに対し，三角板革綴板甲ではほぼ革組Ⅲ技法に統一される[5]。

甲冑の表面装飾として，漆を塗布している製品も散見する。漆は革綴や革組覆輪の上にも確認でき，組上げ後に黒漆を塗布したようで，鉄板にも焼付漆を施した可能性もあろう。とくに，北陸地域出土の板甲で厚く漆を塗った事例が確認できることから，地域性があった可能性も指摘されている。

2　鋲留板系甲冑の製作技術

鋲留技法とは　甲冑の新しい結合方法である鋲留技法は金属製の鋲（リベット）の軸端をかしめ潰し，その剪断力で金属板どうしを結合させる技法である。

かしめ鋲と打込鋲　使用される金属製の鋲には，機能上二種類ある。一つは金属板を木質などに鋲軸のくさび効果による摩擦力で結合させる打込鋲（釘）で，軸端の形状は角錐形である。もう一つは金属板どうしを鋲の軸端をかしめ潰し，その剪断力で結合させるかしめ鋲で，軸端の形状は角柱形である。甲冑ではかしめ鋲が使用されており，馬具では両方が使用されている（図3左）。

型打鋲と手打鋲　かしめ鋲の鋲頭には a. 半球形，b. 紡錘形，c. 円錐形，d. 扁平形の4種類がある（図3右）。鋲頭製作技法から a.b.c 形は鋲頭金型治具を用いて作られた型打鋲（規格鋲），d. 形は鋲頭金型治具を用いない手打鋲，c 形は最終工程で先端部の研ぎを行う場合と鍛打成形を行う場合がある。この金型鍛造技術により型打鋲は規格品を簡易に大量生産することが可能となった。

プレス式金型鍛造技術　この型打鋲の製作に使用されたプレス式金型鍛造技術が鍛造技術の第二の画期である。この技術は一連の新技術と共に渡来系工人によってもたらされたと推察される。

この新鍛造技術により，板甲の押付板の肩部や脇部の丸みを帯びた曲面加工や裾板の断面ノ字形になる曲面加工が可能となり，地板の横剥板化や鉄包覆輪が可能となる。冑では衝角伏板の衝角頂部の鋭角化に伴う絞り加工や眉庇付冑の伏鉢，受鉢の打出し加工が可能となり，最終的に眉庇付冑の地板の横剥板化が実現する。

部材端部の仕上げ加工と組立技術　部材端部の仕上げ加工は革綴式甲冑のように入念にする必要ではなく，見える上側端部の仕上げのみである。また，地板のラップ代は長さを合わせる必要がなく，

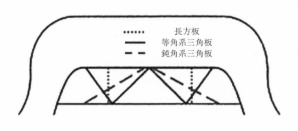

図2　地板形状と製作工数

長方板
等角系三角板
鈍角系三角板

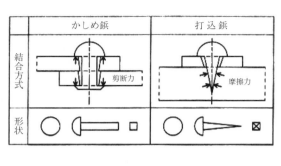

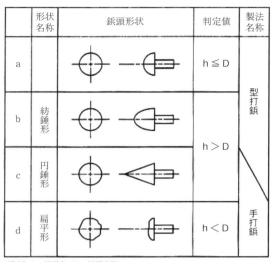

形状名称		鋲頭形状		判定値	製法名称
a		⊕ ⊣⊕⊢		h≦D	型打鋲
b	紡錘形			h>D	
c	円錘形				
d	扁平形			h<D	手打鋲

〈凡例〉h：鋲頭高　D：鋲頭半径

図3　鋲留技法の分類

製作における省力化が計れる。

組立方法は地板に一回り大きな穴を穿つことで板金誤差を吸収している。しかし，曲面加工の難しい部位では穴の追加工がしばしば認められる。また，鋲留位置はできるだけ三枚締めを避けた配置となっている。その理由は三枚を合わせる難しさより，鋲強度の問題と鋲軸足の長い鋲の使い分けを避けるためと考えられる。鋲留技法による組立は一見難しく思えるが実は簡単に連結でき，強い緊迫力を得ることができる。

小鋲から大鋲へ　鋲留技法の甲冑への利用は先ず冑に導入され，板甲には最初は構造に影響を与えない帯金の連結に利用され，すぐに全体に導入される。導入の初期には板甲の大きさにあったかしめ鋲の製作が行われず，小型のかしめ鋲が多数使用された。そのため，綴穴が小さく，多数の穴位置を合わせなくてはならず，部品製作に高い精度と多くの組立工数を要した。これに対して，かしめ鋲を大きくすることで，剪断力が増し，鋲数を減らすことが可能となる。また，綴孔も大きくなり，板金誤差を吸収し易く組立性が向上する。さらに，帯金幅を大きくすることで，地板の裁断で輪郭部の整形作業を省力化が可能となる。

鍍金技法・彫金技法による表面装飾　渡来系の先端技術に，鍍金技術と彫金技術がある。一部の甲冑では表面に漆を塗布して漆黒の甲冑を作り出してきた。新たに鍍金技術により黄金色を手に入れ，黄金の甲冑が創出可能となった。また，波状列点紋や透彫りなどの彫金加工により，紋様などの装飾性の高い表面装飾が可能となった。

開閉装置の誕生－穿く甲から着る甲へ　鋲留板甲の機能上の最大の革新は，開閉装置の採用である。釣壺型蝶番金具や革帯式蝶番金具で，堅固性を損ねることなく装着が容易になった。さらに，この蝶番金具に鉄地金銅板が採用され，彫金が施され，身分表象を示す重要な部材となった可能性がある。

変形板の試作の意味と甲冑生産工人集団の再編　鋲留技法の導入期に変形板甲冑が短期間のみ登場する[6]。この変形板甲冑は生産性を度外視して意匠性を重視した甲冑と評価できる。革綴・鋲留両方で認められる点から，鋲留技法導入時に，複数の工人集団が併存していたと考えられる。一つは渡来系工人を中心とする外来系甲冑の生産組織で，もう一つは，在来工人組織に渡来系工人が技術指導者として参加し，在来系甲冑に選択的に順次新技術を導入していく生産組織である。変形板甲冑が創出されたのは後者ではないかと阪口は推察している[2]。

横剥板化と黄金の甲冑の創出　その後の鍛造技術の進化で地板の横剥板化が可能となり，より一層の省力化が可能となった。このことは覆輪でも同様に，革組・革包覆輪から鉄覆輪そして鉄折返し覆輪へと省力化の方向へ変遷しており，これら一連の要素変化は，製作技術の視点から見ても省力

化，量産化の方向へ技術革新が行われていったことは明らかである。しかし，横剥板化の背景には，省力化のほかに，鍍金しやすいという側面ももっており，大仙陵古墳前方部出土の金銅製鋲留板系甲冑を頂点にし，眉庇付冑に部分的に鍍金装飾をしたり，開閉装置である蝶番金具に鍍金装飾をしたりして，金の使い分けで身分表象を示す新たな階層秩序の構築があった可能性がある[7]。

3 札系甲冑の製作技術

札甲の構造と型式　札甲は多量の小鉄板（札）を紐で横方向に繋ぎ，一列の札帯板を製作し，複数の札帯板を紐で上下に連貫（威）して全体を構成する。古墳時代の札甲には胴丸式と両当式の二形式があるとされてきた。しかし，両当式の唯一の根拠とされてきた椒古墳出土品は出土状況の記録か

らその存在そのものが疑問視されている[3]。ここでは，胴丸式札甲について述べる。

札の分類　札は形状・湾曲の有無などにより，平札・腰札・篠札の3種類に大別される。頭部の裁断形状より，円頭，直截頭，斜直截頭ほかに細分される。札には繋ぐ孔が穿たれ，その用途により，威孔，綴孔，下搦孔と呼ばれる。

札の製作技法　札の特徴は，底辺を除く周縁部を1〜2mm裏側に折り返すように打ち出す「きめだし」と底辺では表面に折り返す「かえし」と呼ばれる端面加工が施されている点である。また，札の周縁部と孔の厚み方向の角を落とす「面取り」加工が施されている。この端面加工の機能は，まず頭部の形状と「きめだし」は横方向の札の動きに対する威紐の摩擦を減らし損傷を防ぐ役割をもっている。また，収納の際に札が重なった時にも同様に損傷を防ぐことができる。次に，「きめだし」によって端部が内側に曲がる分，緩い角度がつくため，札を綴じていった場合，小札どうしの接触面を少なくしつつ札帯板を湾曲させることができる。同時に接触面がストッパーの役割を果たすため，外側への無理な湾曲を防ぐことができる。下端部の「かえし」は，身体との接触面を滑らかにする。これに下搦が加わり，安全性や着心地の良さを増す。

威技法　威技法は可動性をもちながら，革紐や組紐などで札帯板どうしを連結する技法で，綴付威技法・通段威技法・各段威技法の3種類がある（図4）。

綴付威技法と通段威技法は上から下まで一気に通して連結する技法である。綴付威技法は威紐を表面に当て横綴しながら綴付ける技法である。通段威技法は威紐で札へ括付ける技法である。各段威技法は2段ずつ連貫する。通段威技法と各段威技法には第3威孔を使用しないa類と使用するb類がある。第3威孔を用いる通段威b技法・各段威b技法は威紐が内側を通り見えないのに対し，それ以外は威紐が外側に現れる違いが

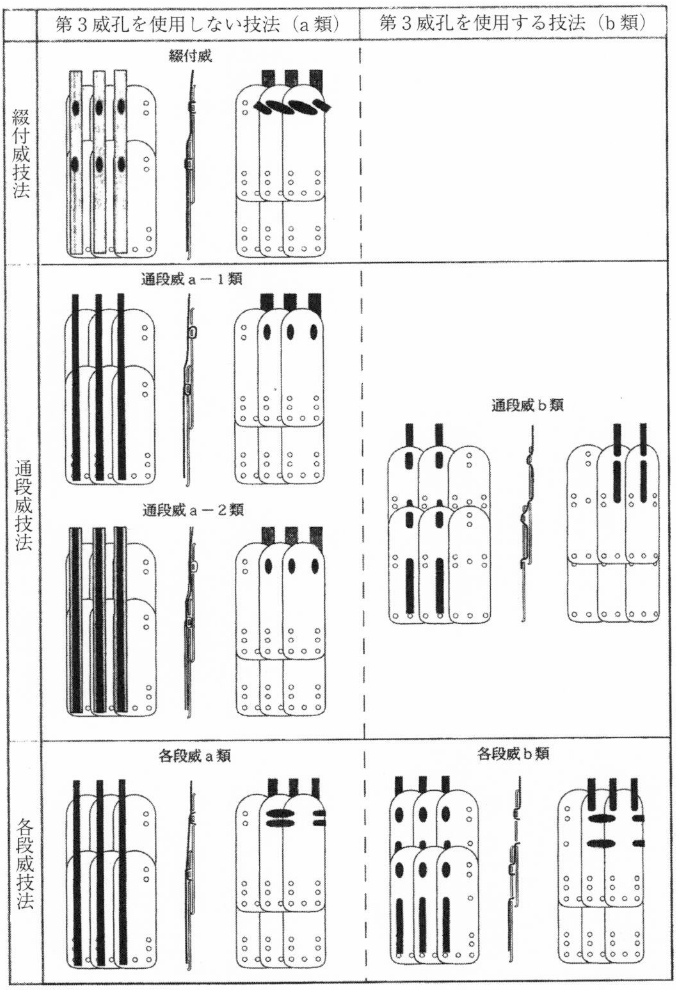

図4　威技法の分類（註2坂口2019）

ある（図4）。

　可動性では綴付，通段威a類，各段威a類が良いが，第3威孔を用いる通段威b類，各段威b類は可動性は小さい。製作効率では綴付威，通段威は作りにくく，調整が難しい。各段威は作り易く，調整もし易い。したがって，可動域が必要でなく，堅固性を必要とする竪上・長側は通段威b類，各段威b類で威され，可動性が必要な草摺は綴付，通段威a類，各段威a類が用いられる。6世紀前葉以降で各段威が主流となるのは強度とメンテを含め，生産効率を優先してのことと推測される。

　綴・威紐の材質　綴紐，威紐の材質は，革と組紐に革・菅糸併用が認められる。強度試験の結果からも組紐は革紐より1.5倍引張強度が大きく，最上級の札甲の威紐に使用された。菅糸併用は藤ノ木古墳で見るように，綴に利用され装飾性を高めるために利用されたようである。

　歩兵用と騎兵用　胴丸式の草摺には，裾に向かって2〜3枚ずつ増えていく長持山古墳例のような引合型草摺と，急に枚数が増える天狗山古墳例のような裾広型草摺がある。前者は歩兵用で，後者は騎馬用の可能性が高いとも考えられよう[8]。

4　板甲と札甲の比較

　古墳時代の武装の中で，板甲と札甲の違いを検討して結びとしたい。

　古墳時代後期に，板甲に代わって新式の札甲が主流となった。その理由として威技法による可動性があげられる。身体にフィットし，コンパクトに収納できる。小さい共通部品の札で構成されているため，製作の分業化が可能で，破損した際の補修範囲が小さくてすむ点があげられる。しかし，一番重要な理由は武具としての堅固性が高い点で

ある。札甲は鉄板の半分近くが重なり部分となり，さらに上下の重なりにより，部分的には四重の重なりをもつ。また，札の重ね合わせと「きめだし」により，正面に対して札は斜めに向いた形となり，矢を受けた際，力を斜めに逃がす構造となっている（図5）。また，札の上にさらに威用の革帯や組紐で覆われ，衝撃の吸収能力もある[9]。重ねの少ない板甲に対して，格段に防御性の高い武具と評価できよう。

　註
1)　塚本敏夫「鋲留甲冑の技術」『月刊考古学ジャーナル』366，ニューサイエンス社，1973。塚本敏夫「長持山古墳出土挂甲の研究」『王者の武装―5世紀の金工技術―』京都大学総合博物館，1977
2)　阪口英毅『古墳時代甲冑の技術と生産』（同成社，2019）を主に，古谷　毅「帯金式甲冑の製作技術」（『マロ塚古墳出土品を中心とした古墳時代中期武器武具の研究』国立歴史民俗博物館研究報告173，2012），内山敏行「古墳時代後期の甲冑」（『古代武器研究』7，古代武器研究会，2006）を参考。
3)　橋本達也「古墳時代の甲冑・軍事組織・戦争」『古代武器研究』17，古代武器研究会，2022
4)　古谷　毅「古墳時代甲冑研究の方法と課題（例会報告）」『考古学雑誌』76―1，日本考古学会，1990
5)　高橋　工「革綴甲冑の技術」『月刊考古学ジャーナル』366，ニューサイエンス社，1973
6)　変形板甲冑が短時間存在した背景には，甲冑を発注する側に，中国の冊封体制化で倭国独自の身分秩序の装置として新たな意匠の甲冑を創出したいとの試行錯誤の結果ではないかと推察している。
7)　塚本敏夫「古代の日韓鉄器製作技術の交流」『海峡をこえる技術の交流』大手前大学史学研究所，2003
8)　長持山古墳例の検討の際には，膝甲の存在から歩行用・騎乗用の機能をもっていたと位置付けた。その後出土した，韓国慶州市皇吾洞のチョクセム地区C10号墓例は草摺が脱着可能な構造で，倭で盛行したΩ字形腰札はこの脱着可能な構造の腰札型式を採用し，草摺一体型に改変して歩兵用として使用したのかもしれない。今後の類例を待って再考したい。
9)　札中央の第3威孔を利用するb類は，重なりのない一枚部分（一番弱い部分）に威紐配置して，衝撃を吸収して矢の貫通を防ぐ機能をもたせた可能性が高い。

図5　札甲の構造（復元模造品）

甲冑復元模造の意義と活用

塚本敏夫 TSUKAMOTO Toshio
元興寺文化財研究所

埋蔵文化財は，オリジナルの情報が完全なカタチで出土するものは稀有である。また，出土時の姿を完全なカタチで残し・伝えることも難しい。

そこで，本来持っている様々な情報を記録して残す，記録保存を同時に進めてきた。その一つが本来の姿に，同じ材質や製作技法を使って再現する復元模造である。復元模造を行うことで，①各種災害に対しての危機管理，②当時の製作技術の解明，近年は③文化財を展示・活用と多様な役割を担い始めている。ここでは，著者が行ってきた甲冑復元模造の事例を中心に紹介する。

1　復元模造の歴史とその意義

①危機管理としての「復元模造」　1923 年の関東大震災を契機に災害からの危機管理として，帝室博物館が正倉院宝物の復元模造事業を開始する。そこで甲冑も製作されてきた[1]。

②記録保存としての「同素材での複製品」　1901 年頃に，京都大学では学術資料として雲部車塚古墳出土の甲冑を同素材での複製品と多視点から描かれた記録絵図（記録模写）を製作した[2]。この時期の大学での学術資料としての複製品による記録保存を知る事例である。

③学術研究としての復元模造　末永雅雄は，武器・武具の体系的研究の中で甲冑の復元模造を積極的に行った。その中で，札甲（挂甲）の復元模造を行っている[3]。とくに，椒古墳出土の甲冑の復元模造では札甲の形式を補襠式と認識して復元製作した。しかし，その後は補襠式札甲は古墳時代から古代にかけて確認されておらず，この復元模造が唯一の根拠とされている。この点が現在の甲冑研究の大きな問題となっており，一刻も早く原資料の再調査を行い，当時の知識の検証が待たれる。

④理化学的分析結果に基づいた復元模造　1972 年から始まった正倉院事務所での復元模造事業では，各種の理化学的分析で，貴重な正倉院宝物を破壊することなしに材質や構造を知ることが可能となり，その結果に基づいた復元製作を行うようになった[4]。

甲冑に関しては博物館での展示用に，多くの復元模造品が製作されたが，正倉院宝物のような理化学的分析結果を基に精巧に復元されるのは分析機器が発達する 1990 年代に入ってからである。

21 世紀に入ると，三次元計測や X 線 CT のデジタルデータが，レプリカ製作だけでなく，復元模造の製作にも利用されるようになる[5]。

2　資料に忠実な甲冑復元模造

①資料に忠実な甲冑復元模造の開始　元興寺文化財研究所での最初の甲冑復元模造は，1994 年の谷内 21 号墳出土の三角板革綴板甲に頸甲と肩甲である。この板甲は赤外分光分析の結果，組上げた後に漆を塗布していることが確認できた。そこで鍛造技術から組上げ工程まで資料に忠実に製作技法を再現する方向で復元製作した[6]。

その後，多くの甲冑を資料に忠実に再現した復元模造を行い，展示や体験学習用として製作した。その過程で古代の製作技術の解明がなされた。

②復元して初めてわかる機能　復元図での説明はある程度理解するのに有効であるが，限界がある。正確に製作し，組み立てて初めて機能がわかる場合もある。

徳丹城跡出土の木製冑は頭部保護の目的で強度を得るため，加工がしにくい節部分を意図的に使用しており，実用性を考慮した冑であることが復元製作して判明した。また，縦方向の加工痕は意図的に稜線を残そうとしないとできないこともわかり，鉄製の縦矧板を意識した意匠で，敢えて模

図1　今城塚古墳出土甲冑の復元模造

倣して，黒漆を施した後に，鉄製冑と区別がつかないように意識していたことが判明した[7]。

3　知識を基に製作する推定復元模造

今城塚古墳出土甲冑の復元模造は少ない破片からの考古学的知見，類例調査と理化学的分析結果を基に，小札系甲冑一式（籠手を除く）の考え得る最善の姿を合理的に推定復元した[8]（図1）。

博物館は一種のメディアであり，その時の知識を展示という形で人々に周知する役割を担っている。知識は時代と共に，新発見や新しい視点での新解釈で変化していくものである。この推定復元模造もその時点での知識と位置付けられ，学問的な意義においても重要である。また，一般の人は破片を並べ，説明してもイメージできない。理解してもらうにはわかりやすく形にして，手に持ったり，着たり，体験できることが重要である。

その後，志段味大塚古墳出土甲冑でも，少ない破片から甲冑一領分を推定復元し，馬装の王を再現している[9]。

4　甲冑復元品の実験考古学への利用

札甲は，6世紀以降の武具の主流となる。札甲の変遷は8世紀中葉に札幅が最も細くなり，防御性に優れ，精巧を極める。画期は8世紀後半，文献史の研究から鉄甲から革甲への生産転換が定められた（『続日本紀』宝亀11年〈780〉の条）。この背景には，鉄甲は鉄資源の確保，製作に保守管理が大変であるのに対して，革甲は堅固で，矢に当たっても貫きにくく，軽くて長持ちして，生産が簡単との理由が挙げられている。そこで，文献の記述が正しいのか，実際に革甲と旧来の鉄甲（組紐綴と革綴）の復元品モデルを用いて矢で射ぬく，堅固性の検証実験を行った[10]。

この実験では，出土品を参考に各時代の甲や矢の復元模造品を製作して使用した。その実験で文献の記述をある程度肯定する結果と組紐が革紐より強いことを知り得た（図2）。また，王墓山古墳出土小札に残る"矢傷"の痕跡を今回の試験結果と比較しながら再調査した結果，出土小札の傷痕跡に同時代の復元鉄鏃を当てるとぴったりと

フィットした。同様に，秋田城出土小札でも同様に確認された。

5　おわりに

復原模造での構造，技法の再現には伝統工芸士の技に頼らざるをえない。しかし，伝統工芸士の方々は自分が習得してきた技法に固執する傾向がある。復元に使用する製作技法は現資料の観察や分析結果に基づいて行わなければならない。また，技法の解明のため，試作研究を十分に行い，製作する伝統工芸士の方々としっかり議論を積み重ねる必要がある。

復元模造で得られた情報や知識は，考古学や保存科学の研究に還元して新たな知識として，一般の人にも知ってもらうように公開していくことがたいへん重要であろう。

註

1)　東京国立博物館『東京国立博物館百年史』第一法規，1973

2)　徳田誠志「雲部車塚古墳出土遺物の保管と複製品製作について」『雲部車塚古墳の研究』兵庫県立考古博物館研究紀要3，兵庫県立考古博物館，2010

3)　末永雅雄『増補 日本上代の甲冑』創元社，1944

4)　西川明彦「正倉院宝物の再現模造」『よみがえる正倉院宝物―再現模造にみる天平の技―』特別展図録，2020

5)　塚本敏夫「埋蔵文化財のレプリカと復元模造」『2020年度秋季特別展　もの・わざ・おもい―復元模造の世界―』（公財）元興寺文化財研究所，2020

6)　塚本敏夫「三角板革綴短甲の復元 第3章 古代金工技術の分析と復元」『いにしえの金工たち～古代金工技術の復元～』（財）元興寺文化財研究所，1998

7)　塚本敏夫・岩倉雅美・西野　修「徳丹城跡出土木製冑の復元とその実用性」『日本文化財科学会第25回大会研究発表要旨集』日本文化財科学会，2008

8)　高槻市立今城塚古代歴史館『よみがえる古代の煌き―副葬品にみる今城塚古墳の時代―』平成24年秋季特別展図録，2012

9)　塚本敏夫「志段味大塚古墳被葬者復元像等製作」『史跡志段味古墳群整備事業報告書』名古屋市教育委員会，2019

10)　塚本敏夫「武具の変遷と防御性の検証実験」『元興寺文化財研究所 研究報告2020』（公財）元興寺文化財研究所，2021

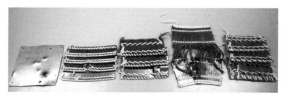

図2　堅固性の検証実験結果（裏面）

甲冑形製品と古墳文化

甲冑形の埴輪や土製模造品・石製模造品の研究は，甲冑研究とどのように関連するのだろうか

∴ 甲冑形埴輪／甲冑形石製模造品・土製模造品

甲冑形埴輪

高橋 工 **TAKAHASHI Takumi** ∴
大阪市文化財協会

甲冑形埴輪の研究動向をまとめ，甲冑研究との接続を試みる。埴輪のもつ情報をどう活かしていくべきだろうか

　古墳の外表に樹立された埴輪の中に，甲冑を象ったものがある。器財埴輪の一種で，主要な種類でいえば盾形・靫形埴輪といったものと同様に，その呪的な霊力をもって古墳を守護する役割をもっていたと考えられる。甲冑形埴輪に関する基礎的な研究は，1988年の高橋克壽による論考によって緒につき[1]，他の器財埴輪（盾・靫・蓋）とともに形態的な分類や編年が示された。その後，細部を補完するような研究が追加されてはきたが[2,3]，現在でも大きな修正はなく継承されてきている。ここではそれら既往の研究について概要をまとめ，また，甲冑の特集号であるので，甲冑研究との接続についてもふれてみようと思う。

1 甲冑形埴輪の形態分類と編年

　高橋克壽による甲冑形埴輪の分類・編年は，要約すると以下のようなものである。

第一類：短甲と草摺を表したもの。短甲と草摺を別々に作って組み合わせて用いた一式と，一体に成形した二式に細分される。（例　一式：奈良県宮山古墳，二式：群馬県白石稲荷山古墳）

第二類：冑から短甲・草摺までを一体に成形したもの。（例　鳥取県長瀬高浜遺跡）

第三類：短甲のみを表し，単独で用いられたもの。（例　大阪府大賀世3号墳）

　形態的変化の方向としては，形象部分の比率が小さく（草摺のみ），円筒埴輪状の高い台部をもつ一類一式から，比率が大きく短小な台部の一類二式→二類の順で型式変化するとし，各類に表現された短甲について実物短甲の編年を援用して検証を行っている。また，もともと短甲のみを象った三類についてはこの組列とは別系統と考えた。時期については，一類一式は前期末から中期初頭（年代観は原文まま：奈良県東大寺山古墳・同佐味田宝塚古墳・同宮山古墳）に盛行し，一類二式は中期前半（白石稲荷山古墳・岡山県月の輪古墳）であるが，型式学的に後出する二類もすでに宮山古墳で出現しており，一類一式にやや遅れて中期には一類二式と二類が出現したとしている。三類は後期に降る。

　その後，筆者は1991年に大阪府長原高廻り1・2号墳の発掘調査報告書で，上記高橋の分類・編年を補完し，若干の修整を加える考察を行った。

　まず，高橋の論文時点で不明であった一類一式の短甲部・草摺部の組合わせ状況について，良好な状態で復元された3セットの甲冑形埴輪から，短甲部の短い台部を草摺部の上縁からソケット状

に差し込んで樹立する状態を復元した（図1）。出土状況からはこの樹立状況は窺えなかったが，短甲台部と草摺上縁部にヘラケズリによって挿入のための口径の微調整があること，本体部には赤色顔料が塗布されていたが，樹立状態でみえない台部には行われていなかったことからこの復元が妥当と判断した。このように，一類一式は普通サイズの円筒埴輪状の台部の上に本体が作られており，埴輪列の中にあっては一段突出した状態で樹立されたものとみられる。本体下に短小な台部をもつ一類二式以降の樹立状態については明らかなものは少ないが，大阪府七観古墳での出土状況のように同様に円筒埴輪の上に搭載して用いられたと考えられるものもある。

分類についても，若干の修整を加えた（図1）。

A-1型式：短甲と草摺を表現するもので，両者を別々に成形して組み合わせる。短甲部はそのために短い脚台部をもつ。（例　長原高廻り1・2号墳・奈良県赤土山古墳・同宮山古墳）

A-2型式：短甲と草摺を表現するもので両者を一体で成形する。（大阪府交野南車塚東古墳・白石稲荷山古墳）

B-1型式：冑から草摺までを表現するもので，冑のみを別作りにして組み合わせる。冑には組合せのための短い脚台部が付く。（例　愛知県経ヶ峰1号墳）

B-2型式：冑から草摺までを表現するもので，

一体で成形する。（例　大阪府蕃上山古墳・京都府ニゴレ古墳・長瀬高浜遺跡）

C型式：著しく小型のもので，短甲を象ったものが発見されているが，表現される範囲は特定できない。（例　大阪府大賀世3号墳）

以上，大分類のA〜Cは高橋分類の一〜三類に同じである。新たに設定したB-1型式は，頸甲の襟ぐりに当たる部分の端部が残り，短い脚台をもつ冑部分が差し込まれるものとみられる。C型式についてはその後も類例の出土を知らない。短い脚台をもつ可能性があり，そうなるとA-1型式の短甲部と形態的な差異はなく，独立した型式として成立しない。ただし，極めて小型である点，短甲のみで用いられた可能性は残ることから一型式として残した。

型式変化の方向は高橋分類と同じで，A-1→B-2の順に一体で成形する範囲が大きくなる。ただし，高橋も指摘したように宮山古墳ではA-1型式とB（1か2かは不明）型式は共存するし，経ヶ峰1号墳ではB-1・2型式が共存する。整然と各型式が交替していくのではなく，各型式が重複しながら緩やかに変化したと捉えるべきであろう。変化を促した要因としては，埴輪製作の省力化（時間短縮）があるのではないだろうか。当初，短甲部・草摺部と脚台部ごとに乾燥期間を設けながら成形し，焼成していたものが，一度に成形するようになっていったのであろう。例えば，

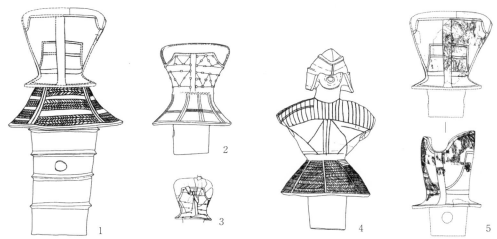

図1　甲冑形埴輪の諸例

1：長原高廻り1号墳（A-1型式）　2：白石稲荷山古墳（A-2型式）
3：長瀬高浜遺跡（B-2型式）　4：大賀世3号墳（C型式）　5：長原高廻り1号墳

（1・5：一般財団法人大阪市文化財協会『長原遺跡発掘調査報告』Ⅳ，1990　2：後藤守一ほか「多野郡平井村白石稲荷山古墳」『群馬県史跡名勝天然記念物調査報告』3，1936　3：鳥取県教育文化財団『長瀬高浜遺跡発掘調査報告書（埴輪編）』Ⅳ，1982　4：東大阪市教育委員会『半堂遺跡・若江遺跡発掘調査概要』1982）

長原高廻り2号墳出土例の草摺部は下広がりに粘土ひもを巻き付けて成形し，おそらくは十分に乾燥させた後に，表面に薄く粘土を貼り延ばしてその上から施文を行っていた。一方，群馬県白石稲荷山古墳例では，施文された草摺表面に粘土ひもの継目が表れており，施文用粘土の工程が省かれ，十分な乾燥期間をおかないままに施文が行われたとみられる。古墳時代中期に大古墳が次々と築かれ，埴輪の需要が高まる中で，こうした省力化が行われたとみるべきであろう。

年代については現在の古墳の年代観に照らせば，A型式は4世紀後半から5世紀初頭頃，B型式は4世紀末から5世紀にかけて，C型式は6世紀に降る頃とできよう。また，大阪府松岳山古墳でも甲冑形埴輪らしき破片（草摺部か）が出土していて[4]，最古のものは4世紀中葉に遡り，蓋や盾とともに器財埴輪の主要3点セットが揃って出現したとされている[5]。甲冑形埴輪の登場時期は，器財埴輪が出現する該期に遡る可能性がある。

甲冑に関する器財埴輪にひとつ付け加えるものとして，冑のみを表現した「冑形埴輪」が存在する。確実な例は京都府鳴谷東1号墳出土例で，朝顔形埴輪状の脚台に半球状の造作を介して無文の衝角付冑を表し，縁辺に梯子状の文様帯を巡らせた板錣を貼り付けている。脚台部分には短甲などは表現されず，冑のみを象ったものであることは間違いない。また，奈良県伝高取町出土で衝角付冑の埴輪ではないかとされる出土品がある[6]。頂辺から衝角部へ移行する個所の破片のように見えるが，なんとも決め難い。この破片だけで33cmを測り，この比率で短甲以下があったとすると埴輪としては巨大すぎるので，冑だけを象った可能性があろう。なお，鳴谷東1号墳例については，短甲のみを表現した蛭子山古墳例もあることから丹後地域の地域色と捉えられるかもしれない。

2　実物の草摺と埴輪の草摺表現

初期の埴輪研究において，人物埴輪は古墳時代の風俗を復元するのに好適な素材として多用された。服装や髪型など実物の遺存がほぼ期待できない部分について，多くの情報を与えてくれるからである。甲冑の素材は鉄などの金属ばかりでなく，木や革など有機質性のものがある。当然，有機質性の甲冑が良好に残ることは少なく，その復元に甲冑形埴輪が援用可能であることは人物埴輪の場

合と同じである。筆者は上掲長原高廻り1・2号墳報告書において，埴輪から有機質性の草摺・衝角付冑・短甲の復元を以下のように試みた。

実物の草摺は鉄製のものもあるが多くは有機質性（おそらく革製）で，大阪府黄金塚古墳（図2）・同豊中大塚古墳・同亀井古墳などで出土例がある。個々の革帯に二条一組の鋸歯状の刺繍を施し，漆で固めたものの集合体であろうことはわかるが，それをどう構成したのか全体像を把握できるものがない。ここで，その全体像を埴輪から復元してみようということになる。埴輪の草摺の表現には，二条一組の鋸歯文帯とその間に立体的な段を造り出すものがある。東大寺山古墳・赤土山古墳出土例がこれに当たる。これを参考にすれば，革帯は上下に重なり（下方が上重なり）をもっていることがわかり，さらに，埴輪で革帯表現を上下に貫く線刻帯を複数の紐の表現とみれば，革帯を上下に緘して可動性をもたせ，全体をスカート状にした構造が復元できるのである。

こうしてできた草摺構造の復元が正しいとすれば，逆にこのことを埴輪の形態変化を把握するための比較要素としてフィードバックすることができる。つまり，文様帯は鋸歯文二条一段で，革帯を模して横方向に連続し，段ありの表現を行う東大寺山古墳・赤土山古墳出土例は最も実物に忠実に作られた埴輪といえる。埴輪における草摺の表現はこれとは異なる方法をとるものがほとんどであるが，実物との乖離のしかたによって段階的に把握することができる。東大寺山古墳・赤土山古墳出土例をA類とし，段表現はなくなり，文様帯は鋸歯文が3段以上になったり，装飾化した斜格子文・綾杉文が追加されるが，革帯の名残を残

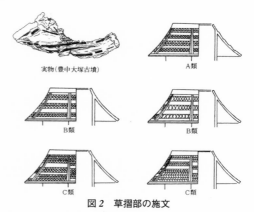

図2　草摺部の施文

（左上1点：豊中市教育委員会『摂津豊中大塚古墳』1987　ほか5点：一般財団法人大阪市文化財協会『長原遺跡発掘調査報告』Ⅳ, 1990）

して横方向へは続くものをB類（長原高廻り2号墳・静岡県堂山1号墳例）とする。さらに，文様帯が横方向へ連続せず，革帯の名残がなくなるものをC類とする（高廻り1号墳・鳥取県長瀬高浜遺跡例）。このように，実物から乖離していく方向で型式学的組列ができるのである。では，A類が最も古く，続いてB類→C類の順に登場するかというとそう簡単ではない。A・B類は比較的初期にしか存在しないが，東大寺山古墳においてさえ鋸歯文が多条なものが存在し，早くも交野南車塚東古墳の段階ではC類が登場している。型式の変化はある程度新旧の関係を反映するが，他に工人の個人差や実物に接する機会の多寡など，範型に対する理解度の違いも反映していることに注意しなくてはならない[2]。

3 革製衝角付冑と埴輪の冑表現

　甲冑形埴輪の冑部（衝角付冑）には，鉢が無文で錣の縁辺に梯子状の文様帯をもつものがよくある。筆者はこれを革製の衝角付冑を象ったものと考え，実物の出土量に比してかなり高い割合で同種の冑が存在したのではないかと考えた[2]。革製衝角付冑の構造は，大阪府西小山古墳・同newcomer中古墳などの出土品から腰巻板に平面桃核形の枠金を配し，その上に獣毛を漆で塗り固めて鉢を形成したものであることがわかっている。このような造作を埴輪で表現すれば無文が最も忠実な方法であろう。錣の梯子文は，西小山古墳で板錣の縁辺にスリットを連続的に穿ち，それを縫い刺しするようにリボン状の装飾を加えたのではないかという復元があって，これを埴輪に表現したものと考えた。これに対しては橋本達也より，無文をもって革製冑を表現したとすることに疑問が提示され[7]，「古墳被葬者を護る周辺の冑として細部まで表現されていない可能性」が指摘された。しかし，この考えに立つならば，無文の甲冑形・盾形埴輪がもっと存在してよいことになるが，そうした例をあまり知らない。やはり，埴輪に表された無文の衝角付冑は革製のものを象ったと考えられるのである。

4 有機質製短甲と埴輪の短甲表現

　最後にやや偏狭なテーマになるが，長原高廻り1号墳（図1-1・5）と佐味田宝塚古墳出土埴輪の短甲脇部にみえる蝶番板と覚しき表現と穿孔表

現から，同一連の鉄製短甲ではなく，脇部で開閉する必要のある木製短甲を象っているのではないかと述べた[2]。両古墳とも須恵器出現以前の時期で，脇部が開閉する鋲留短甲はまだなく，その原形を鉄製短甲以外に求めたのである。これについては，藤田和尊より埴輪工人が鉄製短甲と木製短甲を混同した結果との指摘を受け[8]，橋本からは「写実性を重視した一元的な捉え方は危険」[7]との批判を受けた。しかし，両古墳は帯金式革綴短甲が用いられた段階にあり，木製短甲と混同したとされた鉄製短甲で脇部開閉装置を備えたものはまだ登場していない。また，埴輪の表現が実物に忠実に行う必要がどれほどあるのかという意見はその通りとしても，実物にないものを表現したとも考えられない。表現が範型から乖離していくことはあるが，実際にないものは表現しないのではないか。あったとしたらそれは創作埴輪になってしまうであろう。

　総論的に「実物武具に共通する要素が見られないことをもって安易に未見の有機質製品などを想定する論法はまずは保留されるべき」[7]とする意見もあるが，それによって埴輪のもつ情報を切り捨ててしまうのはいささか勿体ないのではないかと筆者は考えるのである。

註

1)　高橋克壽「器財埴輪の編年と埴輪祭祀」『史林』71—2，史学研究会，1988，pp.69-104

2)　高橋　工「甲冑形埴輪の検討」『長原遺跡発掘調査報告』Ⅳ，財団法人大阪市文化財協会，1991，pp.165-175

3)　上田　睦「草摺形埴輪の紋様についての覚書—土師の里11号墳出土例から—」『埴輪論叢』3，埴輪検討会 2002，pp.68-71

4)　安村俊史『松岳山古墳群を探る』平成21年度夏季企画展図録，柏原市立歴史資料館，2009，p.19。
　　小片のため確定はできないが甲冑形埴輪胴部の可能性がある。その場合，上端部がないことから，短甲・草摺が一体のもので，A-2型式が最古の段階にあったことになる。

5)　和田一之輔「器財埴輪の構成と展開」『季刊考古学』163，雄山閣，pp.22-25

6)　奈良県立橿原考古学研究所附属博物館『大和の埴輪』特別展図録，1984，p.46

7)　橋本達也「武具」『季刊考古学』79，雄山閣，2002

8)　藤田和尊「甲冑と甲冑形埴輪」『第3回古代武器研究会』発表資料，古代武器研究会，2002

甲冑形石製模造品・土製模造品

佐久間正明 SAKUMA Masaaki
（公財）郡山市文化・学び振興公社郡山市大安場史跡公園

甲冑形石製模造品と土製模造品の認識と特徴を
検討し，古墳文化における位置付けを考える

石製模造品および土製模造品は，列島各地から
出土し，膨大な研究の蓄積がある。ところが両者
とも甲冑形に限定するとその出土は極めて限られ
る。そのため，希少性および限定的な分布などか
らその重要性をうかがうことができる。それぞれ
の模造品について，認識とその特徴を中心に検討
することから，古墳文化における位置付けの一端
を考えてみたい。

1 短甲形石製模造品

(1) 認識について（図1）

石製模造品では，短甲形石製模造品（以下～形
と略す）に限られ，冑形は確認されていない。

栃木県宇都宮市雷電山遺跡からは，短甲形4点・
盾形7点のほかに，多量の石製模造品が出土した。
このうち1は，側面が弯曲し短甲の形状を忠実に
表現し，前胴中央に引合を表現した縦位の線刻が
施される。後胴上部には押付板を表現した半円形
の線刻があり，中央部から下方にかけての横位の
線刻は帯金を表現した可能性がある。前胴には受
緒孔と引合緒孔を，後胴は懸緒孔を表現した孔が
見られる。遺物については八賀晋により基礎整理
がなされている[1]。

群馬県渋川市の金井東裏遺跡3号祭祀遺構では，
7の短甲形が1点出土した。前胴中央に引合を表
現した縦位の線刻が施される。特徴的なのは，や
や黄褐色気味の石材で，ほかの剣・有孔円板とは
明らかに異なる。この石材と同じものが盾と考え
られる8の方形板である。南に隣接する金井下新
田遺跡5区6号遺構では，形骸化した短甲形9～
12が出土した。同遺構でも盾と考えられる13の
方形板が共伴する。

群馬県安中市簗瀬二子塚古墳からは，内側に向
かい大きく弯曲する14・15が出土した。ほかの
遺跡の資料とは形態が明らかに異なり，短甲形と
はにわかには決しがたい。短甲とすれば，前胴の
みを表現したものとなる。ほかに該当する模倣対
象物が見いだしえない。やはり盾形の16が伴う。

福岡県宗像市に位置する宗像大社辺津宮第三宮
址の短甲形17は，押付板の部分が大きく作られ，
そこから前胴にいたる側面は斜め下方に削られる。
引合の表現と紐通し孔は見られない。

竹幕洞祭祀遺跡は，韓国全羅北道扶安郡の黄海
に面して突出する半島の突端に位置する。刀子形
を含む多数の石製模造品が出土したことで知られ，
その中に短甲形18が含まれる。押付板に相当す
る上部が直線的となる。

筆者は，短甲形と盾形を対象とした武具形石製
模造品の変遷を論じた。その際，短甲形は5世紀
の出現当初は精巧な作りであったものが，しだい
に形骸化することを述べた[2]。また，東日本の事
例はいずれも盾形と共伴し，短甲形と盾形は親和
的であることがわかる。そして，冑形はないこと
から，短甲を象徴化することに意味が込められて
いたと考えられる。

(2) 出土遺跡の性格（図2）

石製模造品は一般的に，刀子形・斧形・鎌形を
中心とする器物形が古墳から出土し，剣形・有孔
円板・勾玉が祭祀遺跡から出土する。

図2は，刀子形・斧形・鎌形・ヤリガンナ形・
ノミ形・容器・機織具形・琴柱形などの器物形と，
武具形（盾形・短甲形）の，それぞれが出土した遺
跡の種別を割合で示したものである。

刀子形・斧形をはじめとする器物形の遺跡ごと
の内訳をみると，最も多いのは古墳で，147基を
数え57％を占める。祭祀・集落は81遺跡で32％
となる。

武具形の出土した遺跡の種別をみると，最も多
いのが祭祀・集落の11遺跡で61％を占める。雷
電山・久保・金井東裏・下山門・第三宮址・竹幕
洞といった特殊な祭祀遺跡が多い。古墳は2基の
11％と少ない。

このように武具形が祭祀遺跡を中心に出土する
ことは，刀子形・斧形・鎌形などが古墳から出土
することとは対照的である。古墳では首長が主体
となり限定された集団の儀礼と言えるのに対し，

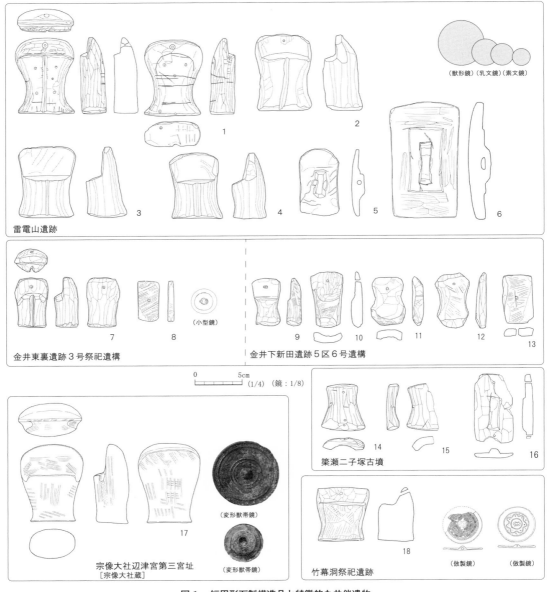

（獣形鏡）（乳文鏡）（素文鏡）

雷電山遺跡

（小型鏡）

7　　8　　　9　10　11　12　13

金井東裏遺跡３号祭祀遺構　　　金井下新田遺跡５区６号遺構

0　　　5cm
(1/4)　（鏡：1/8）

14　15　16

築瀬二子塚古墳

（変形獣帯鏡）

17

宗像大社辺津宮第三宮址
［宗像大社蔵］

（変形獣帯鏡）

18　　（倣製鏡）　（倣製鏡）

竹幕洞祭祀遺跡

図1　短甲形石製模造品と特徴的な共伴遺物

祭祀遺跡においては，首長個人ではなく集団・共
同体の利益を目的にしたという側面が強い。この
ことは，武具形の意義を考える上で大きな意味を
もつ。

2　甲冑形土製模造品 （図3）

　甲冑形に限定しての研究は見られないものの，
それらを含む土製模造品を対象とする検討は比較
的多い。鈴木敏則は土製模造品の編年観を再構築
し，5世紀前葉に遡ると指摘した[3]。松尾充章は
「多種多品目」からなる土製模造品に注目し，「鏡・

玉＋人・動物＋器財」という組成の重要性を指摘
する[4]。
　研究の当初は，石製模造品から土製模造品への
材質の転換という考えからか，土製模造品は石製
模造品衰退後の6世紀に盛行すると考えられてい
た。しかし，近年は共伴遺物の検討からその出現
時期は5世紀前葉に遡るとの考えが主流のようだ。
　静岡県磐田市明ヶ島遺跡では，5号墳下の一辺
14mを測る削り出し遺構から人物・動物・鏡・玉・
武器・武具・農工具・紡織具など多様な種類の土
製模造品が出土した。その総数は2,700点におよ

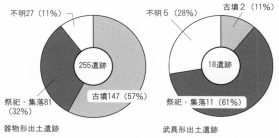

器物形は刀子・斧・鎌・ヤリガンナ・ノミ・容器・機織
具・琴柱を指し，武具形は短甲・盾A・盾Bを指す。

図2　遺跡別器物形・武具形石製模造品出土割合

ぶ。数ある甲冑形を概観すると，丁寧な1～3は板状粘土を円柱状に巻き，簡素な4は中実円筒状で上下端を調整する。前者は施文があり後者には施文が無く，手法と施文の有無に関連性がある。短甲形の形態は，5世紀代における短甲とよく類似する。1は上部2ヵ所に棒状粘土をわたしてワタガミ（綿噛）などにあたる部分を表現し，裾部が広がらず，文様が方形で方形板革綴短甲の可能性がある。文様をもつ2・3は三角板の短甲を模倣している。少数ながら冑形も見られる。

愛媛県松山市の船ヶ谷遺跡では，自然流路SR1②層から，冑形と短甲形が盾形とともに出土した。5は前面が尖る衝角付冑を模したもので，端部に錣を表現した粘土帯が貼り付けられる。短甲形6は円筒形で線刻などの表現は見られない。

島根県大田市鳥井南遺跡志田ヶ池地区SX01で

は，完形品はないが短甲と識別可能なものは6点出土した。7は鉄製の板をつなぎ合わせる際の表現が無く串状工具の刺突による列点がある。報文によれば，木製短甲の模造品と推定されている。8は縦横斜めの沈線が見られる。竹管による文様は鋲の表現とも思われ，三角板鋲留短甲の模造と考えられている。出土状態から集落から離れた丘陵上で，大きな立木の根本に置かれたと推定された。

このほか，静岡県静岡市中津坂上遺跡，兵庫県加東市河高・上ノ池遺跡では，いずれも円筒形で線刻などは見られない短甲形が出土した。

甲冑形を出土する遺跡では，明ヶ島遺跡で顕著なように，人や動物，鏡や玉類をはじめとする多品目の一つの中に甲冑形が含まれる点が特徴と言える。なお遺跡ごとにバリエーションが見られるのは，石製品に比べ可塑性があり自由度の高い土製品特有の性質に起因すると考えられる。

3　甲冑形模造品の位置付け（図4）

甲冑形の石製・土製模造品が出土した遺跡は，いずれも古墳文化を語る上で重要な遺跡であるが，分布の特質は，とくに石製模造品に顕著である。杉山秀宏は，金井遺跡群の立地が，平野部から山間部へと移行する境界領域に位置する点を重視する[5]。高田貫太は，黄海に面する立地から竹幕洞祭祀遺跡は航海の安全を主な目的とした[6]。

甲冑形石製模造品は，その分布に意味がある。

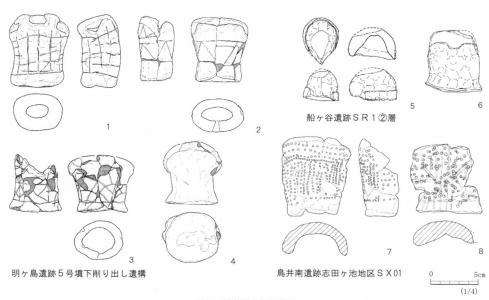

船ヶ谷遺跡ＳＲ１②層

明ヶ島遺跡５号墳下削り出し遺構

鳥井南遺跡志田ヶ池地区ＳＸ01

図3　甲冑形土製模造品

図4　甲冑形石製・土製模造品出土遺跡分布図

東方では金井遺跡群と雷電山祭祀遺跡が関東地方の北部にあり，大局的にみると新潟や東北地方に向かう境界領域に分布する。西方では，韓半島に向かう玄界灘沿岸に第三宮址があり，竹幕洞祭祀遺跡は黄海に面し大陸や半島北部へ向かう立地にある。このように，境界あるいは障壁に近い場所に位置する点を指摘できる。

　甲冑形土製模造品は石製模造品と異なり，多品目の一部であることが重要である。ただ，船ヶ谷遺跡のように武具形のみ特徴的に見られる例も存在する。一方，甲冑形を含む土製模造品出土遺跡の立地は共通する面も指摘され，遺跡の性格についての言及は多い。亀井正道は，中津坂上遺跡の対象が「境の神，道の神」として意識されたものではないかと推察する[7]。鈴木敏則は，明ヶ島遺跡や中津坂上遺跡が集落から離れた坂の上や丘陵上に立地する点から「境界の神を祭った祭祀」とした[3]。

＊

　短甲形石製模造品は盾形と親和的で，「武具」としての意味合いが非常に強く，その象徴性を表すものとして出現した。それは，古墳における葬送儀礼ではなく，狭義の祭祀儀礼の中で必要とされた。一方，甲冑形土製模造品は，基本的に人や動物，鏡や玉類をはじめとする多品目により構成される祭祀具の一つである点を特徴とする。

　短甲形石製模造品と短甲形土製模造品を比較すると，その分布は好対照をなす。短甲形石製模造品は，列島的見地からの境界領域に分布するのに対し，短甲形土製模造品は峠などでの境に位置する。両者はほぼ時を同じく出現し，甲冑を模造する「形代」という点でも等しい。しかし，短甲形石製模造品には武具の象徴性が強く意識されるなど，石と土という材質の違い以上に大きな相違がみてとれる。それは，模造品を必要とした祭祀の内容が異なることに起因するものと考えられる。

註（紙幅の都合上，報告書を割愛しました）
1)　八賀　晋「武具型石製模造品」『学叢』4，京都国立博物館，1982，pp.89-102
2)　佐久間正明「武具形石製模造品考―石製模造品にみる関東地方と九州・中国地方の一様相―」『考古学雑誌』99―1，2017，pp.3-49
3)　鈴木敏則「静岡県の土製模造品」『土製模造品から見た古墳時代の神マツリ』山梨県考古学協会，2008，pp.40-53
4)　松尾充章「祭祀資料からみた鳥井南遺跡」『鳥井南遺跡発掘調査報告書Ⅰ』大田市教育委員会，2018，pp.133-143
5)　杉山秀宏「祭祀関連遺構出土の石製模造品について」『金井下新田遺跡』古墳時代遺構編，2021，pp.213-230
6)　高田貫太「朝鮮半島の祭祀遺跡」『季刊考古学・別冊27　世界の中の沖ノ島』2018，pp.112-117
7)　亀井正道「浜松市坂上遺跡の土製模造品」『国立歴史民俗博物館研究報告』7，1985，pp.135-164

古墳時代の武装と社会

甲冑の研究から，古墳時代の武装と社会を考える

∴ 武人形埴輪と武装／鉄製甲冑と軍事組織

武人形埴輪と武装

藤原　哲　FUJIWARA Satoshi
松戸市立博物館

武人形埴輪から古墳時代の甲冑や武装の実態を読み解く

古墳時代の武装のあり方や，当時の武人像を垣間見る貴重な同時代資料として，武人形埴輪という造形品がある。小論では，武人形埴輪の視点から古墳時代の武装のあり方を考えてみたい。

1　研究略史

古墳時代の武装の復元には，古くは武人形埴輪が参考にされてきた。とくに研究初期には高橋建自や末永雅雄，後藤守一などが古墳時代の武装を検討する上で積極的に取り上げている[1]。

しかし，実際の武具の出土が増加すると，間接的に武器を表現した武人像よりも，実物の甲冑や刀剣の型式分類や編年研究が盛んになる。武人形埴輪も人物・形象埴輪の枠組みに組み込まれるようになり，埴輪の分類や地域性，埴輪群像の意味を巡る議論へと研究がシフトしていった。近年では，武人形埴輪から実際の武器・武具を言及することは少なくなっている。

2　武人形埴輪の武装

武人形埴輪とは武器や防具を着装した人物埴輪を指し，様々な分類案も試みられている[2]。その武具に注目してみると，短甲では著名な埼玉県上中条出土例が沈線で5段の鉄板を表現しており，

引合板，ワタガミ（綿噛）なども読み取ることができる（図8）。鉄板の結合部に見られる粘土粒は埴輪の年代から鋲留と思われるが，末永雅雄はこの粘土粒が沈線の直上にあるので革綴短甲と解す[3]。なお，千葉県殿部田1号墳出土例など，挂甲の綴じ目を粘土粒で表現した例がある。ほかに短甲表現は少ないが，手足のない顔付きの甲冑埴輪（奈良県ニゴレ古墳出土例・大阪市長原45号墳例）や福岡県石神古墳出土石人まで視野を拡げると，地金に三角板を用いた衝角付冑や短甲が多く，草摺が付属している。

古墳時代後期の武人形埴輪の防具は挂甲が主で，通常，沈線で挂甲の小札が表現されており，稚拙な例もあるが，群馬県飯塚出土例や奈良県まるこ山古墳出土例などは小札間の綴紐まで丁寧に描かれ，挂甲に特徴的なΩ字型の腰札が非常にリアルに写される例もある（図12）。付属具類は肩甲や膝甲，籠手，臑当などがある。また防御が手薄になる太股付近は不自然にふくれており，これは造形上のバランスが考えられるが，高橋建自は古典籍の歌謡を引用し防御用に「袴を七重」に重ね着した状況を想定しており興味深い[4]。

武人形埴輪の冑の大部分は衝角付冑であるが，

埼玉県稲荷山古墳例では眉庇付冑が表現され（図1），鹿児島県大崎神領10号墳の盾持形埴輪も伏鉢を有した眉庇付冑である。また，群馬県綿貫観音山古墳の異形冑（図2）や，冑頂部の大きな伏鉢状の円形表現から蒙古鉢形冑を彷彿とさせる茨城県舟塚山古墳出土例など，大陸製またはこれらから影響を受けた冑も造形されている。

人物埴輪の中では，平服に大刀を履き，防具として籠手だけを着装した例も多い。籠手の多くは筒籠手状の形状を示すが，群馬県由良出土例は篠籠手状に縦方向の沈線と結び目が描かれている。また籠手には，革製を窺わせる表現があり，鈴や紐（釧）を重ね装飾性が高められていた。

盾持形埴輪は，盾の上に顔だけを覗かせ全身が隠れているのが通例で，福島県原山1号墳や奈良県寺戸鳥掛遺跡出土では，盾に右手を添えた表現がみられる。埼玉県権現坂埴輪窯出土例や群馬県太子塚出土例など，盾表面に戟（句兵）を施した例があるため[5]，盾持形埴輪に伴う武器は句兵（長柄武器）だったようである（図11）。なお，盾形埴輪の盾には置き盾説と持ち盾説があるが[6]，頭部以外が隠れていることから置盾を表現したと考えておきたい。『日本書紀』に記載のある「植盾（盾を立てて）」や「盾並めて（盾を連ねて）」といった使用法が想定される。

武器については，大刀の多くが人物の左腰部分に佩用するような表現をとる。詳細な着装状況を示す愛知県味美二子山古墳出土例を参照すると，革ベルトと思われる円形竹管文を付した幅広の粘土帯が衣服上で一周し結び目を重ねた上部で，頭椎風の大刀を吊り下げるベルトを交差させる（図13）。珍しい例では千葉県姫塚出土例の人物は大刀を肩に背負っており，奈良国立博物館蔵（伝群馬県）人物の左腰には方頭状の大刀が2本提げられている（図14）。大刀の種類は把頭の表現から楔形柄頭・鹿角装・頭椎・円頭・方頭・環頭の各大刀や小型の刀子が想定でき[7]，勾金が付属する例も認められる。

弓や盛矢具については，武人または狩人と思われる人物が手や腕・肩で弓を支えるが，滋賀県狐塚5号墳出土例で弓を抱きかかえているのは女性（巫女）であり，群馬県塚廻4号墳出土例の右手に頭椎状大刀を持つ人物と並んで女性が武器を所持した稀少な事例といえる。なお，狐塚5号墳の女性は籠手を着けており，籠手を防具の一種とみな

すならば，防具を身に着けた女性も存在したことになる。

背に負う靫はランドセル状に左右の肩に紐をかけるか（茨木県駒形出土例），体の前面でX状に結び（茨木県玉里舟塚山古墳出土例），胡籙は右腰斜めに吊り下げている。刀子や鞘は，群馬県由良出土例のように左腰に吊り下げているが，京都府堀切7号府出土例では腰の前面に小さな鞘と刀子が表現されている。珍しい武器としては，茨城県玉里舟塚山古墳出土例に長柄武器を構えた状態のものが知られており，共伴した埴輪残欠から所持した武器は鉾と考えられる。

3　埴輪表現と実物との差異について

このように，埴輪の武装表現は特定の遺物との対応が可能であるため，基本的には実際の対象物を造形したと考えられる。もちろん，時期的・地域的な巧拙はあるが，多くの武人形埴輪は単なる想像上の産物ではなく，当時の一情景を切り取った重要な同時代資料であることは疑いない。しかし有機質と思われる部分は実態が不明瞭なため，実際の状況を示すのか，それとも誇張や省略の埴輪独自の表現なのか判定が難しい。

例えば，武人形埴輪の衝角付冑には当世具足の脇立のような板状の部位を付けているものがある（図3～6）。これについては後藤守一や末永雅雄などが古くから注目しており，小札鋲や頬当とされる遺物が脇立となる可能性も指摘されている[8]。こうした板状の表現は複数例存在していることから，単なる例外や誇張とは考えられず，古墳時代に実際に存在していたことは間違いないだろう。その詳細は不明であるが，当時の武装のあり方や，甲冑の装飾を考える上では看過できない。

奈良時代の甲冑は綿襖甲など，革や綿を材料としたものが知られているが，武人形埴輪においては，静岡県上平出土例の武人形埴輪や（図7），熊本県上北出土例の盾持形埴輪の冑など，古くから革製甲冑として指摘された例があり，埼玉県生野山古墳出土例（図9）や栃木県小宅古墳出土例も革甲が指摘されている（図10）。

大阪府七観古墳や野中古墳などで革製の衝角付冑が出土しており，静岡県団子塚9号墳の挂甲は鉄小札と革小札が併用されているため，古墳時代

図1　埼玉県稲荷山古墳頭部
（埼玉県立さきたま史跡の博物館
所蔵・写真提供）

図2　群馬県綿貫観音山古墳
頭部（国（文化庁保管）／
群馬県立歴史博物館提供）

図3　群馬県高塚古墳頭部
（群馬県立歴史博物館所蔵）

図4　群馬県赤堀出土頭部
（東北歴史博物館所蔵／
群馬県立歴史博物館提供）

図5　群馬県大川出土頭部
（後横から，註11改変）

図6　栃木県飯塚出土頭部
（横から，註12改変）

図7　静岡県上平出土頭部
（横・後から，註13改変）

図8　埼玉県上中条出土
（東京国立博物館所蔵，ColBase
〈https://colbase.nich.go.jp/〉）

図9　埼玉県生野山古墳群
（個人所蔵／埼玉県立
さきたま史跡の博物館写真提供）

図10　栃木県小宅古墳群
（栃木県立博物館所蔵，註14を改変）

図11　群馬県太子塚古墳
（かみつけの里博物館提供）

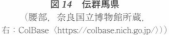

図12　群馬県飯塚出土
（腰部・横から，東京国立博物館所蔵，
ColBase〈https://colbase.nich.go.jp/〉）

図13　愛知県味美二子山古墳
（春日井市教育委員会所蔵）

図14　伝群馬県
（腰部，奈良国立博物館所蔵，
右：ColBase〈https://colbase.nich.go.jp/〉）

において革製の甲冑が存在したことは間違いないだろう。どのようなバラエティーがあったかは良好な出土事例を待つしかないが，現状では武人形埴輪から推定しなければならない。

4　おわりに―古墳時代武装研究の展望―

　古墳時代の武器・武装研究は古墳に副葬された帯金式甲冑を中心に精緻な研究が積み重ねられてきた。武装の研究は，そうした個別遺物の検討が基本である。しかし，副葬資料だけでは実際の使用法は不明瞭な点が多い。甲冑を装着した人骨が発見された群馬県金井東裏遺跡で類例のない鹿角製小札が発見された事実などを鑑みると，古墳時代人が（儀礼にしろ戦闘にしろ）武器や武具を使用する際には，様々な種類や使用法があったことが推察できる。

　同時代資料たる武人形埴輪から得られる情報を最大限に取り入れるならば，当時の冑は脇立や頬当で目立つように装飾され，革製や大陸由来の甲冑が存在し，貴人は籠手を着装して儀礼に臨み，身体のペインティングや甲冑の彩色が行われた蓋然性も高い。これに大刀を傍らにおいて弾奏する人物，または異形の盾持人などを登場させれば，古墳時代の武器・武装の実相がとても色鮮やかで豊かな情景として拡がっていく。

　また，人物埴輪は姿態や服飾の差異によって社会的な階層差が指摘できる[9]。完全武装した武人や，籠手を着装して儀礼に臨む人物は，埴輪の大きさや配列上の中心性といった諸属性からして，上位階層に属していた集団や人々であったと位置付けられる反面，盾持形埴輪などは，入墨状の表現から社会的な下位階層に属していただろう。

　こうした武装の相違を社会的な階層性に変換すると，武威を保持しながらも政（まつりごと）を執行する首長や，職掌として軍事を司った武人層，または盾を持って兵卒として戦った人々が具体的に浮き上がってくる。古墳時代（とくに後期の関東地方）の軍事組織としては，専門（職掌）武人集団と一般兵卒とからなる階層組織が存在しており，首長に親衛軍が付属する国造軍的な武装組織も成立していたのではないだろうか[10]。

　古墳時代の武器武装を考察するためには「モノ」そのものの属性研究と並んで，考古資料の使用状況や社会的な役割を考えていかなければならないことは言を俟たない。そうした両輪の研究を進展させることで，より実りある歴史的な事象が解明されていくことが期待できるが，武人埴輪はそうした検討に非常に適した資料群といえるだろう。

註
1)　後藤守一「上古時代の冑」『日本古代文化研究』河出書房，1942。末永雅雄『日本上代の甲冑』岡書院，1934。高橋健自『埴輪及装身具』雄山閣，1931など
2)　亀井正道「武装する人たち」『人物・動物はにわ』日本の美術346，至文堂，1995。塚田良三「武装人物埴輪の成立過程」『同志社大学考古学シリーズⅦ　考古学と信仰』1999。藤原哲『日本列島における戦争と国家の起源』同成社，2018
3)　前掲註1 末永1934に同じ
4)　前掲註1 高橋1931に同じ
5)　太田博之「句兵を表現する埴輪」『古代』100，早稲田大学考古学会，1995
6)　塩谷修「盾持人物埴輪の特質とその意義」『日本考古学の基礎研究』茨城大学人文学部考古学研究報告4，2001。津野仁「盾列と陣法の源流―古墳時代の盾の配置と組成―」『考古学ジャーナル』616，ニューサイエンス社，2011
7)　大澤正吾「人物埴輪の大刀表現に関する基礎的検討」『東京国立博物館 重要考古資料学術調査報告書』同成社，2015
8)　横須賀倫達「後期型冑の系統と系譜」『考古学ジャーナル』581，ニューサイエンス社，2009
9)　市毛勲「人物埴輪における姿態別服飾について―古墳時代の階層と職掌―」『古代探叢Ⅲ』早稲田大学考古学会創立40周年記念考古学論集，1991
10)　前掲註2 藤原2018に同じ
11)　帝室博物館 編『埴輪集成図鑑』10，1936
12)　帝室博物館 編『埴輪集成図鑑』6，1933
13)　帝室博物館 編『埴輪集成図鑑』2，1931
14)　壬生町歴史民俗資料館『しもつけのはにわ人たち』1998

鉄製甲冑と軍事組織

田中晋作　TANAKA Shinsaku
山口大学客員教授

考古遺物から古墳時代の軍事組織の実態にどこまでせまれるのだろうか。研究の深化過程を辿り，現在の論点を示す

　本稿は，鉄製甲冑の分析をとおして論究されてきた，古墳時代の軍事組織に関する研究について概述するものである。同様の，あるいはこれに類する論攷は，近年にあっても複数あり[1]，さらに甲冑や軍事組織を対象とした関連書籍にも収載されている。以下では，屋上屋を架すことを避けるために，「甲冑を使った研究」のはじまりを起点にして，古墳に副葬された甲冑を含む武器に対する認識の変化を軸に，その研究が深化，発展してきた過程を辿ることにする。

1　軍事組織に関する研究基盤の形成

　権力あるいは支配を担保，保証する手段としての軍事の実態解明は，国家形成段階にある古墳時代にあって欠くことができない研究課題のひとつである。このことを踏まえて，副葬された武器を実戦用として論じたのが西川宏である。その内容は，すでに示された原初的官僚の成立に関する自身の論攷とも連関するもので[2]，武器や装備の推移から導き出される軍事組織，さらにその古墳被葬者の階層差など，軍事に関する具体的な研究視点を示すものであった[3]。

　また，北野耕平は，古市古墳群での調査成果から，政権勢力のもとに「親衛隊的性格をもった軍事機構」の存在を推測し[4]，これにつづいて，甲冑を実用的機能を有した武具とした上で，畿内政権から配付されたものとする考えを示した[5]。北野の指摘は，甲冑の一元供給として読みかえられ，その後の研究の拠所としての役割を担うことになる。

　一方で，北野・野上丈助・小林謙一らによる甲冑の研究が進み[6]，あわせて野上や村井嵩雄らによって甲冑出土古墳の集成が行われた[7]。同時にこれら一連の研究は，「甲冑の研究」から「甲冑を使った研究」へと論を進める基盤を整えたものとしてきわめて重要な作業であった[8]。

2　類型化による分析

　「甲冑を使った研究」の端緒は，房総地域にお

ける甲冑出土古墳を俎上に載せ，甲冑のセット埋納とその埋納方法を類型化することによって，対象とした中小規模古墳の被葬者群の政治的階層の同質性を導き出し，これが政権勢力の政治的変革と結びつくことを見出した田中新史の論攷である[9]。本論攷は，研究者それぞれが設定する指標にもとづいた類型化が，古墳時代の軍事組織あるいは軍事的機構の研究に有用であることを認識させたもので，その後の展開に大きな影響を与えることになった。

　たとえば，田中晋作は，甲冑：防御用武器と鉄鏃：攻撃用武器が表裏一体の関係で推移していることから，副葬された武器を実用とし，甲冑と鉄鏃の共伴関係にみられる新旧の違いを類型化することによって，政権勢力から甲冑を供給される勢力にあっても，その政治的距離が異なることを明らかにしようと試みた[10]。

　また，藤田和尊は，甲・冑・頸甲の組み合わせを類型化し，対象を日本列島全域に拡大して中期の政権勢力との政治的距離の違いを，中央における甲冑の集中管理体制にもとづいて，伝統勢力には牽制策，新興勢力には懐柔策という表現をもって，甲冑保有形態上の格差を設けた供給が行われていたと考えた[11]。これに加え，滝沢誠は，中小規模の甲冑出土古墳の類型化から，とくに中期後葉に階層的拡大を伴いながら軍事編成が広域に実現されたとする見解を示した[12]。

　さらに，松木武彦は，武装体系を類型化することによって，前期の軍事的機構から中期のそれへの移行に際して，人的構成の再編ともいえるような動きがあったことを見出し，これが古市・百舌鳥古墳群の出現と連動することを示した。本論攷は，甲冑を含む武器の類型化による検討が，政権勢力の動静にまで及ぶことができることを示した点できわめて重要である。あわせて，対外関係などをもとに，中期における軍事的機構の明確な階層性や軍事的専門性，実用武器の供与を伴う戦力としての実効性を主張した[13]。

3　副葬甲冑の象徴性

1991 年，都出比呂志は，「日本古代の国家形成論序説―前方後円墳体制の提唱―」で，国家形成論において最も重視すべき指標のひとつとして，官僚制や軍事制を機軸とする支配組織の形成をあげた[14]。

田中晋作は，都出の提示した内容を実態として示すひとつの試みとして，甲冑を含む武器組成とその出土状況を類型化し，とくに野中古墳のそれを手がかりにして，政権勢力のもとに親衛軍とする常備軍の存在を想定した[15]。

1994 年，松木は 1992 年論攷の内容を踏まえ，上記田中論攷と藤田・柳本照男の論攷[16]を取り上げ，武器・武具副葬の解釈に関する方法論，甲冑の分布論，軍事組織の概念などについて議論の必要があるとする問題提起を行った[17]。とくに，その方法論について，別稿の表現をもってすると，武器・武具副葬を「第一義的には葬送儀礼の痕跡」：象徴的行為として，「副葬武器を機能的に解釈するか認知面から読み解くか，あるいはまた，そこに示された武力が実質的なものか象徴的なものか」[18]が争点となった。田中と藤田はそれぞれが拠って立つ立場を示したが[19]，両者の乖離は埋めがたく，後年松木は「（この論争は，）その後大きく展開することはなかった」と述懐している[18]。その後，松木は「戦い」の淵源にさかのぼって論を展開させ[20]，一方，藤田は陪冢を組み込んで論を深め[21]，田中は農工具を含む武器組成の検討へと論を進めた[22]。

この松木の問題提起に呼応して，象徴性を示すと考えられる具体例の提示が阪口英毅[23]や鈴木一有[24]，橋本達也[25]らを中心にはじまった。その中で，阪口が「表象」という表現を用いて，副葬甲冑に想定されるさまざまな場面を詳細に分析したことは，その理解を深める上で重要な研究となった[26・27]。さらに，地板の形状やその連接技法から「伝統」の存在を考える鈴木や，異形の地板を使用する一群の甲冑の存在に注目した橋本らによる具体例の提示が続いた[28]。ただし，これらの研究は，甲冑などの武器自体に体現されるとする象徴性を取り上げて論を展開している点において注意を要する。

さらに，川畑純は，武器・武具の研究は，古墳時代の軍事的機構の描写にはほとんど寄与し

ないとし，新たに「量差システム」と「質差システム」による理解を提唱した。とくに，前者から後者への転換が中期中葉におこり，これを古墳時代社会に生じた最大の構造転換とし，身分秩序構築の一過程として位置づけた[29]。同様の認識は，多くの研究者によってすでに共有されていたことであるが，甲冑に限らず古墳副葬品に広く適用できる枠組みであり，今後の議論の深まりが望まれる。

4　副葬甲冑の象徴性の実態

上記したように，象徴性に視点をおいた研究の広がりは，武器の副葬は当該期の実態を正確にとはいわないまでも反映しているという前提で進められてきた研究に重い足かせをかけることになった。

一方で，具体的な事例の検討から，あらためて軍事組織の実態に迫ろうとする研究が藤原哲によって示された。藤原は，資料の由来（出土状況）としては第一義的には葬送儀礼の結果（痕跡）と評価されるべき性質のものであり，ここから親衛軍や常備軍といった具体的な存在を実証することは直接的には不可能とする。しかし，甲冑を含む武器組成や副葬状況を類型化した分析から，中期の中・小型古墳から出土する武器については，実際の武装体系の状況を反映している可能性が高いという結論が導き出されるとする[30]。

このことは，武器の副葬という象徴的行為が，階層差によってその抽象化の度合いが異なっていたことを示したものと理解される。藤原が指摘した現象は，どこまで敷衍できるかは今後の検討にもよるが，特定の条件をもった場合を除いて，抽象化が高い階層から低い階層へ，また前期から後期などへと，段階的に進んだことを予想させた。

5　新たな手がかりを求めて

中期を境にしてはじまる，甲冑を含む武器の急速な機能向上と生産量の拡大，さらに列島各地への拡散という現象は，文献史学の研究成果を援用することによって，朝鮮半島を対象とした軍事的対応にその主たる要因があったという文脈で読み解かれてきた。

佐原真による戦争に関する考古学的な検討がはじまり[31]，古墳時代の列島では，堅牢な防御施設

をもつ城塞がみられないこと，各勢力が防衛ライ
ンとなるような施設を設けた形跡がみられないこ
となどから，長期間にわたる深刻な軍事的対峙が
なかったとする認識が一般化した。

　この間，半島での調査の進捗によって，列島
製甲冑の出土事例が増加するとともにその分布
範囲が，疎密の違いがあるとはいえ，加耶地域
から百済地域にまで拡大することが明らかにさ
れ，列島内にあっても半島を対象とした軍事活
動への対応を含むと考えられる痕跡を求めた研
究がはじまった。田中が，短甲の中に実用農工
具を収めた出土状況から，移動や駐留に対応す
るために農工具が組み込まれた武器組成の存在
を読みとった関川尚功の指摘を援用し[32]，同様
の出土状況が列島各地でみられることを示した
こともそのひとつである[33]。また，筒形銅器の
共伴を手がかりに，前期後半に出現する方形板
革綴短甲出土古墳での組成として整った武器の
副葬が，加耶地域との新たな関係によって生じ
たとする想定や[34]，鋲出土古墳の分析から，中
期半ば以降，兵庫・岡山・香川県域という限ら
れた地域に，列島で武装化された半島情勢に精
通した渡来人あるいは渡来系勢力を組み込んだ
軍事組織が存在したとする想定も[35]，半島を対
象とした軍事行動への対応を含む痕跡にあたる
と考えた。

　一方で，半島の検討を続けてきた研究者からは
逆に，半島を対象にした大規模な軍事活動を裏付
ける明確な考古学的痕跡が認められないことから，
これを否定的に[36]，あるいは，過度に重視するこ
とに懸念が示された[37]。

　これらの指摘と連動するように，橋本は，上
記した自身の立場をさらに推し進め，「武装具の
副葬・埋納は，第一義的には葬送や各種儀礼面
での政治的地位や関係の確認や威示を表すもの
であろう」とし，「（半島での：筆者挿入）戦争を
口実とした甲冑に象徴される武装具の配付によっ
て軍事組織の整備を推し進め，倭国内の政治統
合をはかったことこそが倭の古墳時代中期の特
質といえよう。」とする見解を示した[38]。これに
対して田中は，上記の検討を踏まえ，甲冑を核
にした武装装備の副葬は「口実」ではなく，半
島を対象にした実際の軍事活動をとおして「実
修」された，その実効性と必要性を反映したも
のと考えた[39]。ただし，具体的な戦闘の痕跡を，

韓国九宜洞堡塁などの事例があるとはいえ，た
とえば磐井の乱を取り上げてみても，これを現
在の考古学的な分析方法によって明らかにする
ことがほぼ不可能であることも留意しておく必
要がある。

6　文献史学との接点

　上記したように，文献史学にあっても軍事あ
るいは軍事組織に関する研究は考古学同様重要
な課題であり，戦後にはじまる大化以前を対象
とした研究では，井上光貞がその部民制研究に
あわせ大和国家の親衛軍について，靫負（部）および
舎人（部）から論じている[40]。また，これに先んじ
る建部に関する上田正昭の論攷があり[41]，さらに
これらを発展させた笹山晴生の論攷をはじめ数多
い[42]。ただし，その研究手法から，考古学におけ
る研究とは一線を画しておくことが肝要であり，
あえて考古学と文献史学との接点を求めるとして
も，現状では埼玉県埼玉稲荷山古墳や千葉県稲荷
台1号墳，あるいは熊本県江田船山古墳での有銘
刀剣を介した研究にとどまる[43]。

　その中にあって，稲荷山古墳の鉄剣銘の発見以
来，政権中枢勢力を支える中央勢力：葛城系勢力
の排除によって，大伴・物部氏といった軍事的伴
造に支えられた軍事専制王権へと転移し，その後
の吉備や筑紫といった地方有力勢力の制圧にその
軍事力が向けられたとする井上の論攷に代表され
るように[44]，雄略朝期における画期性がとくに注
目されることになった。

　また，鎌田元一は，「トモ」制が大和政権によ
る地方支配の原理としてすでにこの段階に全国
的規模のものに拡大されていたとし[45]，吉村武彦
は，王権と仕奉関係にある中央・地域勢力の上番
制度としての「人制」が，『日本書紀』では雄略
紀に関連史料が集中することから部民制に先行す
るシステムとして機能していたことを示した[46]。
さらに，田中史生は，考古学の成果を援用してこ
れが5世紀中葉までさかのぼることを指摘してい
る[47]。このように，トモをその職務，職掌によっ
て組織化する制度としての，軍事を含む人制の存
在が明らかにされてきた。

　一方で，半島情勢への軍事を含む対応や，その
正当性を担保する中国南朝との外交が展開される
中で，鈴木靖民は，中国南朝から軍事的色彩の強
い僚属制＝府官制的秩序を受け入れ，その冊封関

係を媒介にして，政権勢力の優位性を明確化させ身分秩序の創出を図ったことを論じ，人制をその下に組織された制度と位置づけた[48]。

これらの研究は，稲荷山古墳の礫槨の被葬者とヲワケ（臣）との関係については確定をみていないとはいえ，当該期の軍事組織の編成に関する研究を大きく進展させることになった。上記の視点で軍事的な部分を切り取れば，かりに礫槨の被葬者をヲワケとすれば，5世紀後半には，地方勢力の子弟：杖刀人首が杖刀人の部隊を編成し—政権中枢勢力を支える中央勢力を介してであろうが—，大王に直接仕え，政権中枢勢力を軍事をもって支える構図が描かれることになる[49]。一方，ヲワケを中央勢力とすれば，地方勢力が直接大王と結びつくのではなく，これを媒介した関係となる[50]。

このことに関連して，稲荷山古墳の中心主体部ではない，礫槨の武器を主体とした副葬品を構成する，馬具を含む挂甲 1，刀 4・剣 2（有銘剣を含む）・鉾 2（石突 1）・鉄鏃約 200・刀に伴う刀子 1・砥石 1 の存在が注目される。本礫槨でみられる武装装備は，被葬者を中期後半の政権中枢勢力を軍事をもって支えた杖刀人首とすればそのもとにある杖刀人の装備との違いを，あるいは杖刀人とすればその装備を正確とはいわないまでも反映している可能性が考えられ，直接踏み込むことには慎重でありたいが，各地で見出される甲冑を核にした，武器の副葬が顕著な複数埋葬古墳や中小規模古墳との比較につながる。

7　おわりに

松木は，「武器副葬は，武力や軍事組織の実態の反映というよりも，第一義的には，武力や戦いに関する思想や世界観の表現とみなければならない。」として，古墳祭祀自体の極大化とも連動し，中期段階における副葬武器を主内容とする戦いの表象の物質化は，対外的な動機で，もっぱら象徴的局面で活性化する極に達し，後期に入ると収縮に向かうとする[51]。この内容は，中期段階までの軍事組織の未熟さが，副葬武器の機能的，あるいは実質的性格を強く反映した姿となって現れ，後期，とくに後期後半以降でみられるそれは，地位や役割を担保する制度やそれに類する規範の成熟，整備によって，抽象化が段階的に進んだことを示しているとする田中の理解と対峙する[52]。「かたち」として残らない軍事組織，あるいは軍事的機

構の実態を考古学的な視点で検討することは容易ではない。両者の乖離は，今後の考古学的資料にもとづいた検討によって，その妥当性が問われることになると考える。

なお，筆者の理解不足を危惧するとともに，言及できなかった論攷が多くあることを申し添えます。

註

1)　松木武彦「国家形成と軍事」『古墳時代の考古学』9，同成社，2014。橋本達也「古墳時代の甲冑・軍事組織・戦争」『古代武器研究』17，2022 ほか

2)　西川　宏「陪塚論序説」『考古学研究』8—2，1961

3)　西川　宏「武器」『日本の考古学 古墳時代（下）』河出書房，1966

4)　北野耕平「野中アリ山古墳」『河内における古墳の調査』大阪大学文学部国史研究室，1964

5)　北野耕平「五世紀における甲冑出土古墳の諸問題」『考古学雑誌』54—4，1969

6)　北野耕平「中期古墳の副葬品とその技術史的意義」『近畿古文化論攷』1962。野上丈助「古墳時代における甲冑の変遷とその技術的意義」『考古学研究』14—4，1968。小林謙一「甲冑製作技術の変遷と工人の系統（上）・（下）」『考古学研究』20—4・21—2，1974

7)　前掲註6野上1968。村井嵓雄「衝角付冑の系譜」『東京国立博物館紀要』9，1974

8)　この表現は，阪口英毅が使用した「甲冑を対象とした研究」と「甲冑を材料とした研究」という表現を言い換えたものである。阪口英毅「古墳時代中期における甲冑副葬の意義—「表象」をキーワードとして—」『第7回鉄器文化研究会　表象としての鉄器副葬』2000

9)　田中新史「五世紀における短甲出土古墳の一様相—房総出土の短甲とその古墳を中心として—」『史館』5，1975

10)　田中晋作「武器の所有形態からみた古墳被葬者の性格」『ヒストリア』93，1981

11)　藤田和尊「古墳時代における武器・武具保有形態の変遷」『橿原考古学研究所論集』8，1988

12)　滝沢　誠「甲冑出土古墳からみた古墳時代前期・中期の軍事編成」『日本と世界の考古学—現代考古学の展開—』雄山閣出版，1994

13)　松木武彦「古墳時代前半期における武器・武具の革新とその評価—軍事組織の形態に関する一考察—」『考古学研究』39—1，1992

14)　都出比呂志「日本古代の国家形成論序説—前方後円墳体制の提唱—」『日本史研究』343，1991

15)　田中晋作「武器の所有形態からみた常備軍成立

の可能性（上）・（下）」『古代文化』45―8・10，1993

16)　藤田和尊「甲冑の保有形態」『考古学ジャーナル』366，1993。柳本照男「古墳時代における武装具研究の現状と課題」『考古学ジャーナル』366，1993

17)　松木武彦「古墳時代の武器・武具および軍事組織研究の動向」『考古学研究』41―1，1994

18)　前掲註1松木2014に同じ

19)　田中晋作「古墳時代中期における軍事組織について」『考古学研究』41―4，1995。藤田和尊「古墳時代中期における軍事組織の実態―松木武彦氏の批判に応えつつ―」『考古学研究』41―4，1995

20)　松木武彦『人はなぜ戦うのか』講談社，2001ほか

21)　藤田和尊「古墳時代官僚機構の発展過程序説」『ヒストリア』178，2002ほか

22)　田中晋作「古墳時代における武器組成の変化について」『日本考古学』15，2003ほか

23)　阪口英毅「長方板革綴短甲と三角板革綴短甲―変遷とその特質―」『史林』81―5，1998

24)　鈴木一有「鳥装の武人」『国家形成期の考古学』1999

25)　橋本達也「盾の系譜」『国家形成期の考古学』1999

26)　前掲註8阪口2000に同じ

27)　甲冑以外の武器からもそのことが見出せるとの指摘がある。豊島直博「古墳時代中期の畿内における軍事組織の変革」『考古学雑誌』85―2，2000ほか

28)　鈴木一有「古墳時代の甲冑にみる伝統の認識」『王権と武器と信仰』同成社，2008。橋本達也「中期甲冑の表示する同質性と差異性」『七観古墳の研究―1947年・1952年出土遺物の再検討―』2014ほか

29)　川畑　純『武具が語る古代史―古墳時代社会の構造転換―』京都大学学術出版会，2015

30)　藤原　哲「副葬品からみた武器の価値―軍事組織復元の可能性―」『総研大文化科学研究』8，2012。同「古墳時代における軍事組織増の検討」『古代文化』67―2，2015

31)　佐原　真「日本・世界の戦争の起源」『人類にとって戦いとは』1，東洋書林，1999

32)　関川尚功「畿内中期古墳出土の鉄製農工具について」『横田健一先生古稀記念文化史論叢』上，1987

33)　前掲註22ほか

34)　田中晋作「古墳時代における武器組成の変化について(4)―畿内における古墳時代前期後半の様

相（Ⅱ）―」『勝部明生先生喜寿記念論文集』2011

35)　田中晋作「古墳時代中期の鋲出土古墳について―百舌鳥・古市古墳群の勢力のもとに編制された軍事組織の特質―」『古代学研究』214，2017

36)　東　潮『倭と加耶の国際環境』吉川弘文館，2006

37)　高田貫太『古墳時代の日朝関係』吉川弘文館，2014ほか

38)　橋本達也「東アジアの甲冑副葬と古墳時代社会の特質」『古墳と国家形成期の諸問題』山川出版社，2019

39)　田中晋作「古墳時代の外交と軍事」『古代武器研究』17，2022

40)　井上光貞「大和国家の軍事的基礎」『日本古代史の諸問題』思索社，1949

41)　上田正昭「令制以前における軍事団の諸問題―建部を中心として―」『國史學』72・73，1960

42)　笹山晴生『日本古代衛府制度の研究』東京大学出版会，1985

43)　白石太一郎「有銘刀剣の考古学的検討」『歴博大学院セミナー・新しい史料学を求めて』吉川弘文館，1997

44)　井上光貞「雄略朝における王権と東アジア―五世紀末葉・六世紀前半における倭国とその王権第一部」『東アジア世界における日本古代史講座』4，学生社，1980

45)　鎌田元一「王権と部民制」『講座日本歴史』1，東京大学出版会，1984

46)　吉村武彦「倭国と大和王権」『岩波講座　日本通史』2，岩波書店，1993

47)　田中史生「倭の五王と列島支配」『岩波講座日本歴史』1，岩波書店，2013

48)　鈴木靖民「倭の五王の外交と内政―府官制秩序の形成」『日本古代の政治と制度』続群書類従完成会，1985。同「倭国と東アジア」『日本の時代史』2，吉川弘文館，2002

49)　熊谷公男『大王から天皇へ』講談社，2001。同「古代史からみた古墳時代―稲荷山鉄剣銘を読みなおす―」『季刊考古学』117，2011ほか

50)　岸　俊男「稲荷山古墳鉄剣銘の読みについて」『中央公論』5―5，1979。前掲註43ほか

51)　前掲註1松木2014。松木武彦「日本列島先史・原始時代における戦いと戦争のプロセス」『年報人類学研究』12，2021

52)　装飾付大刀や群集墳でみられる武器副葬に反映され分析が注目される。新納　泉「装飾付大刀と古墳時代後期の兵制」『考古学研究』30―3，1983ほか

季刊考古学 年間定期購読のご案内

年間購読料　本体（税抜）2,400 円 × 4 冊 = 9,600 円（送料無料）
年間 4 回（季刊）の発売と同時にお手元にお届けします。

定期購読をご希望の方は，下記のお申し込み方法とご注意をご覧のうえ，お申込みください。お支払方法は，基本的に郵便振替での前払いとなります。

■定期購読のお申し込み方法

① 下記必要事項をご連絡ください。電話・FAX 等で受け付けます。また，弊社ホームページからはお申込みフォームによって簡単に送信できます。ご活用ください。

【必要事項】
・お名前・フリガナ
・ご住所（郵便番号・都道府県・ビル・マンション名もお知らせください）。
・電話番号・メールアドレス
・別冊季刊考古学の定期購読の有無
　　＊季刊考古学には，本誌の他に『別冊 季刊考古学』があります（不定期）。
　　＊別冊は刊行が不定期ですので，刊行のつど，請求書と振込用紙を同封させていただきます。
・バックナンバーを合わせてご購入される場合は，号数をお知らせください。

② お申し込み後，弊社よりお送りする振替用紙にて郵便局よりお振込下さい。

③ お振込みを確認次第，振替用紙記載の開始号から送付させていただきます。
　なお，お客様からのお申し込み日を基準として購読期間を設定，送本を開始させていただきますので，下記ご購読に関しての注意事項をよくお読みいただいたうえ，お申し込み下さい。

■お問い合わせ先

雄山閣　営業部　Mail.info@yuzankaku.co.jp ／ HP. http://www.yuzankaku.co.jp
Tel. 03 - 3262 - 3231／ Fax. 03 - 3262 - 6938（営業時間：平日 9：00 〜 17：00）

■定期購読に関してのご注意

□開始号について
　『季刊考古学（本誌）』は年間 4 回の発売予定です。お客様からのお申し込み日直後の号から定期購読の送本を開始いたします。なお，お客様の定期購読期間につきましては，弊社よりお送りする年間購読料金振込み用紙に記載させていただきますので，よくお確かめ下さい。

□配送について
　運送会社より，住所（マンション等の場合，建物名・部屋番号）と表札を確認しポストに投函する方法で配送をおこなっております。お届け先が特定できないと配送されない場合がございますので，建物名・部屋番号・「〜様方」等の詳細をご記入のうえお申込み下さい。

□配達日について
　弊社より発売と同時に発送を手配致しますが，交通事情等により到着が遅れることがございます。また，万が一到着が大幅に遅れた場合や，発売日を過ぎても届かない場合がありましたら，大変お手数ですが上記のお問い合わせ先までご連絡下さい。

□住所変更について
　本書籍の配送は上記方法でおこなっており，郵便ではございませんので，新しい住所への転送はされません。購読期間中にご住所等の変更があった場合は，氏名，新しい送付先，電話番号，変更の期日を上記のお問い合わせ先までご連絡下さい。

□購読更新について
　購読期間終了が近づきましたら弊社より次年度の購読についてご案内申し上げます。

　＊その他，ご不明な点などがございましたら，上記までお気軽にお問い合わせ下さい。

石刀や土偶が出土した縄文後期の集落・墓域

神奈川県
上粕屋・秋山遺跡8区

構成／岩　佑哉

上粕屋・秋山遺跡は扇状地上の台地に立地する遺跡で，8区ではとくに縄文時代後期の遺構群が検出された。主な遺構には敷石住居跡や配石遺構群，石列などがある。さらに，配石遺構群の下層からは土坑墓や配石墓が多数発見されている。

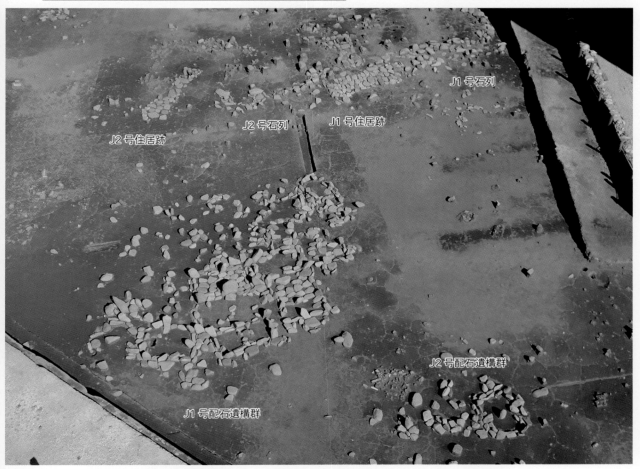

縄文時代後期遺構群（南から）斜面の上位に住居域がつくられ，下位に配石遺構群が展開する。

J3号配石遺構群
方形状に配される礫が確認できる。8区に隣接する4区でも同様な配石遺構群が検出され，一連のものと考えられる。

土坑墓・配石墓群（一部）
J1・2号配石遺構群の下層からは配石墓が18基，土坑墓が35基検出された。

石刀出土状況 （神奈川県教育委員会所蔵）
J1号配石遺構群からは薪内（しだない）型とみられる石刀が完形で出土した。

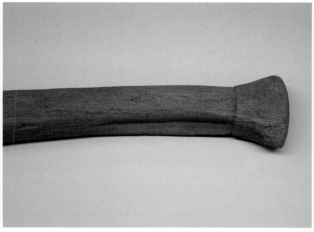

石刀柄部拡大 （神奈川県教育委員会所蔵）
石刀の柄頭部と柄部の境界には，段差がある。また，柄部には浅い溝が確認できる。

J1号住居跡　炭化材出土状況
堀之内2式期～加曽利B1式期の敷石住居跡。主体部からは炭化材のまとまりが検出された。

土偶出土状況 （神奈川県教育委員会所蔵）
縄文時代後期と考えられる土偶が出土した。顔は仮面を被っているかのような表現が観察される。

双口土器 （神奈川県教育委員会所蔵）
遺構外からは，加曽利B1式の双口土器と考えられる土器が完形で出土した。

双口土器内面拡大 （神奈川県教育委員会所蔵）
この土器の内面には赤彩された痕跡が確認できる。

日本最大の円墳

奈良県富雄丸山古墳

構成／村瀬　陸
写真提供／奈良市教育委員会・
奈良県立橿原考古学研究所

2017年度に航空レーザ測量，2018年度から5年計画で発掘調査（学術）を実施し，直径約109mの造出し付円墳であることが明らかとなった。出土埴輪や副葬品から，古墳時代前期後半（4世紀後半）に位置づけられる。大型古墳が大和から河内へ進出し，対外情勢も不安定となるこの時代。富雄丸山古墳の調査成果は，これらの意義を解明する上で今後最重要視されるものであろう。

造出し粘土槨出土の蛇行剣（北西から）

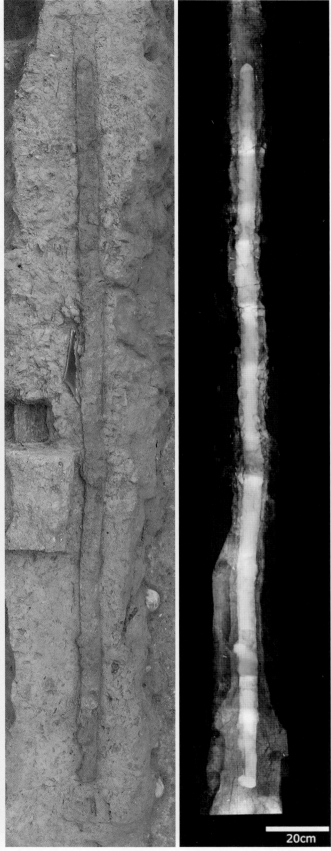

20cm

東アジア最大の蛇行剣

粘土槨出土の鼉龍文盾形銅鏡
銅鏡は鏡面を外側に向けて出土した。当初は盾形の銅板とも思われたが，取り上げた背面の文様をみて驚愕した。

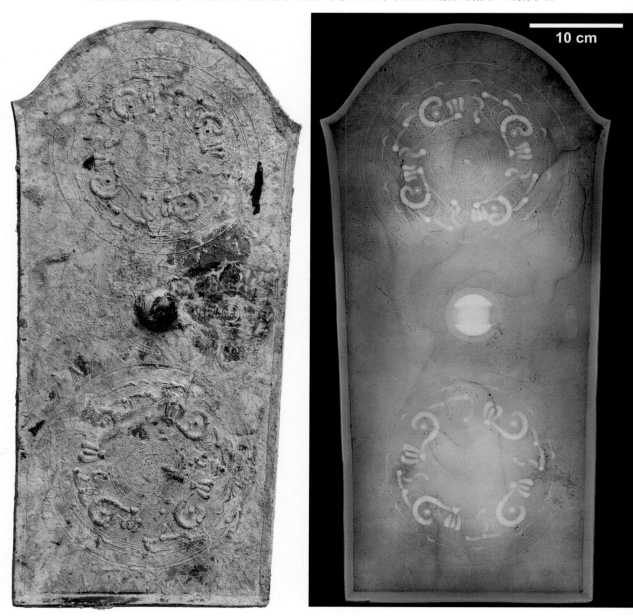

10 cm

出土事例のない鼉龍文盾形銅鏡
古墳時代倭鏡にみられる鼉龍文が鈕の上下に確認できる。出土品でなければ信じがたいような一点物である。

伊勢原の台地に広がる縄文後期の集落・墓域

神奈川県伊勢原市上粕屋・秋山遺跡8区

岩 佑哉

公益財団法人かながわ考古学財団

1 遺跡の立地と調査概要

上粕屋・秋山遺跡は神奈川県伊勢原市に所在し、小田急小田原線伊勢原駅から北西に約2.7km離れている。遺跡は渋田川と鈴川に挟まれた上粕屋扇状地上の台地に立地し、標高は約62mを測る。遺跡の北側は東流する渋田川支流の支谷に面している。

調査地点は南東向きに下る緩斜面に広がり、周辺には縄文時代中期から後期の集落跡が発見された上粕屋・和田内遺跡や神成松遺跡などが存在している。今回紹介する8区は、一般国道246号(厚木秦野道路)建設事業に伴う事前の発掘調査として行われた。8区の調査は2022年6月から開始し、2023年7月も継続している。調査を進めたところ、縄文時代後期の遺構が多数発見された。以下では、当該時期の遺構や遺物を中心に紹介する。ただし、内容は2023年7月時点での調査成果や所見に基づくものであり、今後の発掘調査や出土品整理などにより遺跡や遺構の評価、帰属時期などが変わる場合がある。

2 発掘調査成果について

①後期の集落

住居跡は、後期前葉(堀之内1式期)から後期中葉(加曽利B1式期)が合計10軒確認された。そのうちJ1号住居跡は後期前葉(堀之内2式期)〜後期中葉(加曽利B1式期)に相当するもので、炉から張出部にかけてのみ敷石がみられる。この張出部は「凸」の字形に、左右に大きく広がる。J1号住居跡の主体部からは、炭化材の広がりが確認されている。そのなかには、柱材と考えられる垂直方向の炭化材が壁際に沿うように数点検出された。また、最も良好に残存しているものは、炉の奥側に接するように配置された炭化材である。後世の柱穴などにより部分的に欠損しているが、もともとは1本の柱材であったと想定される。さらに、この炭化した柱材は丸太材を縦割りしたものであることも判明した。これらの炭化材は敷石面より若干低い位置から出土しているため、住居床面を構成した施設と考えられる。

同県秦野市稲荷木遺跡でも、主体部に良好に炭化材が残存する敷石住居跡が確認されており、このJ1号住居跡と同様に、炉の奥側に渡される炭化材が敷石による床面と同等もしくはその下位で確認されている。両遺跡の住居跡は時期的にも近く、当該時期における住居構造について検討するうえで、重要な遺構といえる。

J1号住居跡における主体部と張出部との連結部から、東側にJ1号石列、西側にJ2号石列が展開する。J2号石列のさらに西側には、J2号住居跡が存在する。この住居跡も炉から張出部にかけて敷石がみられるもので、出土遺物から加曽利B1式期のものと考えられる。加えて、環礫方形配石を伴う住居で、この環礫方形配石からは礫だけではなく、土器片も出土した。

②後期の配石遺構群・石列

J1号住居跡の前面にあたる南側斜面下位には、配石遺構群が広がる。そのうちJ1号配石遺構群は、約10m四方の範囲に及ぶ。地面に突き立てられた立石は直線的に並び、その根元を繋ぐように長楕円形状の礫が1〜2列に並べられる。そのため全体を上から見ると、礫が連続した方形区画を構成する。礫による区画の内側には、部分的な敷石が確認できる。さらに立石部分をより詳細にみると、1つの立石に対して1つの平石が置かれ、その平石を横長の礫で取り囲むような構造がみられる。配石を構成する礫の中には、石棒も用いられている。とくに立石に使われた石棒は頭部を上にするものと、下に向けるものとが確認できた。これらの石棒は、後に配石遺構群の礫として転用された可能性がある。

また、J1号配石遺構群に伴う遺物は少ないが、完形の石刀が1点出土している。この石刀は内反りの刀のような形状をしており、柄部には浅い溝が確認できる。加えて、柄頭部と柄部の境目には段差があり、その境界が明瞭である。これらの形態的特徴や加工は、東北地方北部を中心に分布する蒔内型の石刀にみられるものである。石材についても岩手県南部の粘板岩である可能性があり、今後の比較検討が必要である。J1号配石遺構群から南東に約5mのところに、比較的小規模なJ2号配石遺構群が展開している。J1号配石遺構群に構造が類似するものの、長方形に区画された中央部分にも立石を有する。J1・2号配石遺構群から東側に約49m離れてJ3号配石遺構群が認められた。2021年度に、8区南側に隣接する4区の調査を行った際、配石遺構が検出されており、その一連と考えられる。

J1号石列は、J1号住居跡張出部基部から東側に派生する遺構である。この石列の北側に接して堀之内1式期と考えられる敷石住居跡が存在し、その主体

図1　J1号石列

図2　J15号土坑

部を壊してJ1号石列が設けられている。検出当初は、やや乱雑に重なる礫が列状に並んでいる印象であった。上部の礫を外していくと、一対の立石と平石からなり、その平石の周囲を横長の礫で取り囲むというJ1号配石群と同様の配石単位が連続して確認できた。

③土坑墓・配石墓

　J1・2号配石遺構群の検出面から約20cm掘り進めたところで、土坑墓が35基、配石墓が18基検出された。土坑の規模は長軸約160〜200cm、短軸約70〜90cmを測り、深さは遺構検出面から約20〜30cmである。土坑の平面形は概ね長楕円形状を呈する。これらの墓坑群の位置は上層の配石遺構群に重なるものの、墓坑群のほうが配石遺構群より広く展開している。多くの墓坑は長軸が東西方向または南北方向のものの2種類に大別できるが、長軸が北西−南東方向のものも一部存在する。配石墓については、土坑の両端に礫が配されるものが10基、どちらか一端に礫が置かれるものが7基である。配石墓における礫の内法については、長軸約150〜160cmを測る。唯一J15号土坑は礫が全周する配石墓で、12点の礫から構成される。また、石棺状の礫は西側が先細りするように配置されており、墓坑の平面形態においても東側が広く、西側がやや狭くなっている。これは被葬者の頭位方向を示している可能性があり、幅広の東側が頭位を示すものと推察される。さらに、この墓坑内部の東側からは舟形土器と鉢形土器が入れ子状になって出土しており、これらは副葬土器と考えられる。一部の墓坑内からも鉢形土器や深鉢形土器片が出土しており、いずれも加曽利B1式の所産である。

　その他に、小型石皿や磨石などの石器類も墓坑内から出土している。J15号土坑の形態と埋葬頭位の関係性を他の墓坑についても当てはめると、埋葬頭位は主に東または南の方位となる。また、J3号配石遺構群の下層からも土坑墓6基、配石墓2基が確認されている。そのうち、1基からは副葬土器と推定される鉢形土器が出土した。

3　まとめ

　以上、上粕屋・秋山遺跡8区では、主に縄文時代後期前葉（堀之内1式期）〜後期中葉（加曽利B1式期）の住居跡や配石遺構群、土坑墓、配石墓が確認されており、当該時期の集落・墓域を把握するために貴重な事例のひとつである。遺跡は南東に向かって標高が下る地形となっており、居住域は斜面の上位にあたる北側につくられ、その前面に墓域が展開する。そのため、居住域のほうが墓域より約60cm高い場所につくられる。

　遺構外出土遺物には、加曽利B1式の双口土器と考えられる遺物が出土した。この土器の内面は赤彩されている。土偶も数点出土している。中実土偶には、顔に仮面を被ったような表現がみられるものがある。その他には筒形土偶も出土しており、いずれも後期の所産と考えられる。

　今後はこれらの遺構・遺物から、当該地域における縄文時代後期の居住域や墓域について、より具体的に検討する必要がある。

参考文献

公益財団法人かながわ考古学財団　『上粕屋・秋山上遺跡第2次調査』かながわ考古学財団調査報告333，2023

造出し粘土槨から出土した蛇行剣と鼉龍文盾形銅鏡

奈良県奈良市富雄丸山古墳
とみ お まるやま

村瀬 陸
奈良市教育委員会

富雄丸山古墳は，佐紀古墳群から南西に約5km離れた奈良市丸山一丁目に所在する。江戸時代の『聖蹟図志』には河上陵とされていたことが記録され，明治時代に盗掘を受けているが，その時に出土したものの一部が京都国立博物館に所蔵され重要文化財に指定されている。1972年には奈良県教育委員会が宅地造成に伴う発掘調査を実施し，墳頂部で粘土槨を確認した。

2017年度には，奈良市教育委員会が奈良市西部の文化財活用を目的に航空レーザ測量を実施し，直径約110mの造出し付円墳とみられることが明らかとなった。日本最大の円墳となる可能性や既往の調査などでの重要性に鑑み，これを5年計画で範囲確認発掘調査し，国史跡を目指す方針を固めていった。

2018年度から実施した発掘調査では，直径109mの3段築成で，2段目は鰭付円筒埴輪列，1段目は普通円筒埴輪列と置き分け，平坦面の幅も約7mと幅広いことを確認した。北東側に張り出す造出しは，左右非対称かつ段の収束などが認められる特異な3段築成である。これを前方部とみる意見もあるが，円丘部に対する比率が短いことや，一般的な前方部にはない特異な構造であることから造出しと考えている。また，円丘部南東側では湧水施設形埴輪やミニチュア高杯が出土し，付近に祭祀空間が広がる可能性がある[1]。一方，2021年度までの調査では，造出しの性格を示すような成果は得られていなかった。そこで2022年度は，造出し上段中央部での発掘調査を実施した。

1 造出し上段部の粘土槨について

第2・3次調査で，造出し上段中央に長方形の掘り込みがあることを確認していた。検出地点からみて埋葬施設である可能性が高いことから，第5次調査までは古墳の構造を明らかにすることに注力した。しかし，造出しの性格を明らかにすることができず，第6次調査で造出し上段部の調査を行うことにした。

結果として，造出し上段中央部に長さ約7.4m，幅約3mの墓坑を検出し，深さ約1mで粘土槨を確認した。粘土槨は長さ約6.4m，幅約1.2mで，中央部が陥没していたものの未盗掘であった。

粘土槨の内部調査については，富雄丸山古墳発掘調査検討会議を経て，文化庁・奈良県の助言をいただき，奈良県立橿原考古学研究所協力のもと進めることとなった。掘削方針を決めるために，金属探知機をかけたところ，南西側の被覆粘土中にのみ金属反応があったため，南西側の被覆粘土から掘削作業を行った。

被覆粘土を約5cm掘り下げたところで鉄錆を検出し，その範囲をまず確認した。その後，慎重に検出作業を行い，長さ約237cm，幅約6cmの蛇行剣であることが判明した。さらにその下部からは，鼉龍文盾形銅鏡が鏡面を外側に向けた状態で出土した。そして，さらに被覆粘土を除去すると，コウヤマキ材の割竹形木棺が出土し，蓋も良好な状態で残存していることを確認した。つまり，今回出土した2点の遺物は，木棺を被覆粘土で覆う過程のなかで副葬されたものである。

図1 富雄丸山古墳の位置

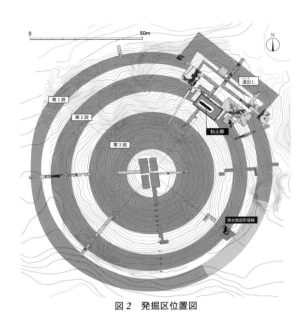

図2 発掘区位置図

2 蛇行剣について

全長237cm・刃部長216cm・刃部幅6cm・茎長21cmの長大な鉄剣であり，刃部に6回の屈曲点をもつ蛇行剣である。柄鞘には有機質の痕跡が遺存しており，装具を含めた全長は約267cmに復元できる。蛇行しているため鞘の幅は約9cmある。鼉龍文盾形銅鏡を粘土で覆った後，水平面を作り出して置かれており残存状態も良好である。蛇行剣は，日本で約85例，韓国南部で約4例の出土が現在確認されている。これらはすべて古墳時代中期（4世紀末）以降の古墳から出土しており，富雄丸山古墳出土例は前期後半（4世紀後半）にまでさかのぼる最古例となる。また，蛇行剣として最大の事例は全長84.6cm（奈良県北原古墳）であったが，富雄丸山古墳例はそれをはるかに越える長さである。鉄剣としてみた場合でも，最大例は全長115cm（広島県中小田第2号墳）であり，200cmを超える鉄剣は中国・韓国でも出土例が見当たらず，古代東アジア最大の鉄剣とみられる。

3 鼉龍文盾形銅鏡について

長さ64cm・最大幅31cm・最大厚0.5cm・重量約5.7kgの青銅製品で，盾形につくられている。表面は無文で細かく研磨されており鏡面をなす。背面には文様が鋳出され，中央に直径4.8cmの鈕を配する。

背面中央の鈕座にあたる部分には鋸歯文－列点文－鋸歯文がみられ，その左右には3重の円圏で区画された内部に渦状の文様，外側を内外に向けた鋸歯文がめ

ぐる太陽のような文様がある。また，鈕からは繊維質の痕跡が半円状に残り，紐よりやや幅広の織物を鈕に通していたと推定される。

鈕の上下には，古墳時代倭鏡の代表的鏡式である鼉龍鏡の図像文様が線・半肉彫りで表現される。本来は鈕にあたる中央部分に鈕がなく，円圏で区画して渦状文と鋸歯文を描いている。その外側には半肉彫りで神像と獣像が表現される。4つの乳と呼ばれる突起を獣の胴部が巻き込んでおり，巨と呼ばれる棒も表現される。神像は頭の頂部が平坦化し，体部は三分胴となって写実性が失われている。この外側には半肉彫りの獣文帯がめぐり，さらに外側を2重の鋸歯文がめぐる。この鋸歯文間には幅の狭い区画帯があり，鈕の上部の図像には列点文が認められるが，下部では欠落している。また，上下の図像文様では獣像の旋回方向が逆になっており，神獣像の表現もひとつずつが微妙に異なっている。この図像文様は鼉龍鏡でいう内区にあたる部分で，その直径は約21.6cmあり一般的な鼉龍鏡よりやや大きい。周縁に沿って沈線があり，その内側に内向鋸歯文が描かれているが，文様のない部分を埋めるように大きくなったり小さくなったりしている。周縁は，やや斜めに立ち上がる形状となっている。

鼉龍鏡の図像文様と比較すると，下垣仁志による鼉龍鏡A系の段階4にあたる主像表現であり，埴輪編年ではⅡ期に対応するので，概ね4世紀中頃～後半の製作と考えられる。富雄丸山古墳出土埴輪はⅡ期に相当するため，古墳の築造時期と概ね合致する。

4 富雄丸山古墳の被葬者像

4世紀の大型前方後円墳では，竪穴式石室を採用するが，円墳であり粘土槨が採用されている点で，佐紀古墳群の大型前方後円墳との格差が認められる。副葬品や埴輪の組成からみて，倭王権との関連は強く，その支配下に置かれた人物を想定できる。また，暗越奈良街道と富雄川の交差点に単独で立地することも，モニュメントとして交通拠点をおさえる役割があったことを示唆する。

また，墳頂部と今回みつかった造出しにそれぞれ粘土槨が存在するが，規模や構造は墳頂部のものが重厚である。一方，副葬品は墳頂部が規格的な優品（石製品など），造出しが特注品ともいえる珍品であった。長大な蛇行剣や鼉龍文盾形銅鏡は現代で注目されているが，古代における価値がどのようなものであったのかは，今後の調査をふまえて検討したい。

註

1）村瀬　陸編『富雄丸山古墳発掘調査報告書1』奈良市教育委員会，2022

瓦からみた宮殿・寺院の造営期間と生産体制
─飛鳥寺・藤原宮・本薬師寺の事例から─

京都国立博物館
石田由紀子
（いしだ・ゆきこ）

古代において瓦の生産体制と宮殿・寺院の造営期間との間には密接な関連性があった

瓦は建築資材の一部である。そのため，何らかの建物を建てる契機があって初めて生産される。瓦は建物の構造や大きさと関わるため，主要な建物は，瓦のサイズや種類などを予め決めておく必要がある。また，建設工程との連携も必要で，垂木をかけ，野地板を張ったら，木部が雨に濡れないようにできるだけ迅速に瓦を葺かねばならない。そのために屋根木部ができる時期を見越して，事前に必要な量の瓦を生産し，現地に搬入しておくのが望ましい。このように瓦を生産するには，建物の建設工程と連携させた綿密な計画と，それを実行できる体制が不可欠である。

瓦の生産は，基本的には建物の造営段階には着手されていると考えられるが，生産の開始時期や操業期間，そして終了時期を知ることは容易ではない。古代において瓦の年代を知る手がかりになるのは，瓦当文様の編年と，それに実年代を与える文献や木簡などの史料，そして年代がわかる遺構からの出土などがあげられる[1]。筆者はかつて，藤原宮の瓦の生産年代や造瓦体制について検討をおこなったことがある[2]。本稿ではその成果に加え，研究の蓄積がある飛鳥寺や本薬師寺を例に瓦からみた宮殿・寺院の造営期間や体制について考えていきたい。

1 飛鳥寺

瓦生産の開始 日本で初めて本格的に瓦を葺いた寺院は飛鳥寺である。『日本書紀』（以下『書紀』）によると，飛鳥寺は用明天皇2年（587）7月に蘇我馬子によって発願された。翌年の崇峻天皇元年（588）には，本格的な寺院建立のため，百済より寺造りの技術をもつ工人が招聘されている。そのなかには4人の瓦博士（瓦師）が含まれ，彼らが日本の瓦生産の基礎を築いた。飛鳥寺の造営や瓦生産に関しては，すでに多くの研究が蓄積されており，古代寺院の造営期間や順序，生産体制を考

えるうえで基準となっている。ここでは，これまでの研究成果を踏まえ，改めて飛鳥寺の瓦生産開始時期について確認する。

飛鳥寺の造営は，『書紀』には用明天皇2年の発願後，崇峻天皇3年（590）10月に材木を山で取り，同5年（592）10月に仏堂と歩廊を起こし，翌年の推古天皇元年（593）正月に塔の利柱が立ったとある。そして同4年（596）11月に，『書紀』は飛鳥寺を造り終わったとあるが，『元興寺伽藍縁起幷流記資材帳』（以後『元興寺縁起』）にある「露盤銘」からも，これは塔の完成を指すと考える説が有力である[3]。

飛鳥寺は塔が伽藍の中心であることは発掘調査で明らかになっており，伽藍の中軸線上にあるだけでなく，伽藍地割の起点にもなっている[4]。したがって伽藍造営は，塔から着手された可能性がある。とすれば，飛鳥寺は発願から最初の堂塔である塔の完成まで9年が経過していたことになる。なお，崇峻天皇5年の仏堂と歩廊に関しては，竣工ではなく起工と考えられる[5]。大橋一章は，飛鳥寺造営の杣取の時期や，古代寺院の造営期間をもとに飛鳥寺の造営過程を検討している。粟原寺は22年，本薬師寺は約20年，法隆寺西院伽藍は

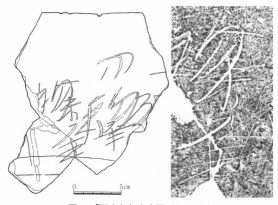

図1 「丁未年」文字瓦（註8より）

約40年かかっていることをあげ，古代寺院の造営期間は長く，1つの堂塔を4，5年かけて1つずつ完成させながら順次建立するため，回廊内の複数の堂塔を同時に着工することは不可能と指摘した[6]。このことは瓦からも補強でき，7世紀の寺院では，本薬師寺など出土瓦の范傷進行から堂塔の建てた順番が推定できる事例があり，基本的には1つの堂塔を順番に造営したものと考えられる[7]。

次に飛鳥寺の瓦生産の開始時期に目を向ける。飛鳥寺に隣接する飛鳥池遺跡では，「丁未年」と書かれた瓦が出土している（図1）。瓦は飛鳥寺所用で，その特徴から創建期に位置付けられる[8]。したがって，この「丁未年」は用明天皇2年（587）を指し，まさに飛鳥寺発願の年にあたる。これが生産時年を刻んだのであれば，生産年代を示す決定打となるが，瓦博士が来日する前なので，この年に生産されたとは考え難い。花谷浩が指摘するように，「丁未年」は生産年代ではなく，飛鳥寺にとって重要な年として書かれたと想定できる。

さて，崇峻天皇元年（588）に来日した瓦博士は，すぐに瓦作りのための準備に着手しただろう。まずは窯を構築するのに適した場所を選定し（周辺で良質な粘土や燃料となる薪が確保できるか，窯を構築するのに適した地形か，飛鳥寺に瓦を搬入する経路など），瓦工人の育成，道具の準備，そして窯の構築と仕事は山積していたことは想像に難くない。

瓦の生産開始時期を具体的に知ることは難しいが，推古天皇元年（593）正月に塔の心柱が立つという記載を参考にすれば，この頃には瓦の生産が開始され，来るべき屋根葺きに向けて準備が進められていた可能性が高い。少なくとも塔が完成する推古天皇4年（596）までには，確実に瓦生産は開始されていただろう。瓦博士来日からは8年の月日が経っている。飛鳥寺の場合は瓦窯の構築や工人の育成などを含め，一からの瓦生産である。そのことを踏まえると，かなり迅速に瓦生産が進められたと考えられる。

塔を完成したのちは，推古天皇13年（605）4月に銅・繡丈六仏像各1躯を造り始め（『書紀』），『書紀』には翌同14年（606）年に，『元興寺縁起』では同17年（609）に完成したとある。このように日本で初めての本格的な寺院は，蘇我氏の財政力を基盤に，発願から約22年で完成した。

瓦の生産体制　飛鳥寺の造瓦体制については，すでに多くの先行研究があり[9]，ここではそれらをもとに，飛鳥寺の瓦生産体制に絞って要点のみ述べる。飛鳥寺の創建瓦は百済から渡来した4人の瓦博士が関与したもので，瓦当文様や造瓦技術からも百済の直接的な影響が確認できる。飛鳥寺の創建瓦を生産した造瓦集団には2系統があり，これらは瓦当文様の特徴から「花組」，「星組」と呼ばれるが（図2），両者の違いは文様の違いだけで

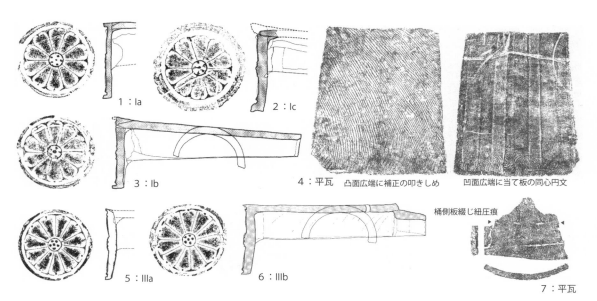

1：Ia　2：Ic　3：Ib　4：平瓦　凸面広端に補正の叩きしめ　凹面広端に当て板の同心円文

5：IIIa　6：IIIb　桶側板綴じ紐圧痕　7：平瓦

図2　飛鳥寺の「花組」（1〜4）と「星組」（5〜7）の軒丸瓦と平瓦（軒丸瓦1：8，平瓦1：10）
（註9花谷2000b，大脇2018を一部改変）

はない。瓦の生産地，焼成や色調，軒丸瓦の裏面
の調整や丸瓦の接合手法，丸瓦の形状，丸・平瓦
の調整手法，平瓦を製作する際の桶（内型）の形
状などもそれぞれ違いがある。このことから，彼
らは祖国百済では別の造瓦集団に属していたと思
われる。飛鳥寺の瓦作りはゼロベースからのス
タートであり，首尾よくいく保証はない。２つに
分かれることで，より効率良く大量の瓦が生産で
きるのと，仮に片方に問題が生じても，もう片方
が残るという，リスク分散ができる。初めての瓦づ
くりを成功させるための戦略の一端が垣間見える。

2 藤原宮の瓦生産

瓦生産の開始 古代において，寺院や宮殿の瓦生
産開始の時期を知ることは難しい。そのなかで藤
原宮は，造営段階の遺構がみつかっており，それ
を糸口に瓦の生産開始年代をある程度知ることが
できる貴重な事例である。

　藤原宮の造営期の遺構で，とりわけ重要なのが
運河 SD1901A である（図3）。SD1901A は宮造営
時の資材を運搬した南北の運河で，大極殿や大極
殿南門，内裏など，宮の中軸にある重要建物の真
下を北流する。したがって，これらの建物は，
SD1901A が埋められた後に造営されたことが確実
である。藤原宮は持統天皇8年（694）12月に飛
鳥浄御原宮から遷都しており，翌月の持統天皇9
年（695）1月には，内裏で公卿大夫との饗宴が催
される（『書紀』）。したがって藤原遷都までには
SD1901A は埋め立てられ，上に建物が建てられて
いたことがわかる。

　さて，SD1901A では埋土が3・4層確認されて
いる。最下層は砂層・粗砂層で，運河機能時の流
水層である。ここからは，天武天皇11〜13年
（682〜684），および天武天皇14年（685）に制定さ
れた冠位「進大肆」と記された木簡が出土した[10]。
このことから，藤原宮の造営年代が天武末年まで
遡ることは確実である。ここからは丸瓦・平瓦の
破片が出土しており，宮の瓦生産が天武末年には
開始され，宮内に搬入されていたことがわかる。

　さらに SD1901A より古い遺構として，藤原京
の条坊道路がある（図3）。条坊は藤原宮内にも敷
設され，宮造営時に埋め立てられたことが判明し
ている。つまり藤原京の条坊が藤原宮の造営に先
行する。この条坊は新旧2時期あり[11]，新しいも
のを先行条坊，古いものを仮に「先々行」条坊と

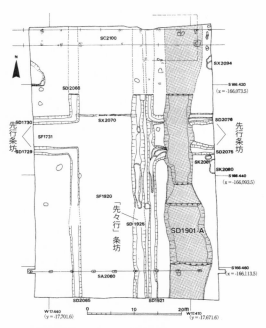

図3　運河 SD1901A と「先々行」条坊・先行条坊（1：800）
（註2 石田 2012 に一部追記）

呼んでいる。「先々行」条坊は，先行条坊と位置が
若干異なっており，京内全域に及んでいない可能
性が高い。また，遺物の出土量も少なく，比較的
短期間に埋められたと考えられる。他方先行条坊
は，「先々行」条坊が埋められた後，京内の条坊道
路と同じ規格で京内全域に敷設される。

　この「先々行」条坊と先行条坊は，『書紀』に
みえる「新城」の造営計画の記事と関わると考え
られている。『書紀』において造都計画に関する記
載は，天武天皇5年（676）と天武天皇11年
（682）の2回確認できる。前者は，新城の造営計
画と頓挫，後者は再度新城の造営計画についてで
ある。したがって最初の造都計画が「先々行」条
坊に，再度の造都計画が先行条坊にあたると考え
られる。とくに天武5年の計画が頓挫した記事は，
「先々行」条坊が京内全域に及ばず，存続時間がそ
れほど長くない点とも合致する。

　この「先々行」条坊からは，現時点では瓦は出
土していない。他方，先行条坊からは瓦が出土し
ている。この事実を2回の造都計画に当てはめれ
ば，少なくとも天武天皇5年の段階ではまだ瓦が
生産されていない，もしくは宮内に瓦が搬入され
ていなかったと考えることができる。先行条坊に
関しては，SD1901A より先行するものの，両者は
併存していた時期があり，同時に埋め立てられて

表1　藤原宮の軒瓦生産地一覧

グループ	産地	軒丸瓦	軒平瓦	既存/新設	時期区分
A	日高山瓦窯	6233Aa・Ab・Ac 6274Ab・Ac 6275E・I 6279Aa	6643Aa	新設	I期
B	久米瓦窯	6271A・B・C	6561A	既存	II期
C	高台・峰寺瓦窯	6233B 6273A・B 6275A・B・C・H・J・N 6276G 6279Aa・Ab・B	6641E 6642A・B・C 6643Ab 6643B・C・D・E	新設	II期
D	西田中・内山瓦窯		6641F	新設	II期
E	牧代瓦窯近接窯	6276C・F	6647Ca	既存?	I期
F	推定讃岐東部 or 阿波産	6278C・E	6647E	—	I期
G	近江石山国分遺跡	6278A・D・F・G	6646A・Ba・Bb	既存	I期
H	安養寺瓦窯	6275D 6281A	6641C	新設	II期
J	大和産(大和郡山市か)	6273C	6641Aa・Ab・N	—	II期
K	讃岐宗吉瓦窯	6278B	6647D	既存	II期
L	淡路土生寺瓦窯	6274B	6646E・F	既存	II期
M	推定和泉産	6274Aa	6647A・B	既存	I期
N/P	高台・峰寺瓦窯	6275A・H 6279B	6643C・6646C 6643Ab	新設	I期
Q	推定奈良盆地産	6274Ac	6643Aa	新設	I期
R	今泉瓦窯	6273B	6641E	—	I期
S	三堂山瓦窯	6233Ab・Bb, 6275E?		新設	I期
T	大和産	6273D		新設?	II期
U	大和産		6646D	新設?	I期
V	大和産(五條市か)		6646G	—	I期

＊型式番号の太ゴチックは瓦窯からの出土が確認されている型式。

いる。したがって，現時点ではSD1901A出土瓦と同時期とみておくべきだろう。

　以上から，藤原宮の瓦生産は，少なくとも天武末年（682～685）には開始されていたと考えることができる。このことは，宮造営と瓦生産とがほぼ軌を一にしていたことを示す。宮の建設工程と建設資材の調達とが，うまく連動しながら計画的に進められていたことがうかがえる。

瓦生産体制　藤原宮の瓦生産の最大の特徴は，膨大な量の瓦の供給を，生産地を分散させることで可能にしたことである。したがって，出土する瓦は製作技法や焼成・胎土などが多様であり，それらをもとに，現在A〜Vまでの19のグループとして分類されている（表1）[12]。これらのグループは，大きく既存と新設に分けられ，前者は宮造営以前から操業していた造瓦グループ，後者は宮造営に伴って新規に設置された造瓦グループである。ただし，これらすべてが同時期に操業していたわけではない。宮造営の進行とともに，より効率的な生産に対応するため，造瓦グループも変化していく。ここでは宮造営を支えた瓦生産を，時間軸に沿って2期に分けて確認する。

I期　天武末年〜朱鳥元年（686）頃

　藤原宮の造営は天武末年（682〜685）には開始

されている。この段階に操業していた造瓦グループは，SD1901A最下層出土瓦の胎土と焼成の特徴から，A.日高山瓦窯，E.牧代近接瓦窯，N/P，Qグループがあげられる。そのうちN/Pグループは，C.高台・峰寺瓦窯の前身である可能性が高い。いずれも大和国内の造瓦グループであり，少なくともA.日高山瓦窯，N/P，Qグループは，新設の造瓦グループである。E.牧代近接窯については，従来は本薬師寺所用である牧代瓦窯と考えられてきた。藤原宮所用軒平瓦6647Cが，本薬師寺所用軒平瓦6647Fと同范と考えられていたためである。しかし近年の研究でこれらは別范と判明したため[13]，牧代瓦窯はあくまで本薬師寺の瓦窯であり，牧代近接窯とは区別すべきことが明らかになった。ただし，両者の胎土は類似し，一部に製作技法が共通する軒平瓦も確認できる。したがって，立地が近接し瓦工同士の交流があるような近い関係の造瓦グループと考えている。

　さて，これら造瓦グループの瓦は宮内では東面大垣で多く出土する。一方で，SD1901A埋立て後に造られた大極殿や朝堂院など宮中枢部の建物には用いられない。したがって，宮造営は藤原宮大垣，とくに東面大垣から着手され，順に西に向かって進められたと考えられる[14]。

　なお，大垣から出土する瓦には，K.讃岐宗吉瓦窯やL.淡路土生寺瓦窯，M.推定和泉，G.近江石山国分遺跡など，遠隔地の造瓦グループの製品が含まれている。これらに関しても，宮中枢部の建物にはほとんど用いられない。遠隔地の造瓦グループの瓦は，SD1901A最下層出土の確実な例がなく，生産年代を決定するのは難しい。ただし，当初M.推定和泉で生産されていた軒丸瓦6274Aが，途中で瓦范のみA.日高山瓦窯へ移動している[15]。このことから，M.推定和泉は，天武末年には操業していたと考えることができる。ほかの遠隔地の造瓦グループに関しても，大垣が順に造営されると考えれば，それほど時間差を見込むことはないと考える。これらも，宮造営のなかでは古い時期に生産されたと考える。

　朱鳥元年（686）9月，造都を進めた天武天皇が崩御する。この後しばらく『書紀』に宮・京造営に関する記事はみえず，宮・京の造営は一時中断した可能性が高い[16]。再び宮に関する記載がみえるのは約4年後，持統天皇4年（690）10月の高市皇子による宮室の視察の記事である。宮造営中

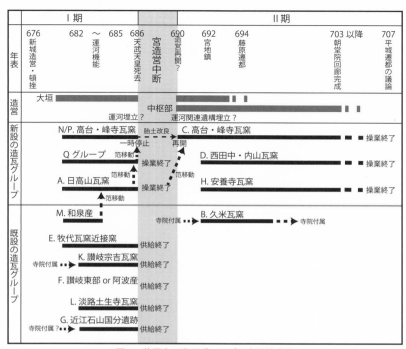

断が，瓦生産にどのような影響があったかは正確にはわからない。しかし，天武末年に操業していた造瓦グループや遠隔地の造瓦グループの多くが宮中枢部に瓦を供給していない。このことは，宮造営中断に伴って，これまで瓦を生産していた造瓦グループが生産を停止し，そのまま操業を終了したためと考えることもできる。

Ⅱ期　持統天皇4年（690）～慶雲元年（704）頃

宮造営が再開され，中枢部の本格的な整備が始まる。SD1901Aは，付替えのための一時的な溝などを設けられながら，徐々に埋め立てられ，大極殿南門，大極殿，朝堂院等，中枢部の建物の造営が進められていく。瓦の生産もほぼ同時に再開されたと考えられるが，その生産は奈良盆地内にほぼ限られる。また，N/Pグループが胎土・焼成を改良し，C.高台・峰寺瓦窯となり，宮の瓦生産の中心的な造瓦グループとなる。D.西田中・内山瓦窯，H.安養寺瓦窯も朝堂院の瓦を生産すべく操業を開始する。加えて，朝堂院朝廷の最終整地土や，大垣北西隅にまとまって出土した久米瓦窯もこの時期の可能性が高い。

持統天皇8年（694）12月，藤原宮へ遷都がおこなわれたが，宮造営はその後も継続されている。朝堂院東回廊雨落溝の下層にある南北溝SD9315からは，大宝3年（703）の紀年銘木簡が出土しており，この時期まで宮造営が続いていたことがわかる[17]。SD9315埋立て後に建てられた朝堂院回廊東南隅の所用瓦は，C.高台・峰寺瓦窯，D.西田中・内山瓦窯，H.安養寺瓦窯であり，この3つが宮造営の最終段階まで操業していた造瓦グループとみられる。なお，平城遷都については，慶雲4年（707）2月，遷都の審議をもとに始動されると考えられてきた（『続日本紀』）。しかし，それより早い慶雲元年（704）には藤原京の造営が打ち切られた可能性が指摘されている[18]。そうであるならば，朝堂院回廊が完成し藤原宮の外観がほぼ整った矢先に，平城への遷都計画が持ち上がったこと

図4　藤原宮の造瓦グループの変遷模式図

になる。藤原宮の造瓦グループも，おそらくはこれと同時に瓦生産を終了し，続く平城宮には瓦を供給していないことが判明している。

このように，藤原宮の瓦生産は，当初は遠隔地を含む複数の生産地に分散させていたが，宮の造営中断を経て，奈良盆地内の限られた生産地での集中生産へと移行する。藤原宮の各造瓦グループのうち，出土状況から生産年代がある程度判明しているものについて，その変遷模式図を図4に示した。宮造営開始から天武天皇死去による造営中断までをⅠ期，宮造営再開から終了までをⅡ期として時期区分をすると，既存の造瓦グループのほとんどがⅠ期に属する。一方，新設の造瓦グループは，Ⅰ期からⅡ期まで続き，最終的にはC.高台・峰寺瓦窯，D.西田中・内山瓦窯，H.安養寺瓦窯に集約される。このなかで，高台・峰寺瓦窯のみが藤原宮の造営開始から終了まで継続して瓦を生産していたと考えられる。

以上，藤原宮の瓦生産の年代や造営体制をみた。藤原宮の瓦生産は，造営とほぼ軌を一にしており，宮造営の終了とともに，平城宮へは瓦を供給することなく，そのまま操業を停止したとみられる。宮造営および瓦生産の開始時期である天武末年（682～685）から，藤原宮遷都の持統天皇8年（694）までは，9～12年の月日が流れている。ま

た，慶雲元年（704）の宮造営打切りの段階には，朝堂院回廊が完成し藤原宮の外観がほぼ整ったと考えられるので，これを一応の宮完成とみると，造営開始から19〜22年かかっていることになる。実際には，天武天皇崩御による造営中断期間が4年程度あるので，もし天武天皇が存命で工事が順調であったなら，もう少し期間は短くなったであろう。初の本格的な瓦葺宮殿の造営をはじめ，未曾有の事業であった藤原宮だが，造営期間としては20年前後と比較的短期間ということができ，工事が急ピッチで進められたことがうかがえる。

3　本薬師寺

瓦生産の開始　本薬師寺は天武天皇9年（680）11月に，皇后（のちの持統天皇）の病気平癒のために発願された。本薬師寺は藤原京の条坊地割にのっており，藤原京の造営と密接に関わっている。本薬師寺の発掘調査からは，中門，およびその北側の参道の下層から先行する条坊道路（西三坊坊間路）が検出されている[19]。この先行条坊は，北に延長すれば金堂にあたり，金堂の下層にも存在すると考えられる。

天武天皇9年の発願後，『書紀』にはしばらく本薬師寺に関する記載はない。しかし，朱鳥元年（686）9月に天武天皇が崩御する。その時点で本薬師寺は，薬師寺東塔の檫管に刻まれた銘文『東塔檫銘』にある「鋪金未遂」の解釈から，未完で

あった説が有力である[20]。これを裏付けるように，同年12月に天武天皇の百箇日の無遮大会が飛鳥の五カ寺（一説に六カ寺とも）でおこなわれたが，そのなかには天武天皇勅願の本薬師寺が含まれていない（『書紀』）。しかし，約1年後の持統天皇2年（688）1月には本薬師寺で無遮大会がおこなわれている。したがって，天武天皇の百箇日の時点では，薬師寺は法要を営める状況ではなく，その後急いで金堂と本尊を完成させ，持統天皇2年1月にようやく本薬師寺で無遮大会をおこなったと考えられる[21]。天武天皇9年の発願からは約8年経過していた。

本薬師寺の各堂塔の造営過程は，出土軒瓦の瓦当文様および笵傷進行の検討から，金堂→東塔→中門・南面回廊→西塔という順番が明らかとなっている[22]。したがって本薬師寺の瓦生産開始を考えるには，最初に着手された金堂の所用瓦の生産年代が重要である。これに関しては，藤原宮の瓦が大きな手がかりとなる。なぜなら本薬師寺造営の時期は，藤原宮の造営の時期と重なることに加え，両者に瓦笵の共有はないものの，軒瓦の文様には共通性があり，強い関連があるからである。

まずは本薬師寺金堂所用瓦について確認する。本屋根用に軒丸瓦6121A〜C，6276Aa，軒平瓦6647G，6647F，裳階用に軒丸瓦6276E，6647Iが用いられたと考えられる（図5）[23]。本薬師寺金堂の屋根は，複数の瓦当文様を混用するのが特徴で

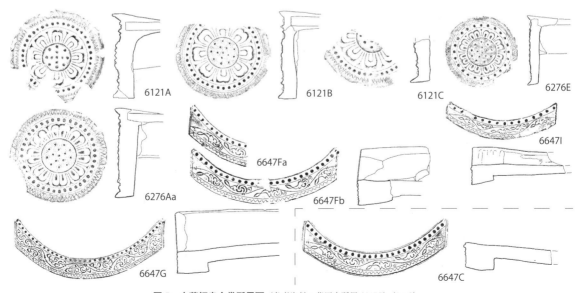

図5　本薬師寺金堂所用瓦（参考資料：藤原宮所用6647C）（1:8）
（註22 高田2010，註2 石田2010より）

ある。これは金堂の造営を急いだことを反映している可能性がある。

　6121A～Cの瓦当文様は，有子葉単弁蓮華文であり，複弁蓮華文である藤原宮の軒丸瓦や6276Aよりは型式的に古い様相を示す[24]。6276Aと6276Eは複弁蓮華文だが，外区の線鋸歯文の内側に二重圏線がめぐる。これは宮の造瓦グループである M.推定和泉および A.日高山瓦窯産の6274AやE.牧代近接窯産6276Cにみられ，天武末年（682～685）に位置付けられる特徴である。

　軒平瓦6647G，6647Fは変形忍冬唐草文である。6647GはK.讃岐宗吉瓦窯産の6647DやF.讃岐東部もしくは阿波産の6647Eの瓦当文様の祖型となる。したがって，6647Gは6647D・Fより古く位置づけられる[25]。6647Fは先述のように従来は6647Cの瓦范彫直しと考えられていたが，別范と判明した。ただし，両者の瓦当文様は酷似し，とくに下外区の鋸歯文は合致度が高い[26]。このことから，6647CとFは元になる下絵が同じと考えた。6647Cを生産したE.牧代近接窯は天武末年の操業年代を与えることができる。従来は藤原宮から本薬師寺へ范が移動する時間差を鑑みて，6647Fは金堂所用瓦のなかでも若干遅れて生産されるとみていた。しかし6647Cとは別范なので，時期差を見込む必要はなく，6647Fは造営当初から金堂所用瓦として製作されたと考えてよい。このことは，金堂の裳階用の小型軒平瓦6647Iが6647Fと同じ変形忍冬唐草文であることからも補強できる。加えて同じく天武末年に位置付けられるM.推定和泉産6647A・Bの瓦当文様は，6647C・Fを祖型にしているが，これらより明らかに文様が退化している[27]。

　以上から考えても，本薬師寺の瓦生産開始は，従来の指摘どおり，藤原宮の瓦生産開始年代とほぼ同時，少なくとも天武末年頃には開始されていたとみてよい。とすれば，瓦生産開始から3～6年で最初の堂塔である金堂が完成したとみることができる。

　さて金堂の次は，講堂が造営されたと考えられるが，講堂は未調査であり詳細はわからない[28]。長和4年（1015）の『薬師寺縁起』から，持統天皇6年（692）4月に講堂の阿弥陀繍仏を作っていることから，講堂の完成はこの時期と推定される。瓦からは金堂→東塔→中門・南面回廊→西塔という造営順が判明しているが，具体的な各堂塔の造営年代は不明である。『書紀』には持統11年（697）

6月と7月に仏像の製作と開眼会の記事があり，文武2年（698）10月に薬師寺の構作はほぼ終わるとある。発願からは18年の月日が経っていた。

　瓦生産体制　本薬師寺の瓦は，牧代瓦窯で一手に生産された。養老2年（718），平城京へ薬師寺が移った後も，しばらくの間は牧代瓦窯が平城薬師寺の瓦を生産していたと考えられる。

　牧代瓦窯は精緻な瓦当文様や製作技法からも川原寺所用の五條市荒坂瓦窯の系統をひく「荒坂組」の瓦である[29]。藤原宮所用の牧代近接窯も同様に荒坂組の系譜がみてとれる。本薬師寺所用の牧代瓦窯と藤原宮所用の M.牧代近接窯は，瓦范の下絵を共有するような近い関係にあり，ほぼ同時期に操業し瓦生産を進めていった。本薬師寺という天皇勅願の大規模な寺院が一カ所の造瓦所で集中して瓦生産を担っていたのは，それが一番効率が良いという判断だったということになる。牧代瓦窯の生産力と技術力の高さを示している。

4　まとめ

　寺院や宮殿の瓦生産は，建物の造営と併行して進められていると考えられる。このことは，建築工程から考えても当然である。飛鳥寺，藤原宮，本薬師寺では着手からおおよそ6～8年で最初の建物が完成していた。山田寺も7年程度と考えられており[30]，瓦生産の開始年代を知る手がかりになる。造営期間は，飛鳥寺は22年，本薬師寺は18年要したことが史料からわかるが，藤原宮でも発掘調査成果と出土瓦の検討から，完成までに19～22年程度かかっている。このように，伽藍や宮の完成には20年前後の時間を要していることがわかる。寺院や宮の建立を計画する場合は，可能であれば発案者がその完成を自分の目で見届けることが本願であろう[31]。したがって，この年数は妥当な工期ではないかと考える。これらの当初の造営計画は，順調に工事が進んだ場合，20年程度の工期で完成することを目標にして設定されていた可能性を想定しておきたい。

　瓦の生産体制は，寺院・宮殿ごとにそれぞれ異なる。その背景には造営が順調に進むよう，建物規模や財政とも連動して，状況に応じた造瓦体制が計画的に構築されていたためと考えられる。今後事例を増やして検討する必要がある。瓦の生産体制と造営期間は密接に関連するものであり，造営の全体像を考えるうえで重要な視点といえる。

註

1) 瓦は屋根に葺かれる期間が長いため，年代に関しては注意が必要である。本稿での瓦の年代は生産年代を指す。

2) 石田由紀子「藤原宮出土の瓦」『古代瓦研究』Ⅴ，奈良文化財研究所，2010。同「藤原宮における瓦生産とその年代」『文化財論叢Ⅳ』奈良文化財研究所，2012。同「藤原宮の造瓦体制」『古代』141，2018

3) 福山敏男「飛鳥寺の創立」『日本建築史研究』墨水書房，1968 年，大橋一章「飛鳥寺創立に関する問題」『佛教藝術』107，1976

4) 奈良国立文化財研究所『飛鳥寺』1958。井上和人「飛鳥寺発掘調査の成果」『飛鳥寺』飛鳥資料館，1986

5) 前掲註 3 大橋 1976。大脇　潔『飛鳥の寺』保育社，1989。このほか山田寺も，舒明天皇 13 年（641）の造営開始・整地後，皇極天皇 2 年（643）に金堂を立つとある。これに関しても，起工と考えられ，金堂の完成自体は僧が住むようになった大化 3 年（648）頃と考えられている。奈良国立文化財研究所『山田寺跡』2002

6) 前掲註 3 大橋 1976。

7) 複数の堂塔を同時に造営したと考えられる例としては，8 世紀後半建立の西隆寺があげられる。小澤　毅「西隆寺創建期の軒瓦」『西隆寺発掘調査報告書』奈良国立文化財研究所，1993

8) 花谷　浩「瓦磚類　文字瓦・ヘラ記号瓦など」『飛鳥池遺跡発掘調査報告』本文編〔Ⅰ〕，奈良文化財研究所，2022

9) 代表的なものをあげる。大脇潔「飛鳥時代初期の同笵軒丸瓦―蘇我氏の寺を中心として―」『古代』97，1994。同「7 世紀の瓦生産―花組・星組から荒坂組まで―」『古代』141，2018。花谷　浩「京内廿四寺について」『研究論集ⅩⅠ』奈良国立文化財研究所，2000a。同「飛鳥寺・豊浦寺の創建瓦」『古代瓦研究Ⅰ』奈良国立文化財研究所，2000b。同「瓦からみた飛鳥寺造営，そして飛鳥池遺跡」『古代』141，2018。菱田哲郎「畿内の初期瓦生産と工人の動向」『史林』69―3，1986

10) 奈良国立文化財研究所『藤原宮木簡二』1981

11) 寺崎保広・小澤　毅ほか「内裏地区の調査―100 次」『奈良国立文化財研究所年報 2000―Ⅱ』奈良国立文化財研究所，2000

12) また，大脇は藤原宮の瓦を分類するなかで，製作技法・胎土が共通するものを「グループ」として分類した。本稿では文意を明確にするため適宜「造瓦グループ」という用語も用いる。大脇　潔「屋瓦と生産地」『飛鳥・藤原宮発掘調査報告Ⅱ』奈良国立文化財研究所，1978

13) 石田由紀子・新尺雅弘・中村亜希子「変形忍冬唐草文軒平瓦 6647C の再検討」『奈文研論叢』3，2022

14) ただし大垣西南隅周辺は宮中枢部の瓦が多く出土する。したがって大垣のなかではこの辺りは造営が遅れ，中枢部造営と同時期と考えている。

15) 花谷　浩「寺の瓦作りと宮の瓦作り」『考古学研究』40―2，1993

16) 岸　俊男『日本古代宮都の研究』岩波書店，1988

17) 箱崎和久ほか「朝堂院東南隅・朝集殿院東北隅の調査第 128 次」『奈良文化財研究所紀要 2004』2004

18) 吉川真司「七世紀宮都史研究の課題」『日本史研究』57，2004

19) 奈良国立文化財研究所「本薬師寺の調査」『飛鳥藤原宮発掘調査概報』26，1996

20) 大橋一章『日本の古寺美術　薬師寺』保育社，1986

21) 前掲註 20 に同じ

22) 花谷　浩「本薬師寺の発掘調査」『佛教藝術』235　毎日新聞社，1997。高田貫太「本薬師寺の創建軒丸瓦」『古代瓦研究Ⅴ』奈良文化財研究所，2010

23) 前掲註 22 に同じ

24) 山崎信二「瓦磚」『薬師寺発掘調査報告』奈良国立文化財研究所，1987

25) 山崎信二「藤原宮造瓦と藤原宮の時期の各地の造瓦」『文化財論叢』Ⅱ，奈良国立文化財研究所，1997。前掲註 22 花谷 1997 に同じ

26) 前掲註 13 に同じ

27) 八賀　晋・田辺征夫「瓦の検討」『飛鳥・藤原宮発掘調査報告Ⅰ』奈良国立文化財研究所，1976。前掲註 25 に同じ

28) 前掲註 20 に同じ

29) 前掲註 9 大脇 2018 に同じ

30) 前掲註 6 に同じ

31) この点に関しては，発案者の当時の年齢も参考となる。飛鳥寺発願時の蘇我馬子は 36 歳，天武天皇は生年が明確でないが，通説の①舒明 3 年（631）のほか，②舒明天皇 7 年（635）という説もある。本薬師寺発願の時点で，①だと 49 歳，②なら 45 歳。藤原宮造営開始で①なら 50 代前半，②だと 40 代後半となる。少し年齢を重ねてはいるが，完成を見届けることが念頭にあったことは十分考えられる。寺西貞弘『天武天皇』ちくま新書，2023

＊本稿は JSPS 科研費 18K01084 の成果の一部を含みます。

古代中国・人はどのように生きたか

京都大学名誉教授・
（公財）黒川古文化研究所所長
—— 岡 村 秀 典
（おかむら・ひでのり）

歴史学としての考古学

「日本考古学の父」と呼ばれる濱田耕作は，考古学を「過去人類の物質的遺物（に拠り人類の過去）を研究するの学なり」（『通論考古学』1922）と定義した。濱田はもともと美術史の専攻であったが，京都帝国大学文学部に着任した後，英国に留学して本格的に考古学を学び，1916年，日本ではじめて考古学講座を開設した。文学部は哲学・史学・文学の3学科に分かれており，考古学はその史学科に属した。京都大学で学んだ私も，考古学は歴史学の一分野だと教えられた。

遺物の年代を研究する方法の1つが型式学である。たとえば，紀元前110年代の草葉紋鏡をみると（図1），方格の角から伸びる蕾形，方格各辺から伸びる麦穂状紋，方格四隅の雷紋，銘文の「見」と「光」の形などが左から右に変化しているのがわかる。また，麦穂状紋や銘文は同時期の匕縁銘帯鏡などにも共通して用いられているから，それをもとに異種間の相対編年を組み立てることができる。このような方法をもとに，私は修士論文において漢代400年の鏡を大きく7期に編年した。

日中共同調査のはじまり

私が京都大学から九州大学に転出した1990年，大手前大学の秋山進午先生は，科研費により遼寧省文物考古研究所との共同調査に着手した。私は東北アジア先史時代の研究者ではなかったが，北京大学に留学して中国語が話せたから，遼寧省との交渉，協定の締結から調査の現場にいたるまで，秋山先生の手足となって走り回った。3年間に遼寧省内4か所の先史遺跡を測量したほか，環渤海各地の遺跡や博物館を見学し，多くの知見をえたが，なによりも手探りながら共同調査のノウハウを体得できたのは大きな収穫であった。

1994年，私は京都大学人文科学研究所（人文研）に転出した。その前年より福岡市では「文明のクロスロード・ふくおか」地域文化フォーラムというプロジェクトを進めており，私は弥生文化の「環濠集落の源流を探る」ため，湖北省荊州博物館と共同で陰湘城遺跡を発掘した。ここは長江中流

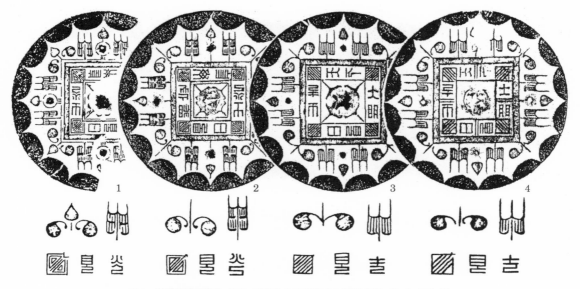

図1　草葉紋鏡の変化（岡村「秦漢金文の研究視角」『古代文化』43—9，1991年）

域の水田地帯にあり，福岡市教育委員会と（株）朝日航洋から調査員を派遣していただき，1995年春から2か年にわたって調査を実施した。その結果，大渓文化（前4千年紀）に集落形成がはじまり，屈家嶺文化（前3千年紀前半）に東西580mのいびつな八角形の城郭が築かれたこと，発掘した東城壁は幅50m，高さ5m以上に土を盛り上げていたことが判明した。そこに人びとを使役する強大な王権が推測されたものの，城郭内で発掘されたのは普通の住居跡であり，大型宮殿などは発見されなかった（岡村「湖北陰湘城遺址の日中共同調査」『福岡からアジアへ』3，1995，「湖北陰湘城遺址一九九六年の調査」同4，1996）。

　そこで中原の殷代城郭に調査対象を変更し，1998〜99年，科研費により河南省文物考古研究所と共同で焦作市府城遺跡を発掘した。京都大学埋蔵文化財センターの伊藤淳史さん，大学院生の秦小麗・今井晃樹さんら若手を中心にチームを組織した。調査の結果，ここは二里頭文化（前2千年紀第2四半期）に集落形成がはじまり，二里岡文化（同第3四半期）に一辺270mほどの正方形の城郭が築かれ，城郭内の中央北側に南北70mの大型宮殿基壇が造営されたことが判明した。城壁や宮殿基壇は各層10cmほどの厚さに版築しており，底面には棒で突いた痕（夯窩）が無数の穴として残っていた（図2）。城郭の規模は1,000年以上さかのぼる陰湘城遺跡より小さいが，強力な殷王権によって計画的に造営され，中国王朝を象徴する城郭都市のさきがけになったことが推測で

図2　河南省府城遺跡東城壁の夯窩の検出

きた。この発見は中国考古学界の注目を集め，1999年の「中国十大考古発現」の1つに選出された（岡村編『中国古代都市の形成』科研報告，2000）。

　一方，人文研への異動の直前，宮崎大学農学部の藤原宏志先生が，長江下流域の蘇州市草鞋山遺跡にて古代水田の発掘に着手し，私も参加することになった。小高い丘陵上に今から6,000年ほど前の集落遺跡があり，周囲の低地をボーリングし，採取した土壌サンプルに含まれるプラントオパールを分析することによって古代水田の埋没を推測した。そこを発掘したところ，硬い地山が低くなったところに，いびつな凹み状の水田遺構が連なって検出された。これが中国ではじめて発見された古代水田の遺構である。

　幸い藤原先生とはホテルが同室だったから，夜おそくまで貴重なお話をうかがうことができた。イネを畑に植えると連作障害がおきるが，水田に植えると，毎年同じ田で連作できる，という現象には驚いた。また，自分はイネではなく人を研究しているのだ，古代の人がどのようにイネを栽培し，どのようにイネを改良してきたのか，ということを研究しているんだ，というお話は，とくに心に響いた。

　中国古代の遺跡や遺物を研究してきた私は，モノの研究に没頭するあまり，モノそれ自体の研究にとどまって，それを作り使った人を見失ってきたのではないか。いつ，どこで，だれが，何をしたのか，という過去のできごとを復元することに没頭していたのではないか。むしろ，人はどのように生きたのかを遺跡や遺物から考える，そうした人文学としての考古学を探究すべきではないか。そんなことを，ぼんやりと考えるようになった。

人文研の共同研究

　人文研では，哲学・史学・文学の枠をこえた共同研究をミッションとしている。私が入所した年にちょうど小南一郎先生が「中国の礼制と礼学」という研究班を立ち上げられたので，その末席に加えていただいた。小南先生は中国文学の大家だが，研究班には主に哲学と史学の研究者が集まり，儒教経典の『周礼』春官の注疏をひたすら読んでいくというスタイルで進められた。そのころ私は，一年のうち3分の1から4分の1ほど海外調査に出払って休みがちなうえ，漢文は大学入

試程度の素養しかないため，最初のうちはまった
く歯が立たなかった。それでも京都にいる間はな
んとか出席していると，中国古代では，神まつ
り，接客，結婚式，葬式など，あらゆる儀礼に酒
と肉が用いられていることを知った。考古学から
酒を研究するのはむずかしいが，肉については神
にささげられた犠牲の骨や人が食べ残した骨が遺
跡から出土するので，動物考古学の方法で中国古
代の儀礼研究ができるのではないかと考えた。科
研費の萌芽的研究という新種目に応募した「中国
古代王朝形成期における畜産と動物犠牲の研究」
が採択されたので，新石器〜秦漢時代の遺跡出土
動物骨や明器形象などの報告を網羅的に集成し，
儒教経典の『周礼』・『礼記』・『儀礼』，史書の『史
記』や『漢書』など，甲骨・金文・竹簡などの出
土文字資料にみえる動物関連記事を徹底的に収集
した。

　礼書を読むと，神まつりには祭祀対象に天・地・
人の区別があり，天地神には焼いたり血祭りにし
たりするプリミティヴな犠牲の方法，祖先神には
青銅器を用いた調理がおこなわれ，王・諸侯・卿・
大夫・士という身分階梯にしたがって用いる鼎の
数がちがい，犠牲は牛・羊・豕の順に格付けされ
ていることがわかった。

　そのころの動物考古学は，肉食の伝統のない日
本では野生動物の研究に偏っていたし，中国では
新石器時代の墓から出土するブタ骨について，私
有財産の萌芽や階級の発生とみる説が提出されて
いたものの，歴史時代の動物骨については，発掘
報告の中で種の鑑定が報告されるぐらいで，研究
らしい研究はほとんどなかった。

　科研費によるこの萌芽的研究は，1997年に海外
科研と同時にスタートしたが，経費はその10分の

1に満たなかった。しかし，海外科研による発掘
は，条件の悪い田舎で長期にわたって調査しなけ
ればならないし，城郭や水田などは巨大な遺跡の
ごく一部が発掘できるだけである。それに対して
文献を利用した考古学研究，とくに儒教文献を利
用した考古学研究は，人文研の林巳奈夫先生が殷
周時代の青銅器・玉器研究において先鞭を付けら
れていたが，まだまだ未開拓な分野であった。発
掘をおこなう大型科研は連続して採択されること
はむずかしいし，投入するエネルギー，費用対効
果という点でも，文献学の研究者が集まっている
人文研で為すべきは，考古学と文献学を中心に，
自然科学的な手法を採り入れた総合的な研究方法
を開拓し実践することではないかと考えた。

　幸い当時の人文研には人類学の谷泰先生がおら
れ，西方ユーラシアにおいて牧畜民の日常生活に
密着し，羊の家畜化や搾乳のはじまりについて研
究されていた。退官のときに『神・人・家畜─牧
畜文化と聖書世界』（平凡社，1997）を出版された
が，その出版前に直接ご指導いただくことができ
た。私は肉食のことしか頭になかったのだが，谷
先生には家畜管理，すなわち人と家畜との関わり
が重要だと教えていただいた。

　また，前川和也先生はメソポタミアの粘土板文
書が専門で，中近東における羊の家畜化とその管
理をめぐって谷先生とずいぶん意見交換をされて
いた。前川先生の主たる関心は，王朝成立後の家
畜管理や王権と牧畜民との関係を粘土板文書から
研究するところにあった。私は前川先生と雑談す
る中で，牧畜・畜産と国家形成についてユーラシ
アの西と東で比較したら面白いね，とか，日本考
古学では国家形成がホットな議論みたいやね，と
かいう話になった。そこで，近隣の研究者にも声

図3　湖北陰湘城遺跡内における豚小屋（左）と河南府城遺跡内における羊の放牧（右）

をかけて前川先生を班長とする「国家形成の比較研究」班を2001年に立ち上げた。

西アジアではヒツジを主とする草食動物が家畜化され，牧畜民が出現したのに対して，中国の農村では主にブタを飼っていた。草食動物は基本的に子供が1頭しか生まれないのに対して，ブタは一度に数頭の子供を生む生産性の高い家畜である。しかし，ブタは雑食性のため，人の食物をエサとして分け与えなければならない。このため，農業生産力の向上による余剰が生まれてはじめてブタの畜産が可能になったと考えられる。

湖北陰湘城遺跡調査隊の基地となった農家には，独立した豚小屋があった（図3左）。その横には水牛がつながれ，エサの稲藁がうず高く積まれていた。この水牛は運搬・農耕用である。

青椒肉絲や回鍋肉など中国語で「肉」といえば豚肉を指すのは，このようにブタが農村で普遍的に飼われ，肉の消費量がもっとも多いからである。春に生まれた子ブタは1年ほどで成長するから，再生産に必要のないオスを殺して肉にする。春節に親戚縁者が集まって大宴会をおこなう農村の風習は，この季節性によるところが大きい。

一方，中原の河南府城遺跡では，トウモロコシの収穫後に発掘区を設定しようとしたら，イスラム帽をかぶった牧人がヒツジの群れを連れてやって来た（図3右）。遺跡から1kmほど離れたところに回教徒の集落があり，そこから来たらしい。後日，その集落に潜入したところ，自転車が通り，子供たちが三輪車に乗って遊んでいる路上で，数頭のヒツジが解体されているところに遭遇した。また，近くの町では屋台の肉屋にモモ肉の付いたヒツジの足が多数ぶら下げられ売られていた。それは1,700年あまり前の甘粛省嘉峪関西晋墓の「牧畜」「宰羊」画像磚に似た風景であり，主にミルクを利用する西方ユーラシアとは異なる，中国的な牧畜と肉食の文化と考えられる。

以上のように，消費の面から家畜を分析するだけでなく，人はどのように家畜を飼養し利用したのかを考え，時空間をこえた研究をおこなった。また，殷周王朝が誕生すると，為政者は牛・羊・豕という食肉の格付けをし，「国の大事は祀と戎とにあり」（『春秋左氏伝』成公十三年条）とされるように，祭祀に用いる牛と戦争に用いる馬の国家的な牧畜がはじまったことを明らかにした（岡村『中国古代王権と祭祀』学生社，2005）。

共同研究「中国古鏡の研究」班の発足

2005年から私は中国古代の鏡の銘文を読む研究班を立ち上げた。それは中国文学を研究する同僚の金文京さん，アマチュアで音韻論から鏡の銘文に関心をもつ光武英樹さんとの雑談の中で構想した共同研究である。今から80年以上前，羅振玉の銘文集成をもとに，スウェーデンの言語学者カールグレンが，上古音から中古音への変化を跡づけるため漢鏡の銘文に詳しい注釈をほどこした。鏡の銘文は一種の詩（韻文）であるため，押韻から古代の発音を復元する恰好の同時代資料であったからである。しかし，戦後の日本では冒頭に紹介したような考古学による紋様論・年代論が主流であり，銘文をきちんと読んだ研究は，日本や欧米はもとより，中国でも非常に少なかった。そこで，カールグレン以後に陸続と発見されている銘文を補い，それを多角的に分析すれば，考古学や歴史学だけでなく，文学や言語学にも裨益するところがあるのではないかと考えた。

たとえば，図4は紀元前100年ごろの，手のひらに載る直径6cmほどの小型鏡である。そこに『楚辞』の詩形にならった雑言体の銘文があり，「新」と「親」，「忘」と「傷」が押韻している。研究班では，次のように訓読した（集釈247）。

　　故を棄てて新を娶る母れ。
　　亦た親しみを誠にせん。
　　心と心と，
　　長く相ひ忘るること母れ。
　　倶に死し葬らるるも何をか傷まん。

図4　銘帯鏡（羅振玉『古鏡図録』中7，1916年）

第1句の「故」は容色が衰えて顧みられなくなった自分，対する「新」は夫の愛人である。若い女に心を奪われることなく，夫婦が互いに誠意をもって心を通じ合わせれば，いっしょに死ぬこともいとわない，という激しい愛情がよまれている。

紀元前後の前漢末期になると，儒教道徳の影響によって夫婦の絆が尊ばれるようになるが，武帝のころは比較的自由な婚姻関係が多かったことがわかる。また，このような抒情詩の銘文は，庶民の悲しみをうたうものが多く，現代日本の演歌のように，民間で歌い継がれてきた可能性が高い。

下って1世紀後葉になると，盤龍鏡が出現する。淮南の「杜氏」工房には10面近い作例があり，いずれも角を後ろに伸ばした龍と角を前に伸ばした龍とが対向する「天禄辟邪」を主紋としている。それは，章帝のときに西域からもたらされたという想像上の猛獣である。龍の足元には竪笛を吹く仙人が坐り，龍の足の爪に丸い肉球をあらわすのが特徴である。しかし，銘文をみると，七言句→四言句→雑言句→七言句と変化し，作者に関する語句は「尚方作…杜氏所作」→「尚方名工杜氏所造」→「遺杜氏造…名工所刻画兮」→「杜氏作…名工所造」と変化している。作者の杜氏は若いころ「尚方」という一種の官営工房で働き，腕を磨いて「名工」を自称するようになり，やがて独立して姓氏に出身地の「遺」を冠し，最後には「杜氏作」と簡略にしたと考えられる。

後漢時代になると，杜氏のように官営工房から自立して個人工房を構え，独創的な紋様や銘文の鏡を作り，民間マーケットに販売する工人が多くなる（岡村『鏡が語る古代史』岩波新書，2017）。

日本でも古代から中世へと時代が推移する平安時代後期に，同じような変化がみられる。たとえば日本刀をみると，良質な砂鉄の採れる伯耆や備前，あるいは都に近い山城や大和に刀工が集まり，地域ごとに日本刀の流派が形成される。また，仏像の制作では，京都に仏師の定朝が登場し，その弟子たちは院派・慶派・円派という流派に分かれ，平安時代末期から鎌倉時代にかけては奈良仏師の運慶や快慶らが活躍する。それらは後漢鏡と軌を一にする中世的な手工業のあらわれであろう。

このような作品を分析するには，美術史学の方法が有効である。考古学は土にまみれた汚いモノ，美術史は美しい作品を研究対象とすると一般に考えられているが，研究方法としては，考古学はモノを型式に分け，型式という集合体に標準化・記号化して過去の歴史を論じる。これに対して，美術史学や文学などの人文学では，個々の作品を観賞し分析してその作家を論じ，さらに時代様式に展開させてゆく。個の作品を論じる人文学と集合体の型式を論じる考古学という相違である。

昨年（2022）に若者たちの間で流行ったSEKAI NO OWARIの歌「Habit」に，「君たちったら何でもかんでも分類，区別，ジャンル分けしたがる。ヒトはなぜか分類したがる習性がある」という歌詞がある。考古学者はまさにその典型だが，「杜氏」盤龍鏡のように作者名を銘記し，名工の作品とアピールしている個性的な鏡は，紋様で型式に分けて標準化するよりも，作者名をもとに個々の作品分析からはじめる作家論，つまり美術史学や文学などの人文学的な方法が妥当であろう。

雲岡石窟の研究

人文研の前身は，1929年に外務省が設立した東方文化学院京都研究所である。日本が中国に侵略した翌年に東方文化研究所として独立し，その1938年から44年まで7年にわたって山西省大同の雲岡石窟を調査した。その成果は，戦後に水野清一・長廣敏雄『雲岡石窟』全16巻32冊（1951-56）として人文研より公刊されたが，発掘された土器・陶磁器・瓦・石仏片などは未報告のままであったから，2002年よりその整理をはじめた。また，水野先生は仏教文化の源流を探るため，1959年よりイラン・アフガニスタン・パキスタン調査隊を組織し，1967年にはパキスタン考古局との協定によりガンダーラ仏教寺院址の発掘品の一部を持ち帰っていた。これらを同僚の下垣仁志・向井佑介さんと整理し，2008年に京都大学総合博物館にて「シルクロード発掘70年—雲岡石窟からガンダーラまで」という展覧会を開催し，同名の図録を臨川書店から出版した。

人文研附属の漢字情報研究センターが2009年に東アジア人文情報学研究センターに改組され，所蔵する厖大な雲岡石窟の写真と拓本のデジタル化を進めた。翌年より雲岡石窟の共同研究班を立ち上げたところ，夏休みに若手の班員たちが自主的に水野・長廣の『雲岡石窟』全巻をスキャンしてくれたので，そのPDFを京都大学学術情報リポジトリ「KURENAI」に公開した。これによっ

図5 東南上空からみた雲岡石窟
(1939年撮影，岡村監修『雲岡石窟』17図版1，2017年)

て雲岡石窟のすべてのデータがUSBメモリー1本に格納され，重厚な報告書を繙く作業から解放された。

この公開は世界的な反響を呼び，ほどなくして北京の科学出版社から中国語版のオファーが届いた。水野・長廣の原報告は，日中間に国交のない時代に出版された日英語版のため，中国にはほとんど流通していなかった。そこで，私は共同研究を進めている中国社会科学院考古研究所の朱岩石先生や李裕群先生を交えて科学出版社と相談し，全文を中国語に翻訳すること，原報告と同じB4版の体裁で出版すること，図版はガラス乾板をデジタル化した高精細のデータを用いること，原報告に未収録の写真や図面，原報告以後50年あまりの調査と研究の成果を増補することになった。幸い中国政府の出版助成金をえて4巻9冊を増補し，全20巻42冊の出版が2018年に完結した。

雲岡石窟は，遊牧国家の北魏がみやこ平城の西に造営した仏教寺院であり，大小の石窟が東西1kmにわたって広がっている（図5）。460年ごろ曇曜の奏請により文成帝が造営したのが第16窟から第20窟までの曇曜五窟である。丘陵の先端を東西100m，高さ30mの断崖に切り開き，横穴を穿って高さ15mほどの仏像を彫り出している。奈良東大寺の大仏に近い高さであり，水や草を追って生活していた遊牧民にとって，それは想像を絶する大土木工事であったと思われる。皇帝は現世のブッダだという国家仏教のもと，北魏の皇家が威信をかけて造営したのであろう。

しかし，石窟内の仏龕に刻まれた造像記をみると，造営に協力した人びととの思いが読み取れる。たとえば第11窟東壁の太和七年（483）龕は，皇帝陛下（孝文帝）と太皇太后（文明太后馮氏）と皇子（孝文帝の子供の恂）および「国祚永康」のた

め，「邑義」という民間の仏教信仰団体の男女54人が発願して「石廟の形像95區および諸菩薩」を造像したものである。造像記の右側には鮮卑装の女性36人，左側には男性16人が小さくあらわされている。当時は女性に熱心な信者が多かったのである。一方，曇曜五窟の1つ第20窟の西壁に本尊の100分の1ほどの小さな仏龕が残っている。頭を垂れ，跪いて供物を抱える男性像の前に「仏弟子の蓋某は七世父母・所生父母のために」「多宝仏二区」を造像したことを刻んでいた。こちらは羯族の蓋氏が，自分の祖先の供養のために皇帝窟の中に仏龕を寄進したのである。石窟の開鑿と大型の基本造像は皇家が造営を主導し，周壁の小さな仏龕は仏教に帰依し皇家の事業に賛同する人びとが，それぞれの思いで寄進したのであろう。

人文学としての考古学

以上のように，私はオーソドックスな考古学を学び，哲・史・文学の枠をこえた人文研の共同研究や日中共同調査を進める中で，遺跡や遺物という考古資料，『史記』や『漢書』などの史書だけでなく，儒教経典や仏教経典，漢鏡や仏像の銘文を読み，ときに人類学や自然科学的な方法を採り入れながら，考古学や歴史学の型にはまらない，とんがった研究をしてきた。

酒池肉林の紂王，壮大な曇曜五窟を造営した文成帝など歴史に名を刻んだ人だけでなく，農業のかたわらブタを舎飼いした農民，容色が衰えて顧みられなくなった悲哀をうたった女性，独特の銘文と紋様をもつ鏡を創作した「名工杜氏」，皇帝窟の中にみずからの祖先を供養する「仏弟子蓋」など歴史に名を残さなかった人についても，新しい研究方法を開拓することによって，どのように生きたかをこれからも考えてゆきたいと思う。

──────── **主な著作** ────────

『東アジア古代の車社会史』（臨川書店，2021年）

『鏡が語る古代史』（岩波新書，2017年）

『雲岡石窟の考古学 遊牧国家の巨石仏をさぐる』（臨川書店，2017年）

『中国文明 農業と礼制の考古学』（京都大学学術出版会，2008年）

『中国古代王権と祭祀』（学生社，2005年）

『夏王朝 王権誕生の考古学』（講談社，2003年）

『三角縁神獣鏡の時代』（吉川弘文館，1999年）。

黄暁芬 編著

古代東アジア都市の構造と変遷

A5判　350頁
8,580円
2022年12月
同成社

　本書は，2021年7月17日にオンラインで開催された国際シンポジウム「インフラからみた古代東アジア都市の展開」の発表内容を中心に編集した論文集である（科学研究費補助金基盤研究（A）「南縁・東縁地域における郡県都市の変容からみた"漢帝国の遺産"の東アジア史的意義」の成果報告）。編集の黄暁芬氏はベトナム北部のルイロウ城遺跡に対して継続的な発掘調査を行い，多くの研究成果を発表されてきた。ベトナム，日本，中国各地の研究者のネットワークを築き，中国を中心とした都市の広がりと変容について，国際的な研究を実施している。この書の執筆にも中国と日本双方の14名の第一線の研究者が参画している。

　本書の対象範囲・時代は広く，中国の都城（漢長安城－劉振東氏と徐龍国氏，漢魏洛陽城－銭国祥氏，北朝後期の鄴城－朱岩石・沈麗華・何利群氏，六朝の南京石頭城－賀雲翱氏）や周辺都市（漢の合浦城と港－熊昭明氏，楽浪土城－谷豊信氏，漢～唐宋の揚州城－汪勃氏，ルイロウ城－黄・会下和宏・木下保明氏）を扱い，それぞれの調査研究の中心を担った研究者が最新の発掘・検討成果を述べる。東アジア全体の都城・都市に関する概論（黄氏），紅河流域の都市の歴史と特色を検討した論考（妹尾達彦氏）も用意されている。

　本書のテーマのひとつは，中国都城の空間構造とその変遷である。文献と調査成果による洛陽城の最新の復原案によれば，秦漢時代の「多宮制」から曹魏西晋時代に太極殿を中心とする宮城が北側中央に位置し，郊外の祭天の円丘と相対する配置へと変化した。北魏代には三重の城郭に囲まれた条坊制による大規模な都城が成立し，隋唐以降の都城プランや東アジア地域の文化に大きな影響を与えた（銭氏）。東魏・北斉の鄴城は，この北魏洛陽城の三重城郭を継承すると共に，政治空間が宮城から内城へと拡大した。重要な仏教寺院を外郭城域の中軸線東側に配し，官営手工業区も外郭城内に置き，さらに郊外に陵墓や皇族・貴族墓などを計画的に配置する（朱氏ほか）。都市ではルイロウ城および合浦の全体像や諸設備の状況が説明される（黄氏ほか，熊氏）。後者は波止場状遺構との関係が注目される。

　都城・都市の設備がもう一つの主要テーマであり，興味深い知見が披歴される。漢長安城では「完璧な排水システム」が構成され，土地条件に合わせて多様な形式が用意された（劉氏）。同じく長安城では官府の手工業区の実態が明らかになり，製陶・貨幣鋳造・鉄器鋳造・銅器鋳造の各部門が城内・近郊・上林に配され，都城建設に必要な瓦塼，陵墓の随葬品，貨幣から日常用品に至る必要物品の製作にあたっていた（徐氏）。石頭城でも城壁，城門，角楼，門闕などの諸設備が調査されている（賀氏）。石頭城が塼を多用する点，人面文瓦当が多数出土している点はルイロウ城との関係で重要である。楽浪土城については過去の調査資料が丁寧に検討され，出土瓦から前1～から3世紀末という瓦生産の存続期間が割り出され，石築・塼築を多く用いた建築物の構造や特色が指摘される（谷氏）。ルイロウ城に関しては前漢から漢末～三国両晋・南朝を経て隋唐・大越に及ぶ長期にわたる変遷が復原され，瓦や塼などの変化も明らかにされた（会下・木下・黄氏）。妹尾氏は紅河流域の都城ハノイと北京地域の都城を対比し，異なる環境の接触地域という立地，交通幹線の移動との関係を論ずる。

　興味深い最新成果満載であるが，注文したいこともある。第1章で「都城」と「都市」の用語のちがいを定義しながら（4頁），同じ章の中で使い方が混淆している。都城内空間内を表す用語も合わせて定義を明確にすれば，銭氏が述べる北魏洛陽城における政治空間多重化の意義も鮮明になると思う。なお漢魏洛陽城における宮殿配置の継承性については種々の議論があり，補説が欲しいところである（向井佑介「＜研究動向＞曹魏洛陽の宮城をめぐる近年の議論」『史林』95－1，2012ほか）。

　都市の設備という興味深いテーマに関して，各地の比較検討がないのは物足りない。谷氏が問題提起した楽浪土城における建築物への長方形塼等の多用という特色と，中国の他地域との比較の必要性は興味深い。石頭城での塼の大量出土やルイロウ城での塼積施設と合わせて議論されていないのは惜しい。今後の本格的な比較研究の発展にも期待したい。
　　　　　　　　　　　　　　　　（森下章司）

大庭重信 著

弥生・古墳時代の農耕と集団構造

B5判　234頁
8,470円
2022年11月
同成社

はじめに，ジオアーケオロジーの手法によって集落景観と土地利用の実証的研究を推進する大庭重信さんが，『弥生・古墳時代の農耕と集団構造』を上梓されたことを慶びたい。

本書の目的は，社会構造の経済的土台となる生業の中心である水田稲作の灌漑方式の特徴から，農業経営やその協業単位を復元し，その変遷に基づき，農耕社会の成立から古代国家が出現するまでの道筋を明らかにすることである。そこには近藤義郎・都出比呂志が重視するも，その後の研究で深められてこなかったとする研究史を踏まえ，経営や協業の単位から農耕活動における集団編成を復元することが考古学に課せられた課題であるという著者の認識がある。

本書は10章で構成される。要約すると，次のとおりになる。第1・2章は，ジオアーケオロジーの手法によって，弥生時代から奈良時代までの流路の変更にともなう地形発達と土地利用の変遷を明らかにし，長期的視点で，農耕集落の変遷を考察する。第3章では，日韓の比較を通じて弥生時代農耕の基本的特徴を確認する。第4〜8章では水田遺構の分析から灌漑システムを復元し，その時期的変遷や地域的特徴を確認する。とくに第5章では西日本の弥生時代水田の灌漑システムの類型化から，その背後にある集団組織・集団関係の歴史的変化を考察する。

第9章では古墳時代の畠作農耕と馬飼育，第10章では農業生産物の需給からみた古墳時代の都市形成へと進み，古墳時代の農業生産と地域社会の形成を論じる。また全章を通じて，遺構図・概念図が適切に用意されていて，読者の理解を助けている。

つぎに「終章　総括と展望」にそくして，論点の整理と若干の問題提起をしておきたい。

灌漑システムの変遷について，弥生時代前期にはじまる水田ブロックを単線水路で灌漑するⅠ類水田，弥生時代前期末から中期にかけて採用された灌漑水路を用いて複数の水田ブロックを灌漑するⅡ類水田，そして弥生時代後期に複数の灌漑水路を含む水利系統が整備されたⅢ類水田に分類した上で，Ⅲ類水田は複数の水田経営単位や労働組織を横断した水田ゾーンとして水利系統が整備されたもので，弥生時代の中でも水利を統括する指導者が出現した段階で大きな画期になると評価した。こうした著者の分析は，水田運営と労働力の編成

が地域の社会構造とどのように関連するのか，という問題意識のもとに，用水の開発と運営が複雑にシステム化する段階に対して，地域首長の成長とその政治的影響力の行使の度合いを読み取るものである。

アジアモンスーンの水田稲作地帯において，水資源を効率的に公平に分配することが地域首長の社会的責務の一つであるとした場合，Ⅲ類の水利を統括する地域首長についても，共同体の生命の保全と再生産，そして豊穣を保証するという勧農行為の主宰者たる側面があったものと考えられよう。そして，こうした勧農的行為がⅠ・Ⅱ類段階にも基本的に行われていたとすれば，Ⅲ類首長の調整行為と観農行為がどのような関係にあるのか，気になるところである。

著者は，Ⅲ類水田の出現背景として，中期までの人口圧と中期末〜後期前半の環境悪化に対して従来の方法では対処できなくなったため，全体を統括する指導者を必要とする新たな灌漑システムがつくりだされたとし，この指導者は集団存続維持のための必要性から登場したと理解している。ただし，墳墓からみて弥生時代中期後半から末に，地域王権（地域統括首長）が出現しているのは事実であり，地域王権の成長とⅢ類水田を掌握する首長層の位相について考察が望まれる。

農耕集落の変遷では，古墳時代中期後半に顕著となる集落活動領域の拡大，居住域と生産域の分離，複合的な生業活動の拡大という現象は，弥生時代以来の農耕集落がこの時期に大きく変質したことを意味し，地域首長層による実質的な支配領域の形成が進んだという指摘は，正鵠を得ている。7世紀に始まる国家的土地開発の前史となろう。今後，古墳時代中期後半の用水開発と管理，耕地の再編にかかわる研究に注目したい。

紙幅に限りがあり，逐次取り上げることはできなかったが，「古墳時代の畠作農耕と馬飼育」など本書によって本格的に解明された点が少なくない。本書は，地形区分の考え方や用語，河内平野南部を対象にした流路変遷と地形発達，集落の空間的分布と構造，とくに居住域と生産域との関係などを総合的に考察した研究であり，飽くなき研究課題の開拓と追究の姿勢に敬意を表したい。本書は，農耕と集団構造を理解するうえにおいて有意な啓示を与えてくれた。今後益々のご活躍をお願いしたい。　　　　　　　（小山田宏一）

鶴来航介 著

木材がつなぐ弥生社会
木工技術論の再構築

A5判 550頁
6,820円
2023年2月
京都大学学術出版会

樋上昇『木製品から考える地域社会—弥生から古墳へ』（2010年，雄山閣），山田昌久編『モノと技術の古代史—木器編—』（2018年，吉川弘文館），飯塚武司『木工の考古学』（2022年，雄山閣）などの近年の名著と並び，本書は弥生時代研究者の必携の書となるだろう。

令和2年度に京都大学に提出された著者の博士論文を骨子として編まれたのが本書であり，本文438頁，付表以下106頁におよぶ大部である。16頁の巻頭カラーページに導かれるがまま序章へと読み進めると，瞬く間に著者の圧倒的な叙述力に舌を巻くことになる。巻末に所収された500本以上の参考文献が豊富な語彙の源であろう。本書の構成は下記の通りである。

本書の目的は，弥生時代における木材利用の史的意義の解明である。おもに著者のフィールドであった近畿地方を対象に木工体制のあり方を体系的に論じているが，その方法には2つの柱がある。

まずは「木工技術の理解」である。著者が主張する「木工技術」とは，木工具，木材，加工動作の総体であり，その結果が加工痕に反映されるという。第Ⅰ部では機能的視点に基づいて柄，刃身それぞれを分析し，着柄の方法と加工動作の検討から，木工具本来の姿とその使用方法，さらには運用体系のモデルを提示した。

どのような道具を，どのような段階で，どのように使用したのか，というシンプルな事柄へのアプローチではあるものの，資料的制約と機能的視点の欠如からこれまで深く追究されてこなかったのが実情である。基礎的理解への道筋が示された

点がまずは高く評価できよう。

方法論の二つ目の柱は，「木器自体の編年」を確立することであり，共伴遺物に依拠し，「傾向の推測」にとどまってきた状況からの脱却を目指している。第Ⅰ部で示した木工技術の理解を下敷きに完成品と未成品を対象とした型式学的検討を行うことで，加工段階を包摂した新たな編年を提示した点が評価できよう。また，日用品の広鍬と泥除に加えて，容器と食事具の分析を行うことで，形態に応じて多様化する木工技術を体系的に理解しようとする著者の意図が看取できる。

これらの検討を踏まえて，第Ⅲ部では木材資源の利用をめぐる集団関係の様態と社会形成への影響を論じている。例えば従来の木器生産論で主張されてきた分業化，専業化は近畿社会では認められないとする指摘や，多様な成立背景を持つ高地性集落の後次的な役割の一つとして，木材供給が求められた可能性を想定するなど，新たな弥生社会像が次々と描かれた。これらの結論を導き出すまでの過程は到底この紙面で要約することはできないが，一貫して著者が再構築した木工技術論がその土台となっている点に主張の強みがある。

終章では木材利用研究への今後の課題と期待が述べられたが，その一助とするべく，最後に評者の関心事である鉄製工具と加工痕についていくつかの意見を述べておきたいと思う。

まずは，木器に残る加工から工具の金石を判定する基準について指摘したい。「入刃痕」を新たに提唱したことは賛同できるものの，より客観的な議論とするためには，概念構築の根拠となった多くの遺物を提示しながら，分析過程を丁寧に説明する必要があるだろう。このことは，第Ⅲ部で論究した「鉄器化の到達度」を読者が検証するうえでも重要な情報となる。

検証という点でいえば，実験考古学的手法もまだ不十分と言える。先述の「入刃痕」の根拠として比較されたのは「現代工具」である。道具仕立ての再現は実験を行ううえで重要な前提条件だ。使用工具，樹種，加工面の形状，加工動作，さらには工人の技術差から生じる多種多様な加工痕のカタログ化は容易ではないが，著者の観察力を生かして挑戦を続けてほしい。弥生時代研究を新たなステージへと誘引する本書。ぜひ多くの方に読んでいただきたい。

（田中　謙）

選定委員(50音順)：谷口康浩・時枝　務・溝口孝司・山本孝文

櫻井拓馬

縄文時代の「煙道付」炉穴と
ダコタファイヤーホール

三重県埋蔵文化財センター研究紀要第 27 号
p.1～p13

日本列島で縄文時代草創期から早期に盛行する炉穴（煙道付炉穴や連穴土坑ともよばれる）は、使用法を類推しうる民族例が知られておらず、「煙道付」ともいわれる遺構の形状、出土遺物、使用実験などから、熱暖や土器調理（厨房）、燻製施設、鱗茎類の加熱調理など様々な用途が提唱されているが、未だに大方の一致をみていない。

本稿では、縄文時代の炉穴と類似した構造をもつ、ダコタファイヤーホール（Dakota Fire Hole）とよばれる現代野外活動の炉を紹介し、縄文時代の炉穴と比較した。また、炉穴の遺構形成過程を検討し、燻製・燻蒸施設説を批判した。

ダコタファイヤーホールは、米国内で先住民由来と目される、熱暖や調理のための汎用的な炉である。炉穴と同じく小ピットを2つ掘り、地中で連結させた地下式の炉だが、燃焼部に対置する小ピットは、煙出しではなく通気口であり、炎で生じた上昇気流と負圧によって、通気口から新たな空気が引き込まれる「ドラフト効果」（煙突効果）により、燃焼を効率的に継続させ、強い火勢を得るための構造とされる。そのため、強風など気象の影響を受けにくく、湿った木や若木も燃料にできるなど、野外の悪条件に強いという特徴がある。また、強い炎は燃焼ガスを二次燃焼させるため、煙が少ない炉と認識されていることも極めて重要である。

ダコタファイヤーホールの特徴を踏まえ、既往の炉穴調査所見や使用実験結果を参照すると、炉穴でもドラフト効果が生じることや、そのために強い火勢が得られる可能性が指摘できる。

炉穴の本質は燻煙の利用でなく、地下への掘り込みとドラフト効果により、気象や燃料の制約を受けにくく、野外の悪条件に強い点に求めるべきである。この点こそが、列島の温暖湿潤な地域に炉穴が分布することや、より悪条件に強い屋内炉の出現、炉穴の消滅に関連すると意義付けた。

（櫻井拓馬）

荒川隆史・木村勝彦

新潟県野地遺跡における
縄文時代晩期の暦年代とクリ利用

新潟考古第 34 号
p.83～p.88

本稿は胎内市野地遺跡から出土した縄文時代晩期の掘立柱建物のクリ木柱について酸素同位体比年輪年代法に基づく分析を行い、土器型式の暦年代を明らかにするとともに、集落形成とクリ利用の関係について考察したものである。

遺跡の時期は層位や遺物量・土器型式を加味してI～VI期に区分されている。分析対象の木柱はI期・IV（古）期・V期（古・新）に所属する10点である。I期は加曽利B2式や宝ヶ峯式、瘤付土器、大洞B1式などの後期中葉～晩期初頭の土器が混在する。暦年代はBC1158・BC1149で、IV期との年代差がわずかであることから、大洞B1式頃の年代と推定する。IV期（古）は大洞B2式で、BC1127・BC1137である。V期（古）は大洞BC2式（古）で、BC1023である。V期（新）は大洞BC2式（新）で、BC1027・BC1006である。暦年代と所属時期・土器型式と間に矛盾はない。

本稿紙面の都合で他事例との比較を行わなかったが、野地遺跡の堅果類23点の放射性炭素年代測定の較正暦年代（IntCal04・1σ）は最古が1390～1295BC、最新が1115～1015BCで（新潟県教委ほか『野地遺跡』2009）、本結果と大きな相違はない。また、小林謙一は大洞B式を1270～1150BC頃、大洞BC式を1150～1040BC頃と推定しており（『縄紋時代の実年代』2017）、これとも調和的である。新発田市青田遺跡では大洞A'式がBC477頃、新潟市西郷遺跡の緒立1期がBC373に接点を持つことから、新潟県における縄文晩期の暦年代を絞り込むことができたと考える。

クリ木柱の成長曲線を見ると、定着年に4つのまとまりが認められる。いずれも伐採までに70年程度、伐採期間が30年程度であり、100年程度のサイクルでクリ林形成と集落形成が行われたものと推定する。青田遺跡では60年程度のサイクルを想定している。クリ林形成期間中の集落実体の解明など多くの課題が残る。（荒川隆史）

寺前直人

南関東地方の弥生系高地性集落
—生業・経済と集団関係—

古代文化　第 74 巻第 4 号
p.533～p.542

弥生時代の高地性集落研究において、関東地方がその対象となることは稀である。しかし、神奈川県大塚遺跡をはじめとする中期後半の集落は、かつて小野忠熙によって農耕主体防御副次の高地集落という評価がなされた。この議論で課題となったのは単なる立地論ではなく、該当集落の生業と食料をはじめとする外部依存の度合いであった。丘陵上に立地する集落がコメを自給できたかについては議論が分かれるが、土器種実圧痕分析や出土人骨の炭素・窒素同位体分析による食性復元、土器付着炭化物同位体分析に基づくならば、コメ主体の食生活を送っていたと判断できる。さらに相模川流域では河原口坊中遺跡のような大規模な低地集落の存在が明らかになっており、これら低地の集落が丘陵上の集落に食料を供給していた可

能性が指摘されている。

これらの前提となる弥生時代集落の外部依存性の評価も，近年大きく変容しつつある。南関東地方でも打製石器石材の黒曜石，磨製石斧に用いられる変質輝緑岩，鉄斧をはじめとする鉄が100kmをこえる遠隔地から供給されていたことが判明している。さらに神奈川県中里遺跡では東部瀬戸内系土器の影響が集落形成初期だけでなく，継続的にあったことも指摘されている。これら広域ネットワークが長期的に維持された背後には，主たる移住地を別にしながらも出自集団として結びついた集団関係の存在を想定でき，このようなネットワークを介して必需財であるコメを含めた供給体制が形成されていたと考えられる。

このように南関東の弥生社会は外部依存性の高い社会であり，外部依存性と生産の不安定さが引き起こす社会的緊張に備えた拠点として，環濠を有する高所立地の集落が必要とされたと考えた。このような理解は，広域での抗争に備えた拠点としての高地性集落論とは相いれないが，近年の多様な高地性集落論とは整合的である。

（寺前直人）

大熊久貴
古墳時代における 櫛の使用法について
考古学研究第69号第4巻
p.59 ～ p.80

古墳時代後期には，縦に長い竪櫛と横に長い横櫛の二種類が存在していた。これらの櫛を古墳時代の人々はどのように使用していたのであろうか。使用方法を推定するにあたって，人物埴輪に表現された櫛が参考資料となる。特に女子埴輪の額部には，鬘を留めるための櫛が表現されており，その形態や表現方法は多種多様である。しかし埴輪に表現された櫛と，実際の遺跡から出土する櫛との対応関係について論じられることは希薄であっ

た。これらの対応関係を明らかにすることは，古墳時代における櫛の具体的な使用方法や竪櫛と横櫛の使い分けおよび性格の解明に繋がる。そこでそれぞれの人物埴輪に表現された櫛について，竪櫛か横櫛のいずれを表現したものなのかの特定を試みた。あわせて横櫛の規格を分析することで，古墳時代の横櫛が挿す櫛なのか，梳かす櫛に特化したものなのかといった使用法についての推察も行った。

その結果，竪櫛は古墳時代の初頭から古墳時代後期の6世紀後半頃まで頭部に挿していたが，横櫛を西日本では5世紀後半頃から，関東地方では6世紀後半頃から挿しはじめ，7世紀以降は竪櫛に代わって横櫛が主流になっていくことが明らかとなった。また，古墳時代の横櫛は指先で摘まみやすい形状となっており，髪に挿しやすい形状を優先させた結果であると考えられる。さらに竪櫛を表現した人物埴輪は円墳に多いのに対して，横櫛を表現した人物埴輪は前方後円墳や帆立貝形の古墳に多く見られることが分かった。これは，竪櫛よりも横櫛を挿すことが，ランクが上位の者に許された習俗であったことを示していると考えられる。なお，横櫛は細かな歯を鋸で削りだす高度な技術と，ツゲやイスノキといった植生の限られる木材を必要とする。つまり横櫛を所持しそれを髪に挿すことは，高度な技術と希少な材の入手といった条件を満たしうる階層であることを示していたのである。

（大熊久貴）

野坂知広
墳墓堂小考
旃檀林の考古学II
大竹憲治先生古稀記念論文集
p.375 ～ p.382

墳墓堂とは，主に古代末から中世前半にかけて皇室・上流貴族・武家棟梁家を中心に造営された貴人のための葬墓制，仏教建築であ

り，当時流行した浄土教（浄土信仰・阿弥陀信仰）と深い関わりを持つものと考えられている。

墳墓堂の定義は曖昧なままであるが，学史を繙けば，日野一郎氏による仏教考古学的な定義を前提としつつ，現在では「堂塔等の建築物に遺体・遺骨を納めたもの」と広義に解釈される傾向にあることを指摘した。また，文献史料の分野でも研究が進んでおり，死後の滅罪を祈願する法華懺法の場としての法華堂，供養堂が徐々に墓所堂，葬堂に変質していく様相が明らかにされている。

考古学的事例については，任意に事例を紹介するにとどめている。史料上で存在が明らかな墳墓堂としては，唯一の発掘事例である鎌倉市北条義時墳墓堂跡は，一辺8.48mの方三間堂であり，墳墓堂としては大型の部類に入る。堂下に埋葬施設は確認されておらず，中尊寺金色堂とともに，いわゆる床下に穴を掘らない墳墓堂の代表例として知られる。

近年の調査事例としては，伊勢原市子易・中川原遺跡で発見された墳墓堂（納骨堂）跡を紹介した。一辺約4mの方三間堂であるが，堂下中央部に2個体の常滑産大甕が埋設されており，内部からは少量ながら火葬骨が検出されている。

ただし，主要部位は見つかっておらず，その意義が注意される。その他にも鎌倉市朝比奈砦納骨堂跡，富津市・君津市にまたがる岩富城跡骨堂跡を紹介したが，ともに13世紀後半～14世紀代を主体とする納骨堂跡であり，墳墓堂からは，やや変質した姿である点を強調した。

史料上に見える墳墓堂は，12世紀代の京周辺に集中しているのに対し，発掘事例は東日本に多く，年代も13世紀後半～15世紀代と幅広い傾向にある。史料上の墳墓堂と発掘事例の年代的齟齬について検討していく必要性を再確認した。

（野坂知広）

■報告書・会誌新刊一覧

報告書・会誌新刊一覧●編集協力
◎時枝　務　◎福井淳一（北海道）◎利部　修・大竹憲治（東北）◎関口慶久・村山　卓・阿部昭典・山口正紀（関東）◎河西克造（中部）◎水澤幸一・藤田富士夫・伊藤雅文（北陸）◎勝又直人（東海）◎江谷　寛（近畿）◎白石祐司（中国）◎岡本桂典（四国）◎小林昭彦（九州）

考古学界ニュース

九州地方・・・・・・・・・・・・・・・・・・

御宿井で18世紀ごろ造成とみられる石畳や16世紀以前の香炉が出土　沖縄県南風原町教育委員会の発掘調査により、御宿井（南風原町宮城）から18世紀ごろとみられる石畳や16世紀以前のものとみられる香炉の一部が発見された。石畳は琉球石灰岩でできており、幅約125cm、長さ約125cmほどの区間に8枚が見つかった。年代の異なる石畳があり、繰り返し造成が行われてきたことが考えられる。そのさらに下の地層から香炉の一部が出土した。この地層からはグスク時代の遺物が出土しており、香炉も同時代と考えられる。同地には羽衣伝説が残っており、周辺ではこれまでにもグスク時代の土器や青磁、カムィヤキなどが出土している。

中世の山城に庭園遺構を発見、虎居城跡　鹿児島県立埋蔵文化財センターの調査により、中世の山城である虎居城跡（同県さつま町）から、巨石を用いた庭園の可能性が考えられる遺構が発見された。山城で文化的な施設である庭園が見つかることは珍しい。遺構は城の主要部である「松社城」の一画、標高57mの地点に位置している。確認された石は直径約1m以上。当地域では入手困難な安山岩が使用されており、外部から運ばれた可能性が指摘されている。石底部には、高さ調整のために他の石が敷かれた「かませ石」と呼ばれる庭造りの技法が確認され、庭園である可能性が高まった。また、周辺からは約60〜80cmの石が複数点、高さ約30〜50cmの石積みも確認され、複数の石を組み合わせた枯山水のような造りをもつ庭だったと推定される。虎居城は平安時代末に築かれた後、関東から下向した渋谷一族が祁答院氏と名乗り、約300年間拠点として利用され、その後、島津義久の弟である歳久や北郷氏などによって居城とされていたとされる。中世の山城跡で庭園遺構をもつ例は、土岐氏の大桑城（岐阜県）や織田信長の小牧山城（愛知県）などが数例あるのみ。

鎮西山城跡で堀切発見、16世紀頃の遺構か　上峰町教育委員会の調査により、鎮西山城跡（佐賀県三養基郡上峰町）で大規模な堀切が確認された。鎮西山城は標高約200mの鎮西山の山頂一帯に広がり、同地には平安末期に活躍した武将で鎮西八郎と呼ばれた源為朝の伝説が残る。堀切は敵の侵入を防ぐため尾根を断ち切る形で掘る防御施設のことで、今回の調査で明らかになった規模は実効堀幅約20m、実効法高約14mで県内でも類を見ない。鎮西山城ではこれまでにも掘立柱建物、柵列、横堀、虎口、切土造成の痕跡などが確認されており、戦国時代の山城である可能性が指摘される。

相津遺跡で弥生時代の収穫具の可能性のある石器など発見　長崎県埋蔵文化財センターの調査により、相津遺跡（北松浦郡小値賀町）の弥生時代の遺物包含層から、石鎌あるいは石包丁と考えられる石器が出土した。弥生時代の五島列島では漁労・採集・交易によって生活していたと考えられてきたが、小値賀島では農耕を行っていた可能性が高まった。また、弥生時代中期後半の甕棺も発見された。使用された甕は北部九州で作られた遠賀川以東系の土器で、最西端での発見となる。相津遺跡は島の東部の小高い丘に位置し、周辺では過去にも弥生時代の甕棺墓や石棺墓が見つかっている。

中国地方・・・・・・・・・・・・・・・・・・

松江城で瓦敷き発見、築城時の瓦か　松江市が実施した松江城（島根県松江市殿町）の天守北側の発掘調査により、瓦敷きが長さ約16m、幅約0.5mにわたって発見された。瓦敷きは砕いた瓦を敷き詰めたもので、通路の整備や雨水で土が流れることを防ぐ目的で使われる。今回発見された瓦には、江戸時代初期に松江城を築城した堀尾氏の家紋である分銅紋があしらわれた瓦が含まれていた。このことから瓦敷きは藩主が京極氏または松平氏に替わった後、廃棄瓦が再利用されたと考えられ、江戸時代に天守の瓦の葺き替えが行われていた裏付けとなる。

近畿地方・・・・・・・・・・・・・・・・・・

平安時代の硯など出土、垂水日向遺跡　神戸市文化スポーツ局文化財課が調査を進めている垂水日向遺跡（兵庫県神戸市垂水区）で、平安時代後期から鎌倉時代前期の堀に囲まれた屋敷跡や関連する遺物が出土した。堀で区画された屋敷地の面積は推定2,700㎡以上で、掘立柱建物が10棟以上存在した可能性がある。また、裏側に「尒時舎利弗（ときにしゃりほつ）舎利弗（しゃりほつ）」と刻まれた平安時代後期の石製の硯が出土した。舎利弗は智慧第一と称された釈迦十大弟子の筆頭で、同地に仏教に造詣の深い有力者がいた可能性が指摘される。また、堀からは荘園の施設を指していると考えられる「□〔東ヵ〕分所」と墨書きされた須恵器も発見された。同遺跡は福田川河口部に位置する縄文時代から中世にかけてのもので、遺跡の規模は東西約600m、南北約340m。平安時代には東大寺の荘園「垂水荘」があったとされる。

中部地方・・・・・・・・・・・・・・・・・・

完全な形の有孔鍔付土器出土、曽利遺跡　富士見町教育委員会が進める調査により、曽利遺跡（長野県富士見町）から、縄文時代中

期中葉の有孔鍔付土器1点が完全な形を保って発見された。上部の直径は約16cm，底部の直径約20cm，高さ約16cmの竹筒型。土器は地表から深さ60cmほどの住居跡内部から発見された。土器の形状から酒づくりに使用された可能性がある。このほかにも，類例のない装飾の香炉型土器，住居に投げ込まれた石器や土器片など数多くの遺物が出土した。同遺跡は八ヶ岳南麓，標高約800〜1,000m程の尾根や台地に位置する井戸尻遺跡群のひとつ。過去に同遺跡4号住居跡から出土した水煙渦巻文深鉢などの土器7点が，長野県宝に指定されている。

東北地方・・・・・・・・・・・・・・・・・・・

縄文時代の土器など数万点出土，天神谷地遺跡　福島県教育委員会により発掘調査が行われている天神谷地遺跡（南相馬市原町区）から，縄文土器などを含む数万点の出土品が確認された。同遺跡は縄文後期から晩期にかけての集落遺跡と考えられ，今回の発掘では建物跡や土坑，土器などを廃棄した遺物包含層が発見された。出土品には大量の土器片や石鏃，土錘に加え，土偶や異形台付土器，耳飾りなどの装身具が含まれ，同地域に大規模な集落が形成されていた可能性が指摘される。

学会・その他・・・・・・・・・・・・・・・

「東南アジアの洞窟遺跡」　10月27日から，福井洞窟ミュージアム（長崎県佐世保市吉井町立石473番地，Tel：0956-64-3830）にて企画展が開催される（令和6年月28日まで）。東南アジアの洞窟遺跡に焦点を当て，洞窟から人類史を探る。

「板石積石棺墓に葬られた人々」9月9日から，熊本県立装飾古墳館（熊本県山鹿市鹿央町岩原3085，Tel：0968-36-2151）にて

令和5年度企画展が開催されている（令和6年1月28日まで）。古墳時代前期から中期に造られた地下式板石積石室墓は，鹿児島県西北部の沿岸地域から川内川をさかのぼった伊佐盆地，宮崎県えびの盆地などを中心に分布する。北園上野古墳群は，熊本県教育委員会の発掘調査により29基の板石積石棺墓が存在することが確認され，また同時期に存在していたと思われる住居跡も発掘された。出土した剣ややじりなどを展示し，熊本県内の主な板石積石棺墓を紹介する。熊本県南部の古墳時代社会の実像を探る。

「発掘！古代の土佐」　10月8日から，高知県立埋蔵文化財センター（高知県南国市篠原1437-1，Tel：088-864-0671）にて企画展が開催されている（令和6年3月31日まで）。埋蔵文化財センターの発掘調査と考古学研究の成果をもとに，近年発掘調査が行われた若宮ノ東遺跡や高田遺跡，東野土居遺跡や土佐国分寺跡等の集落跡や道路跡の遺構，出土品から古代土佐の歴史像に迫る。

「おかえり！雨乞台遺跡の石器たち」　9月1日から，長門市総合文化財センター（山口県長門市東深川2660番地4，Tel：0837-22-3703）にて，企画展が開催されている（令和6年3月3日まで）。長門市雨乞台遺跡から出土した1万6千年以上前の石器を展示する。現在，出土品の多くが山陽小野田市歴史民俗資料館に収蔵されているが，今回約40年ぶりに長門市に里帰りし展示される。

「火と人のヒストリー」　9月23日から，神戸市埋蔵文化財センター（兵庫県神戸市西区糀台6丁目1西神中央公園内，Tel：078-992-0656）にて令和5年度秋季企画展が開催されている（11月26日まで）。人類に重要な存在であり暮らしを豊かなものにしてきた火に

焦点を当てる。移り変わる歴史の中で火と人の関わりはどのようなものだったのか，遺跡出土資料を中心に「火と人のヒストリー」を紐解く。

「駅家発掘！－播磨から見えた古代日本の交通史－」　9月30日から，兵庫県立考古博物館（兵庫県加古郡播磨町大中1丁目1－1，Tel：079-437-5589）にて秋季特別展が開催されている（12月3日まで）。1300年前，奈良の都と九州の太宰府を結ぶ山陽道沿いに建設された，使者が馬を乗り継ぐための施設「駅家」。開館以来継続されてきた発掘調査による新発見を交え，古代の交通インフラの実態を紹介する。

「亀甲形陶棺－変化と地域性－」10月2日から，奈良市埋蔵文化財調査センター展示室（奈良市大安寺西二丁目281番地，Tel：0742-33-1821）にて令和5年度秋季特別展が開催されている（12月1日まで）。吉備地域に次いで近畿地方，とりわけ大和盆地北西部で多く出土する亀甲形陶棺。40年以上にわたる発掘調査の成果に基づいて奈良市の陶棺の全容を紹介し，横穴墓から出土する副葬品等を通じて埋葬された人物像に迫る。

「新発見！なにわの考古学2023」　10月4日から，大阪歴史博物館（大阪市中央区大手前4-1-32，Tel：06-6946-5728）にて特集展示が開催されている（令和6年1月8日まで）。令和3年から4年度を中心に実施された発掘調査の成果を紹介。旧石器から縄文にかけての狩猟具，古代から中世にかけての建物跡，中世の柿経などを展示する。

『縄文土器〜日本初のやきもの』10月7日から，福井県陶芸館（福井県丹生郡越前町小曽原120-61，Tel：0778-32-2174）にて令和5年度秋季企画展が開催されている（令和6年1月14日まで）。

日本で初めてのやきものとして生まれ，人々の定住生活を支えた縄文土器。県内では150ヶ所を超える遺跡から出土しており，本展では波寄三宅田遺跡出土の土器破片，舟寄遺跡出土の深鉢土器を展示する。

「三嶋の神のモノガタリ―焼き出された伊豆の島々―」9月23日から，國學院大學博物館（東京都渋谷区東4-10-28，Tel：03-5466-0359）にて特別展が開催されている（11月19日まで）。火山帯に由来する厳しくも豊かな自然環境に恵まれた伊豆諸島・半島。その自然と文化，特に「三嶋の神」に関する物語と歴史的背景に焦点を当てる。伊豆半島ユネスコ世界ジオパーク認定5周年を記念して，國學院大学が伝統的に取り組んできた研究課題である伊豆三嶋信仰を，資料を通じて捉え直す。

「縄文コードをひもとく―埼玉の縄文土器とその世界―」11月14日から，埼玉県歴史と民俗の博物館（埼玉県さいたま市大宮区高鼻町4-219，Tel：048-645-8171）にて特別展が開催される（令和6年1月14日まで）。埼玉県内の発掘調査で出土した縄文土器の中から優品約230点を一堂に展示し，その文様と形に焦点を当て，土器に込められた縄文人の思想に迫る。

「最新・いせさき発掘―伊勢崎駅周辺の発掘調査―」10月13日から，赤堀歴史民俗資料館（伊勢崎市西久保町二丁目98番地，Tel：0270-63-0030）にて令和5年度企画展が開催されている（12月24日まで）。伊勢崎駅を中心とした市街地の土地区画整理事業に伴う発掘調査により，古墳時代前期の周溝墓，伊勢崎城（陣屋）の堀跡，近代の商業集積地への発展を示す建物跡や陶磁器類，伊勢崎空襲の爪痕などが発見された。発掘調査の成果から，伊勢崎市の発展のルーツを紐解く。

「早稲田大学を訪れた旧石器人―校地内遺跡出土資料から―」9月28日から，早稲田大學會津八一記念博物館（東京都新宿区西早稲田1丁目6-1，Tel：03-5286-3835）にて企画展が開催されている（11月12日まで）。早稲田大学校地内遺跡から出土した旧石器時代資料や，石器を制作するための石材サンプル資料に着目する。また，関東地方で暮らした旧石器人の石材獲得過程の変遷を明らかにする。

「いわきの古代を探る 古代の文字―墨書と線刻―」9月9日から，いわき市考古資料館（福島県いわき市常磐藤原町手這50-1，Tel：0246-43-0391）にて令和5年第2回企画展が開催されている（11月19日まで）。いわき市平下大越地内の根岸遺跡や夏井廃寺跡をはじめとした古代の遺跡から出土した文字が記された土器，瓦，木簡などに焦点を当て紹介する。遺物に記された情報を通して，古代の文字の形式やその意味，また当時のいわき地方の社会や人々の生活に迫る。

「山王遺跡・市川橋遺跡の古墳時代」6月27日から東北歴史館（宮城県多賀城市高崎1-22-1，Tel：022-368-0106）にてテーマ展示が開催されている（11月30日まで）。陸奥国府多賀城跡の南側に位置する山王遺跡・市川橋遺跡は，古墳時代中期～後期にかけて大規模な集落が存在し，七北田川下流域を治めた首長層の拠点集落であったと考えられている。古墳時代後期の同遺跡から発見された木製農具や骨角製漁撈具・狩猟具などの生業を示すもの，首長の権威を示す大刀や仏具，葬送に使われた土器，まつり・まじないの道具，服飾具を展示する。

「J-mode 縄文の流儀」10月7日から，八戸市博物館（青森県八戸市大字根城字東構35-1，Tel：0178-44-8111）にて開館40周年記念秋季特別展が開催されている（11月26日まで）。八戸地域で出土した縄文土器の中から，北東北の縄文文化を語る上で欠かせない土器を紹介し，そのデザインから縄文人のモード（流行・流儀）に触れる。また，縄文の影響を受けた近現代の芸術活動と民芸運動によって作られた作品を通じて，先史時代から続く日本人のものづくりの流儀を紹介する。

「大島遺跡に見る蝦夷（エミシ）社会の変容」10月7日から，盛岡市遺跡の学び館（岩手県盛岡市本宮字荒屋13-1，Tel：019-635-6600）にて第21回企画展が開催されている（令和6年1月21日まで）。野外調査終了後，20年以上を経て令和3年度に報告書が刊行され，多くが初公開となる大島遺跡出土資料を中心に展示する。また，巨大な古代集落群を形成した盛南地区の各遺跡では，「志波蝦夷」豪族が律令政府側の技術や文化を取り込み，新興在地有力者へ急成長していったことを示す建物跡などが発見されている。9・10世紀に斯波郡北部の蝦夷社会が変容していく歴史を，発掘調査の成果に基づいて明らかにする。

「考古学と歴史学からみるアイヌ史展―19世紀までの軌跡―」9月16日から，国立アイヌ民族博物館（北海道白老郡白老町若草町2丁目3，Tel：0144-82-3914）にて第7回特別展示が開催されている（11月19日まで）。19世紀まで，北海道を中心とした日本列島北部とその周辺の自然環境の中で生活を営み，独自の文化を育んできたアイヌ民族。現代に繋がるアイヌ文化がどのように形づくられたのか，その伝統性が形成されたであろう18～19世紀のアイヌ文化を軸に，考古学と歴史学の研究成果を踏まえ，アイヌ文化の成り立ちを概観する。

125

•••• 編集室より

✎ 本特集号では，古墳時代の甲冑をテーマに研究の概要と最新の成果をまとめていただいた。本誌では2001年の76号の特集「古代の武器・武具・馬具」で扱っているが，本号では，古墳時代の甲冑に絞って，日本における甲冑研究の重厚な研究史に基づき，その後の調査・研究の進展を総括して，あらためて論点を整理し展望を示している。

✎ まずはこれまでの研究成果をもとに，古墳時代前期から後期，古代までの甲冑について，その概要と編年を通覧する。甲冑の変遷が一望でき，また課題も明確になった。次に論点となる製作技術，外来系甲冑，甲冑形製品などが取り上げられ，最新の研究成果が紹介されている。武装は古墳時代においてどのような意味をもったのか。甲冑研究は，今後も古墳時代像に迫るうえで重要な研究分野といえるだろう。

✎ 連載「考古学の旬」では，飛鳥寺や藤原宮，本薬師寺の瓦の生産体制と造営期間について検討する。また，連載「私の考古学史」では，岡村秀典氏に古代中国を探究しつづけた研究成果を振り返り，今後の展望を示していただいた。

✎ 次号は，近年成果が注目されているDNA分析と考古学研究を紹介する。ご期待ください。　（桑門）

•••• 本号の編集協力者

古谷　毅（京都国立博物館）
1959年東京都生まれ。國學院大學文学部史学科考古学専攻卒業，同大学院文学研究科博士課程前期・後期修了。
主な著書に『別冊太陽 古墳時代美術図鑑』（編著，平凡社，2016），『黄泉国訪問神話と古墳時代出雲の葬制―考古学・地質学・歴史学のコラボレーション―』（山陰研究ブックレット8）島根大学法文学部山陰研究センター編（共著，今井出版，2019），『文化財の活用とは何か』國學院大學 学術資料センター編（共著，2020，六一書房），『古墳文化基礎論集』古墳文化基礎論集刊行会編（編著，真陽社，2021）などがある。

•••• 本号の表紙

野中古墳の発掘調査で発見された武器と武具

大阪府野中古墳は，古市古墳群の墓山古墳の陪塚的な位置にある小型方墳で，1964年，大阪大学文学部国史研究室によって実施された発掘調査で，数々の副葬品が確認された。なかでも，多量の金銅装をはじめとした金属製甲冑は，古墳時代の甲冑が単に個人所用の武具ではないことを強く示唆し，副葬品における鉄製甲冑の社会的政治的意義の研究が本格化する端緒となった。精緻な発掘調査報告書（1976年）の刊行と共に，以後の古墳時代の甲冑研究に決定的な影響を与え，学史的に現在の研究の出発点となった遺跡である（本誌古谷「古墳時代甲冑研究の現状と課題」参照）。

（古谷　毅）（大阪大学考古学研究室提供）

▶本誌直接購読のご案内◀

『季刊考古学』は一般書店の店頭で販売しております。なるべくお近くの書店で予約購読なさることをおすすめしますが，とくに手に入りにくいときには当社へ直接お申し込み下さい。その場合，1年分の代金（4冊，送料当社負担）を郵便振替（00130-5-1685）または現金書留にて，住所，氏名および『季刊考古学』第何号より第何号までと明記の上当社営業部まで送金下さい。

季刊 考古学　第165号　　　　2023年8月1日発行
ARCHAEOLOGY QUARTERLY　　　定価（本体2,400円＋税）

編集人　　桑門智亜紀
発行人　　宮田哲男
印刷所　　株式会社ティーケー出版印刷
発行所　　㈱雄山閣　http://www.yuzankaku.co.jp
〒102-0071 東京都千代田区富士見2-6-9
電話 03-3262-3231　Fax. 03-3262-6938　振替 00130-5-1685

◆本誌記事の無断転載は固くおことわりします
ISBN 978-4-639-02939-7　printed in Japan

Archaeology Quarterly No. 165

Armor in Kofun Period

CONTENTS

Published by **YUZANKAKU, Inc.**

2-6-9, Fujimi-cho, Chiyoda-ku, Tokyo 102-0071
URL http://yuzankaku.co.jp E-mail info@yuzankaku.co.jp
TEL +81-3-3262-3231 FAX +81-3-3262-6938

ISBN 978-4-639-02939-7

printed in Japan

季刊 考古学 （年4回発行） 本体2,400円

第164号（7月刊行）　本体2,400円

特集 キリシタン墓研究と考古学

小林義孝・大石一久・田中裕介 編